图书在版编目(CIP)数据

上海市黄浦区档案馆馆藏精品选/上海市黄浦区档案局(馆)编；华骏主编；黄秋月副主编．
上海：同济大学出版社，2023.5
ISBN 978-7-5765-0601-3

Ⅰ．①黄⋯ Ⅱ．①华⋯ ②黄⋯ Ⅲ．①地区档案馆－档案资料－汇编－黄浦区 Ⅳ．①G279.275.13

中国国家版本馆CIP数据核字(2023)第001026号

上海市黄浦区档案馆馆藏精品选

上海市黄浦区档案局(馆) 编
出版策划　《民间影像》
责任编辑　陈立群(clq8384@126.com)
视觉策划　育德文传
内文设计　昭　阳
封面设计　昭　阳
电脑制作　宋　玲　唐　斌
责任校对　徐春莲

出　　版	同济大学出版社 www.tongjipress.com.cn
发　　行	上海市四平路1239号　邮编 200092　电话 021-65985622
经　　销	全国各地新华书店
印　　刷	上海锦良印刷厂
成品规格	215mm×280mm　272面
字　　数	337000
版　　次	2023年5月第1版
印　　次	2023年5月第1次印刷
书　　号	978-7-5765-0601-3
定　　价	300.00元

上海市黄浦区档案馆馆藏精品选

上海市黄浦区档案局（馆）编

同济大学出版社·上海

编委会

主　编　华　骏

副主编　应　明　黄秋月

主　笔　黄秋月

委　员　华　骏　应　明　黄秋月　管建玲

　　　　　黄凤芳　沈慧惠　杨慧如

前 言

档案是城市的宝贵记忆,是历史的真实呈现,也是我们以史为鉴、察往知来的可靠工具。作为上海的"心脏、窗口、名片",黄浦区有着深厚的文化历史底蕴,正积极打造红色文化根植地、海派文化辐射地、江南文化传扬地,档案部门有义务利用资源优势,发挥资源支撑作用。

黄浦区档案馆是集中统一保管区级机关、团体、企事业单位等档案资料的综合性档案馆。现为国家二级档案馆,是黄浦区爱国主义教育基地、区政府公开信息查阅场所。馆藏档案多集中于中华人民共和国成立后,主要为党和政府工作过程中形成的有关工业、商业、文化、教育、卫生等各方面的档案。为丰富、优化馆藏资源,区档案馆不断加强对珍贵档案资料的收集,包括实物、字画、照片等多类型珍贵档案资料。

为了使馆藏珍贵档案走出石室金匮,切实发挥档案工作资政育人之功能,我们精心编纂了《上海市黄浦区档案馆馆藏精品选》一书。为此,从馆藏档案中甄选一批珍贵档案,辅之以相关图片,分档案选萃及名人题词、书画作品两辑,对馆藏珍贵档案进行集中展示。所选藏品形成时间断限上起清末,下至2019年。力求以档案特有的原始性和完整性真实、直观地反映黄浦的深厚底蕴,让更多人领略"经典黄浦、精品黄浦"的独特文化魅力,同时体现档案工作的厚重感。

在本书编撰过程中,编委会成员同心协力,深挖馆藏资源,查找背景资料,做了大量工作。但由于人手及认知所限,错漏或不当之处在所难免,敬请知者识者,不吝教正。

编 者

2022.12

目录

档案选萃 ……………………… 9
《同治上海县志》 ………………… 10
《康熙字典》 ……………………… 12
清代田房产业官契格 ……………… 13
王元增职务任免档案 ……………… 14
《上海县续志》 …………………… 15
民国初年执业方单 ………………… 16
捐资兴学褒章执照 ………………… 17
先施公司二十五周年纪念册及相关档案 ‥ 18
外滩风貌长卷照片 ………………… 22
上海美专勒石 ……………………… 24
上海公共租界规划地图 …………… 26
1931年扬子江流域水灾勘测及摄影图册 · 28
赵深建筑师事务所相关档案 ……… 37
河滨大楼第二层平面图纸 ………… 39
永安公司二十五周年纪念录及相关档案 ‥ 40
联合电影有限公司股票 …………… 42
《东方杂志》 ……………………… 43
国民政府商标档案 ………………… 44
沈钧儒、张耀曾致魏伯桢信函 …… 47
冯冠华学业及执业资格证书 ……… 50
民国二十五年统一公债甲种债票 … 52
友义股份有限公司掉换正式股票临时收据 53
中国保险股份有限公司保单 ……… 54
1937年八一三事变上海战局全图 … 56
陈独秀题赠甲原先生手迹 ………… 58
申报馆收款单 ……………………… 60
周璇签名照 ………………………… 61
国华影业公司订立的合同、合伙议约 62
金城大戏院职工入职保证书 ……… 66
国联大戏院职工入职志愿书及保单 … 68
泰昌公司与私立生活小学间房屋迁让案档案
　……………………………………… 69
长泰米号发售工部局米情状照片 … 72
中国银行八仙桥储蓄部活期储蓄存款折 · 74
伪上海特别市老闸保甲区实物及照片档案 75
大兴钢扣厂、公泰铁号合同议据 ……… 78
通惠水火保险股份有限公司股票 ……… 80
原租界居民的居住身份证件 …………… 82
中华电影联合股份有限公司股票 ……… 84
周信芳户籍档案 ………………………… 86
许广平户籍档案 ………………………… 88
梅兰芳户籍档案 ………………………… 90
钱锺书、杨绛户籍档案 ………………… 92
金城、金都大戏院对外签订的合同 …… 94
鸿翔公司总经理金鸿翔名片 …………… 95
立信会计师事务所相关档案 …………… 96
团契组织刊物 …………………………… 98
1945年、1948年土地契约 …………… 100
邓国军电台存放收发报机用的皮箱 …… 101
上海市第二区区民代表会成立留影 …… 103
上海地图（新旧路名对照）…………… 104
民国时期土地所有权状及户地图 ……… 108
苏浙皖区敌伪产业处理局批示 ………… 110
《电影先驱报》合订本 ………………… 111
1947年版《新大戏考指南》 ………… 112
上海市沪南区救火联合会老照片 ……… 114
《一百年阴阳历对照表》 ……………… 118
上海法商电车电灯公司章程 …………… 119
上海市电影院商业同业公会档案 ……… 120
华中工委颁布的整党学习文件 ………… 122
美国国光联合影业股份有限公司认许证 · 123
中国纺织建设股份有限公司股票 ……… 124
联合商业储蓄信托银行行员保证书 …… 125
国泰影业公司章程抄本 ………………… 126
中华民国国民身份证 …………………… 127
上海市民众自卫司令部传令证 ………… 128
柯达公司进出口申请许可证 …………… 129
大沪星记饭店合伙议据 ………………… 130

《中国人民解放战争三年战绩》……… 131
《解放日报》头版刊登中央人民政府委员会成员名单……… 132
《解放日报》头版刊登国家中枢政军机构人员名单……… 133
上海大世界档案……… 134
黄金荣手书信笺……… 136
大上海大戏院档案……… 138
私立慕尔堂女校学生证……… 140
上海市人民法院民事传票……… 141
上海市人民防空指挥部防空（车辆）通行证……… 142
中华人民共和国成立初期土地所有权状·143
1952年国际电报稿……… 144
中华人民共和国早期护照……… 145
大公滑稽剧团系列剧本及演出海报……… 146
陈毅签署的任命通知书……… 150
友义剧影股份有限公司股东临时会决议录……… 151
公私合营相关档案……… 152
魏伯桢自传、回忆手稿及口述代记稿……… 155
京剧老艺人赵如泉照片……… 159
蓬莱区妇女炼钢场景照片……… 161
任弼时故居及团中央旧址勒石……… 162
作家丁玲与上海魔术团成员合影……… 163
薛佛影微雕作品……… 164
沈之瑜编著《甲骨学教程》手稿……… 165
卢湾越剧团系列剧照……… 166
中华神七太空笔……… 168
底谓画作及上海老建筑钢笔画手稿……… 169

名人题词、书画作品……… 171
苏局仙……… 172
沈迈士……… 174
郭沫若……… 175
朱屺瞻……… 176
宋庆龄……… 177
汪亚尘……… 178
陶冷月……… 179
郑逸梅……… 180
刘海粟……… 181
冰 心……… 182
夏 衍……… 184
沈粹缜……… 185
许 杰……… 186
俞振飞……… 187
贺绿汀……… 188
苏步青……… 189
巴 金……… 190
臧克家……… 191
陈伯吹……… 192
申石伽……… 193
石凌鹤……… 194
钱君匋……… 195
于 伶……… 196
张香桐……… 197
赵朴初……… 198
于濂元……… 199
柯 灵……… 200
谈家桢……… 201
曹 禺……… 202
唐 云……… 203
罗竹风……… 206
王 华……… 207
徐培三……… 208
朱梅邨……… 209

黄耀曾 ………………………… 210	孙　杨 ………………………… 244
翁闿运 ………………………… 211	李政道 ………………………… 245
吴寿谷 ………………………… 212	曹　铭 ………………………… 246
胡道静 ………………………… 213	胡雪尘 ………………………… 247
陈石獭 ………………………… 214	颜梅华 ………………………… 248
郭　鹰 ………………………… 215	房介福 ………………………… 249
杨露影 ………………………… 216	邵忠竞 ………………………… 250
冯　契 ………………………… 217	韩　敏 ………………………… 251
徐中玉 ………………………… 218	邢贲思 ………………………… 252
吴宝康 ………………………… 219	刘旦宅 ………………………… 253
李济生 ………………………… 220	张阿杰 ………………………… 254
邵洛羊 ………………………… 221	吴性清 ………………………… 255
王柳影 ………………………… 222	林仲兴 ………………………… 256
张大昕 ………………………… 223	汪　亮 ………………………… 257
杨见龙 ………………………… 226	杨天培 ………………………… 258
陈从周 ………………………… 227	蔡大雄 ………………………… 259
欧阳容 ………………………… 228	余秋雨 ………………………… 260
白　杨 ………………………… 229	张关林 ………………………… 261
江石鄴 ………………………… 230	曹　复 ………………………… 262
吴长邺 ………………………… 231	吴承斌 ………………………… 263
黄维垣 ………………………… 232	
程十发 ………………………… 233	**参考文献** ………………………… 265
高式熊 ………………………… 234	
陆　敏 ………………………… 235	
唐振常 ………………………… 236	
杨振宁 ………………………… 237	
曹用平 ………………………… 238	
王公助 ………………………… 239	
陈玉堂 ………………………… 240	
王仲清 ………………………… 242	
江南春 ………………………… 243	

档案选萃

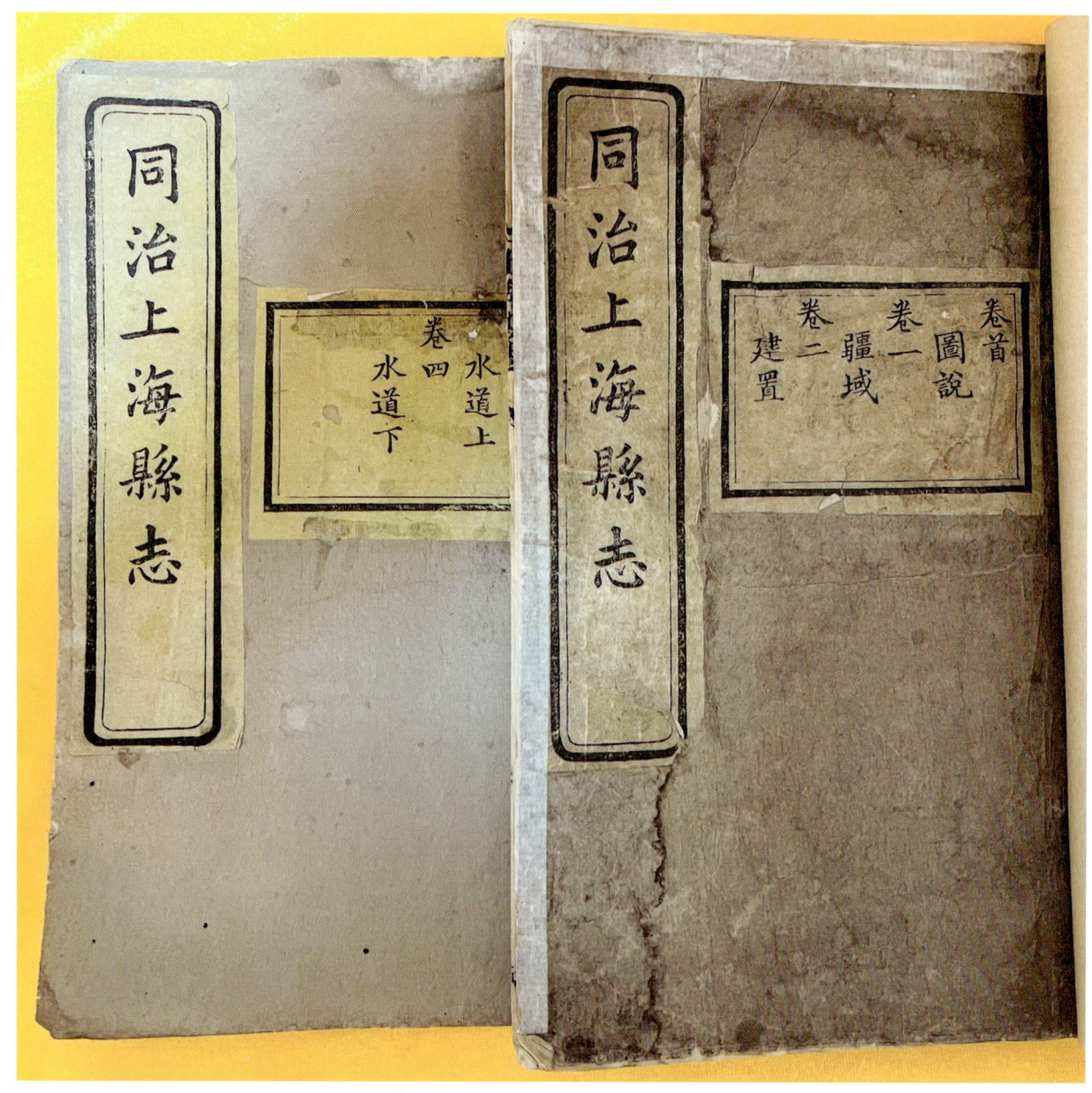

清同治十年(1871)《同治上海县志》(封面)

《同治上海县志》

　　《同治上海县志》由清代应宝时修，俞樾、方宗诚纂。全志共三十二卷，卷首有图说、凡例、序，卷一为疆域，卷二为建置，卷三、卷四为水道，卷五至卷七为田赋，卷八为物产，卷九为学校(书院、义学附)，卷十为祠祀，卷十一为兵防(历代兵事附)，卷十二、卷十三为职官表，卷十四为名宦，卷十五至卷十七为选举表，卷十八至卷二十一为人物，卷二十二为艺术，卷二十三为游寓，卷二十四至二十六为列女，卷二十七为艺文，卷二十八、卷二十九为名迹，卷三十至卷三十二为杂记，卷末为叙录。此志在清末方志学界颇有影响。

　　本馆所藏为全套《同治上海县志》共16册，为清同治十年刻本，刊于吴门皋署，保存完整，具有一定的文献参考和古籍收藏价值。

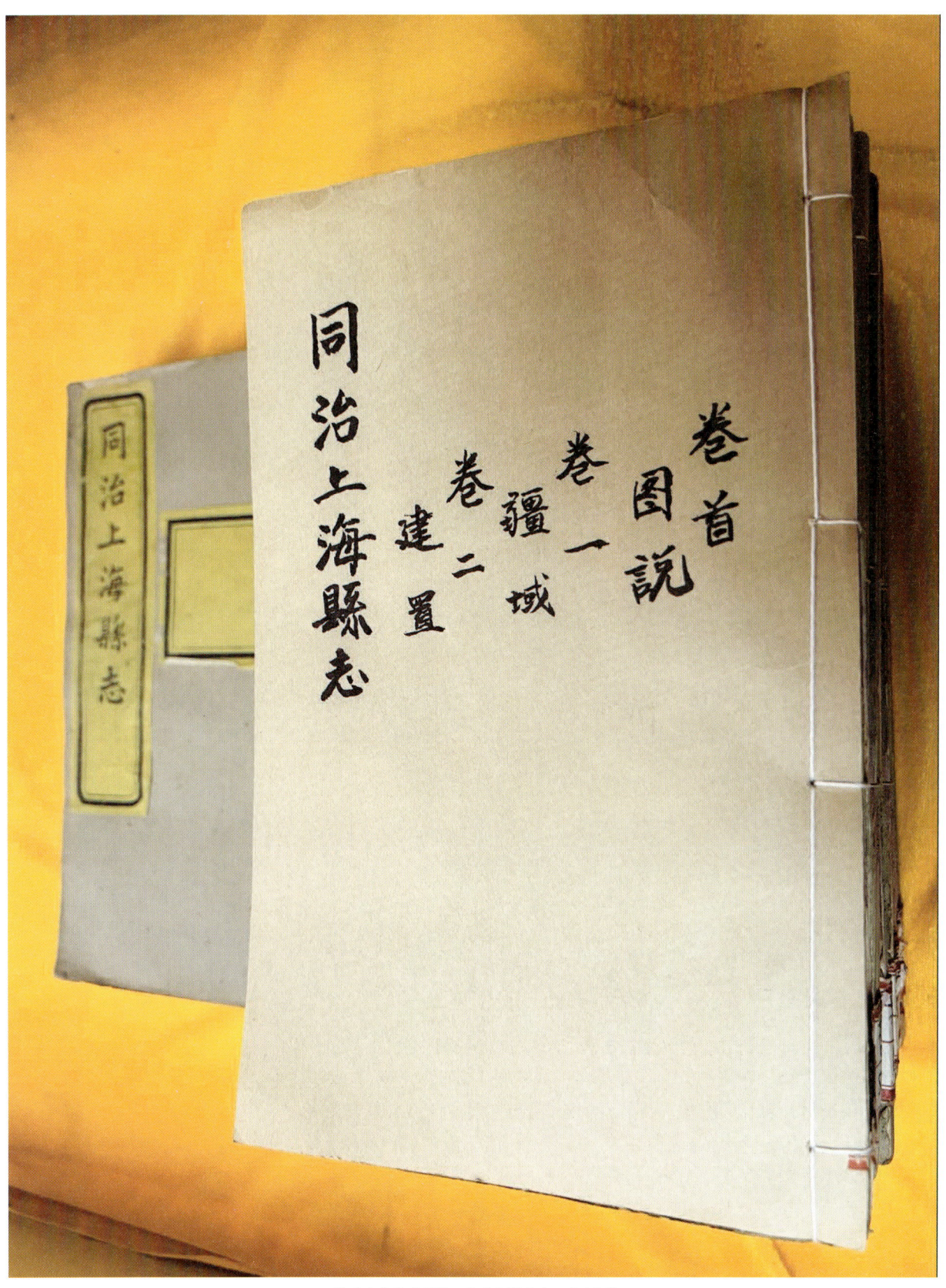

清同治十年(1871)《同治上海县志》全16册

清末《康熙字典》(封面)

清末《康熙字典》全6册

《康熙字典》

《康熙字典》是中国古代收字最多的一部字典,由张玉书、陈廷敬等30多位学者奉诏编撰。编撰始于清康熙四十九年(1710),成于康熙五十五年。《康熙字典》在明代《字汇》和《正字通》的基础上增订而成,收字47035个,字数超越此前历代的各种字书。所收之字,按楷书归纳部首214个,部首及同部首的字均以笔画为序排列。每字先注音后释义,释义时举出古籍中的例证。书末附录生僻字、有音无义或音义全无的字。《康熙字典》成书后,因丰富性、详备性和权威性而成为当时人们读书识字所依赖的基本工具书。但因引书多有讹误,后由王引之作《康熙字典考证》,校正错误2588条。

本馆所藏为全套《康熙字典》共6册,为清末石印本,保存完整,具有一定的文献参考和古籍收藏价值。

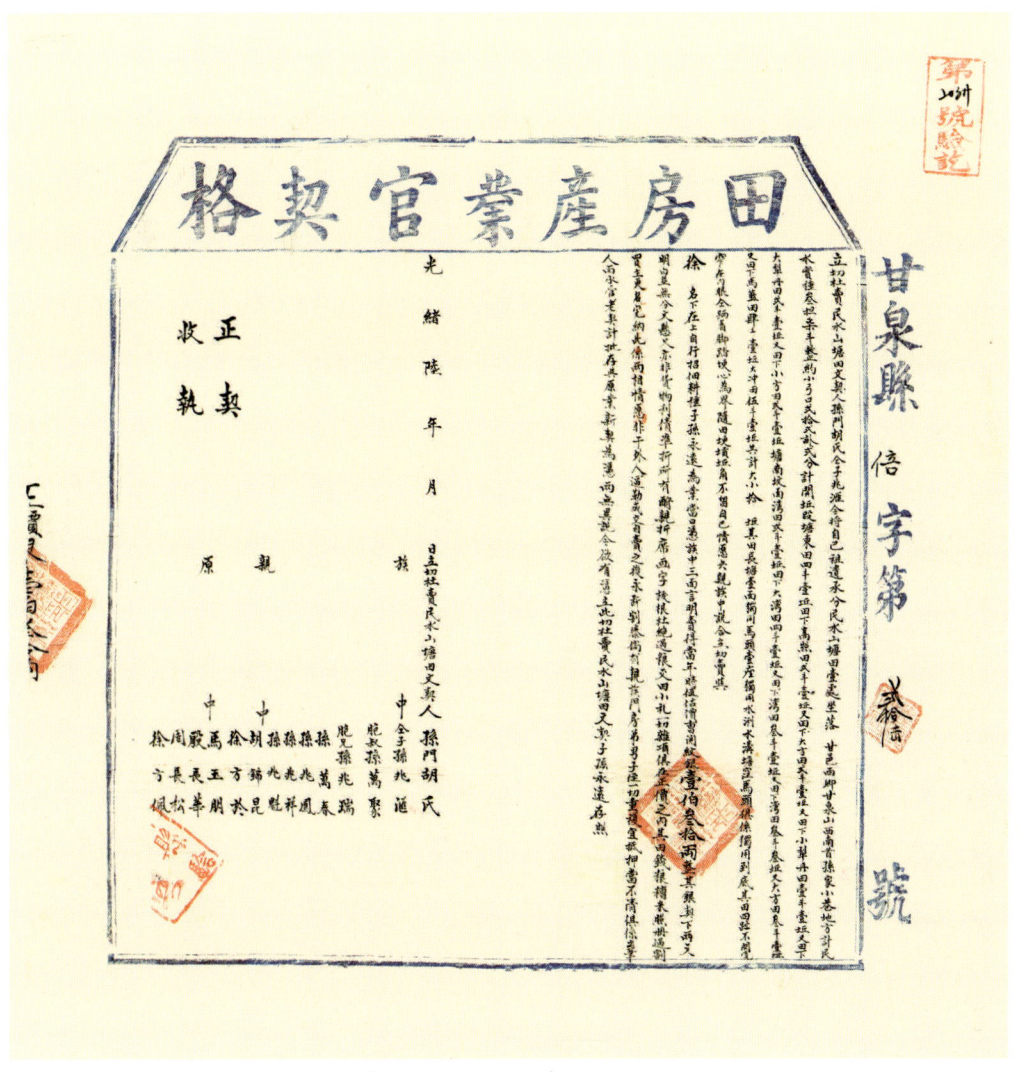

清光绪六年(1880)田房产业官契格

清代田房产业官契格

《大清民律草案》规定了不动产的登记制度，并将不动产定义为土地与房屋。不动产的产权发生转移时需立契约。传统土地契约文书有红、白之分。承买人未按照限期向政府契税部门申报缴纳契税的称为白契。白契多见于民间协议，属于私契，在实际生活中虽起到证明土地所有权的作用，但严格说来它不是完全的法律文本，官府往往不承认其法律效力。而经官府办理过户、纳税手续后，在白契上粘贴由官方排版统一印刷的契尾，加盖州县官印就成了官契或红契。红契及其所附的官文书有一定格式，此种契据在处理地产房屋纠纷时才具有法律效力。国家通过官契及相关证照的发放对民间不动产活动进行监管，以掌握社会财富的流转状况，保护合法的交易活动，保障国家税收，稳定社会秩序。

本馆所藏为清光绪六年(1880)的田房产业官契。契约中注明了所售田产来源、坐落位置、四邻边界等，立契日期及参与田产买卖的立契人、中人姓名，其中中人包括了三类即族中、亲中、原中，契约加盖了官府红印，有契约编号。从契约内容看，此卖契为杜卖(也称绝卖)，即自买卖后田产的所有权彻底转移，卖家永远不得赎回。

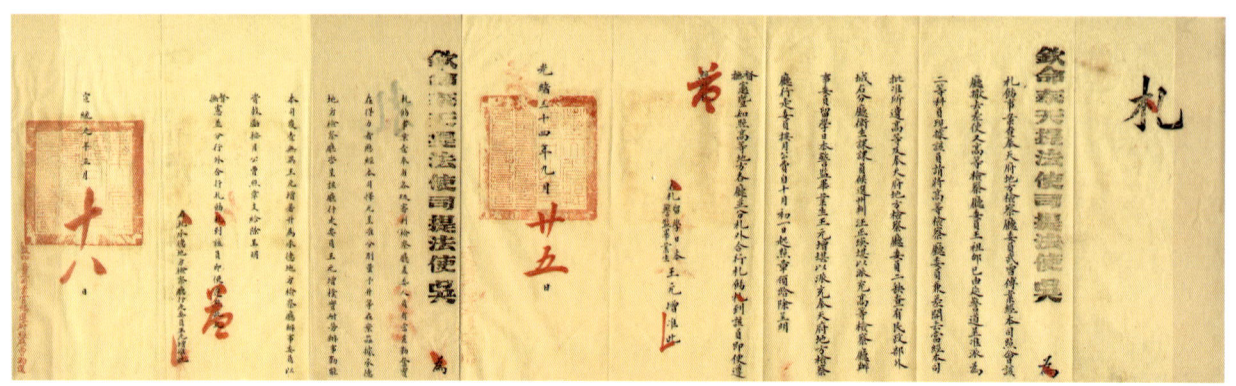

清光绪三十四年(1908)九月十五日、清宣统元年(1909)五月十八日,王元增分别被任命为奉天府地方检察厅行走委员、承德地方检察厅办事委员

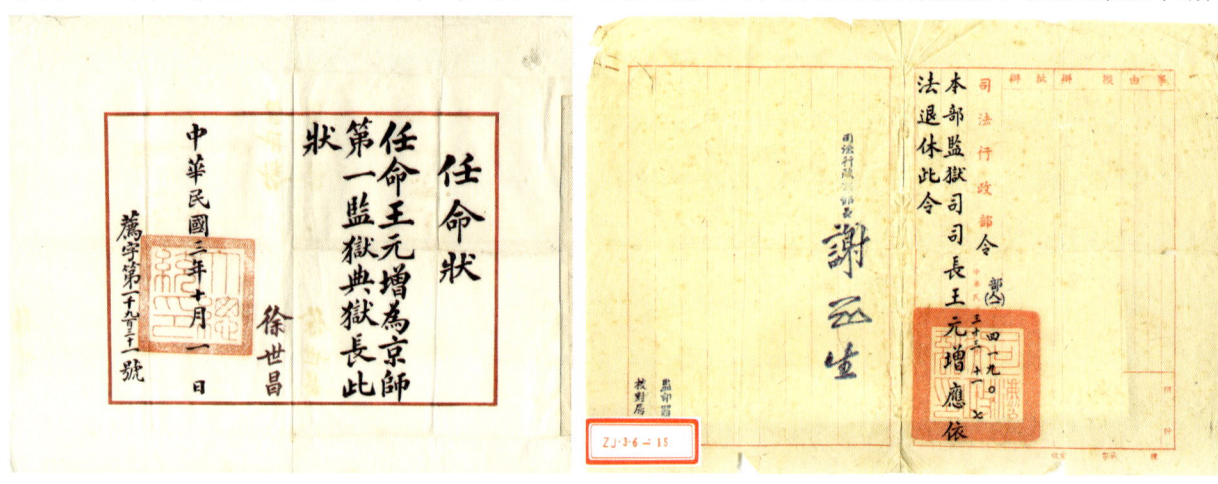

任命王元增为京师第一监狱典狱长的任命状　　　　时任司法行政部监狱司司长的王元增依法退休的退休令

王元增职务任免档案

　　王元增(1879~1963)字新之。清光绪三十二年(1906)入日本警监学校,主修监狱学,撰《日本监狱实务》,为我国近代第一部监狱学专著。光绪三十四年(1908)任职奉天府地方检察厅。清宣统元年(1909)任职承德地方检察厅。宣统二年自费出国考察俄、奥、德、意、法、比、荷、英、瑞士等国的司法监狱制度。宣统三年任奉天地方检察厅代理检察官。1912年后,任江苏省地检厅检察官、太仓地检厅检察长、京师第一监狱典狱长。1927年任江苏省司法厅监狱科科长。1932~1944年,任国民政府司法行政部监狱司司长。后定居上海,专心著述。1957年加入中国国民党革命委员会。1963年在上海逝世。传世著作除《日本监狱实务》外,还有《京师第一监狱报告》《北京监狱纪实》《监狱学》等。

　　该组档案为王元增从清末至1944年的三份任命书及退休令,记录了王元增从刚入职到退休整个职业生涯的几个重要转折点。

民国时期《上海县续志》全12册

《上海县续志》

　　《上海县续志》始修于1912年，1918年修成付梓。吴馨、洪锡范、沈宝昌、景崧修，姚文枬等纂。卷首有沈宝昌、洪锡范、吴馨序文3篇，有续修上海县志题名，并有例言6则。正文断限上起清同治十年(1871)，下迄清宣统三年(1911)。是志体例，一循前志，但新增24个子目。全志30卷，分为20门。前志有错误者，另外撰写补遗考证，附于每门或每卷之末。

　　本馆所藏为保存完整的全套共12册，为南园志局刻本，含"上海县总图""县境分图""租界略图"等，图绘精确，体例分明，内容翔实，具有一定的文献参考价值和地情研究价值。

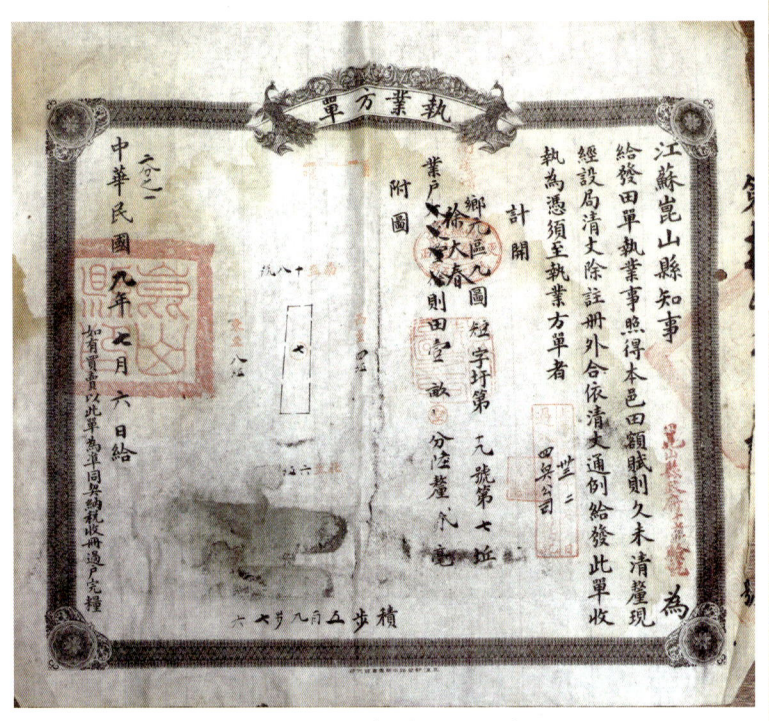

江苏昆山县知事签发的执业方单

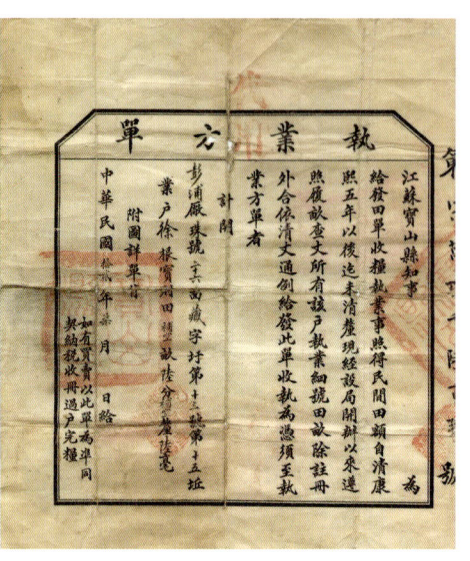

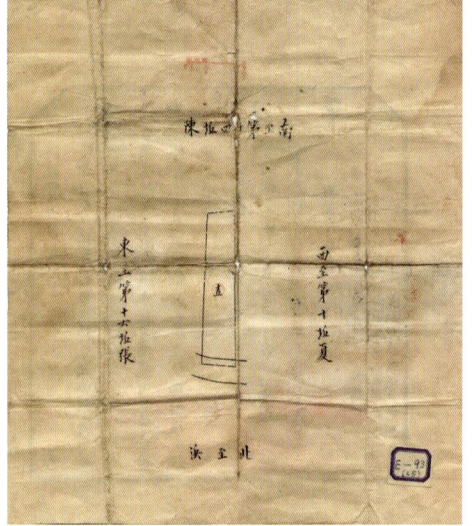

江苏宝山县知事签发的执业方单（正背面）

民国初年执业方单

方单为旧时苏南地区由官署发出地契的俗称，是土地所有凭证的一种。清咸丰初年，上海地区土地单册散失。清咸丰五年(1855)重行清丈，划分区域，按照乡、保、图、字圩，依序列号，另发执业田单。因单状是长方形，俗称方单。单上注明保、区、图、字圩、号数、亩数、业户姓名等项。此外，江苏宝山县（今属上海市）在清宣统三年(1911)清丈后所发的土地所有凭证，称执业方单。1927年，上海特别市成立，地域由上海县大部分和宝山县部分地区组成。

该组档案分别为1920年、1923年的执业方单，均注明区、字圩、号数、亩数、业户姓名等项，有附图，加盖官印，注明"如有买卖以此单为准同契纳税收册过户完粮"。该组档案对于研究民国时期土地制度具有一定的史料价值。

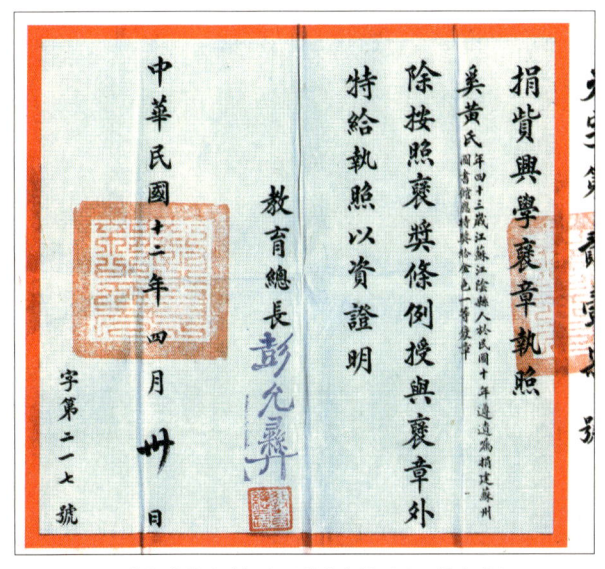
颁发给奚黄氏的捐资兴学褒章执照（一等褒章）

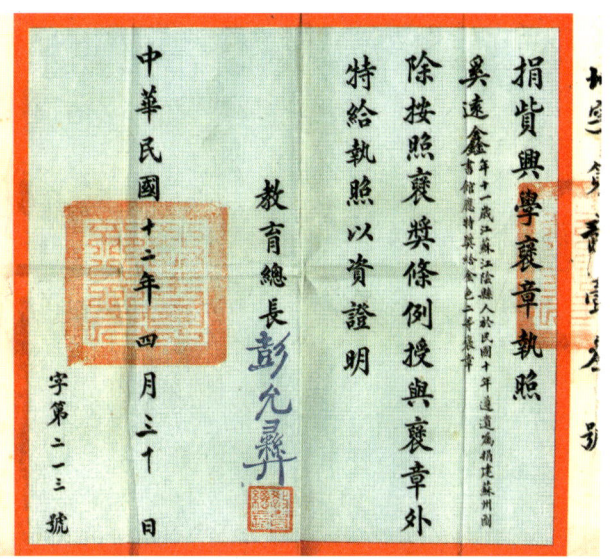
颁发给奚远鑫的捐资兴学褒章执照（二等褒章）

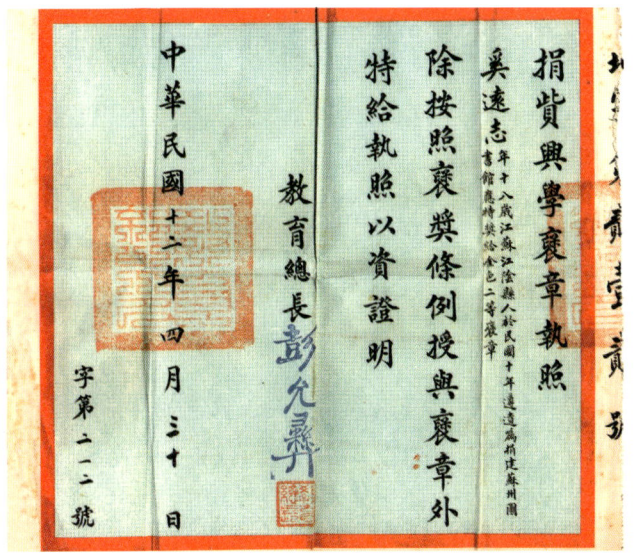
颁发给奚远志的捐资兴学褒章执照（二等褒章）

捐资兴学褒章执照

民国初年，为发展教育事业，教育部门鼓励私人办学。北洋政府教育部于1913年7月首次颁布了《捐资兴学褒奖条例》，该条例含附则共9条，并附有褒章及执照图式说明，是民国政府第一次以法律形式明确了捐资者的捐赠行为。该《条例》于1918年重修。重修后，《条例》对捐资兴学者的褒奖范围、等级及方式进行了统一与规范。

该组档案为1923年北洋政府教育部颁发的3张捐资兴学褒章执照，载明捐资人姓名、捐建事项、褒章等级、编号等。3张均为同一事项即遵遗嘱捐建苏州图书馆，褒章等级有一等和二等之分。执照由时任教育总长彭允彝签发，盖有教育部公章。

先施公司二十五周年纪念册（封面）　　　　　　孙科为先施公司二十五周年纪念题词

先施公司二十五周年纪念册及相关档案

  清光绪二十五年（1899）一月，澳大利亚华侨马应彪在香港皇后大道172号一座两层楼的商业建筑内创设先施公司。这是一家由12名华侨共同出资的小规模零售店，也是香港最初的百货公司。马应彪在先施公司二十五周年银禧纪念日的演讲中，称"先施"一词源于儒家经典中"先施以诚"的理念。

  该件档案为香港先施公司二十五周年纪念册，记录了先施公司总公司及各地分号的基本情况、纪念日当日场景等，并收录了当时社会各界名流为庆贺先施公司二十五周年纪念的题词。

  1914年，马应彪在上海南京路浙江路口租地20亩，先后3次募集股金200万元，委托英商雷士德的德和洋行设计，兴建7层大楼，于1917年10月20日建成上海先施公司并正式开幕。大楼占地约11亩。1～4层为商场，经营世界各地的百货，5层为办公用房，6～7层设"先施游乐场"，并利用屋顶建造以娱乐业为主的屋顶花园。同时，楼内开设"东亚饭店""先施茶室"。公司还设保险部、地产部，独立经营人寿、水火保险及房地产业。

张作霖为先施公司二十五周年纪念题词

先施公司二十五周年纪念册所载的上海先施公司门面图

1942年上海先施有限公司发票

后与"永安""新新""大新"合称"四大公司"。

先施公司二十五周年纪念册中也收录了当时先施公司沪行即上海先施公司相关图片，包括上海先施公司门面图，全体职工合影，下设的中西鞋、香水、西药、映相等各部，先施职员青年会，天台乐园及下设工厂（铁器制造厂）等，较全面地反映了当时上海先施公司的组织架构、设备设施等。

上图所示为1942年上海先施有限公司使用的发票。形状为竖式长方形，长宽比例近似于1∶2，为手写书契式，写明商品名称、规格、数量、金额、购货人名称、日期等信息。商号名"上海先施有限公司"置于发票上端，字体大而醒目，下行印有"香港注册"字样。前有"发奉"二字，后有"宝号"之空头以填写购货人名称，显示发票为卖方起承，意为卖方发送货物至客户。该件档案对于研究民国时期发票的演变等具有一定佐证价值。

TAILORING DEPARTMENT, SHANGHAI EMPORIUM

Y. M. C. A. COMMITTEE, SHANGHAI EMPORIUM

先施公司二十五周年纪念册所载的上海先施公司西装部、职员青年会图片

1927年外滩风貌长卷

外滩风貌长卷照片

　　外滩，自外白渡桥至金陵东路的黄浦江沿江一带。开埠前，这里是黄浦江边的滩地，原有一条狭长纤道，洋泾浜（今延安东路）以北沿浦多旧式船作、木行，北端为李家场（今北京东路—中山东一路—南苏州路—虎丘路一带）及清军营垒。南邻县城，北为吴淞江与黄浦江汇合处，地理位置优越。清道光二十三年（1843）上海正式开埠。道光二十五年，英首任领事巴富尔要求清政府将吴淞江与洋泾浜之间划出一段长2900英尺（约884米）的江面为英船"下锚地段"，其江岸即外滩。开埠后，西方各国殖民者、冒险家、商人、传教士纷纷来此，建立领事馆、洋行，并"租地造屋"。这里逐渐形成一块特殊地带，西人称之为Bund，中文则称为外滩或黄浦滩（南段称法兰西外滩）。

其北端和南端分别为英、法领事馆所在地,中段为外商洋行、银行的集中地,怡和、宝顺、仁记等一大批洋行设立于此,并沿江建造了码头。外滩一带建筑物在1850年代多为两层楼房,60年代后出现一些三层砖木结构建筑。20世纪二三十年代,"文艺复兴式""古典式""巴洛克式""哥特式"等各式高层大厦崛起。至1937年中国银行大楼建成,外滩建筑物群格局基本形成,使外滩有"万国建筑博览"之称。

　　该件档案为1927年外滩风貌长卷,记录了当时的外滩风貌,对研究外滩历史具有一定参考价值。

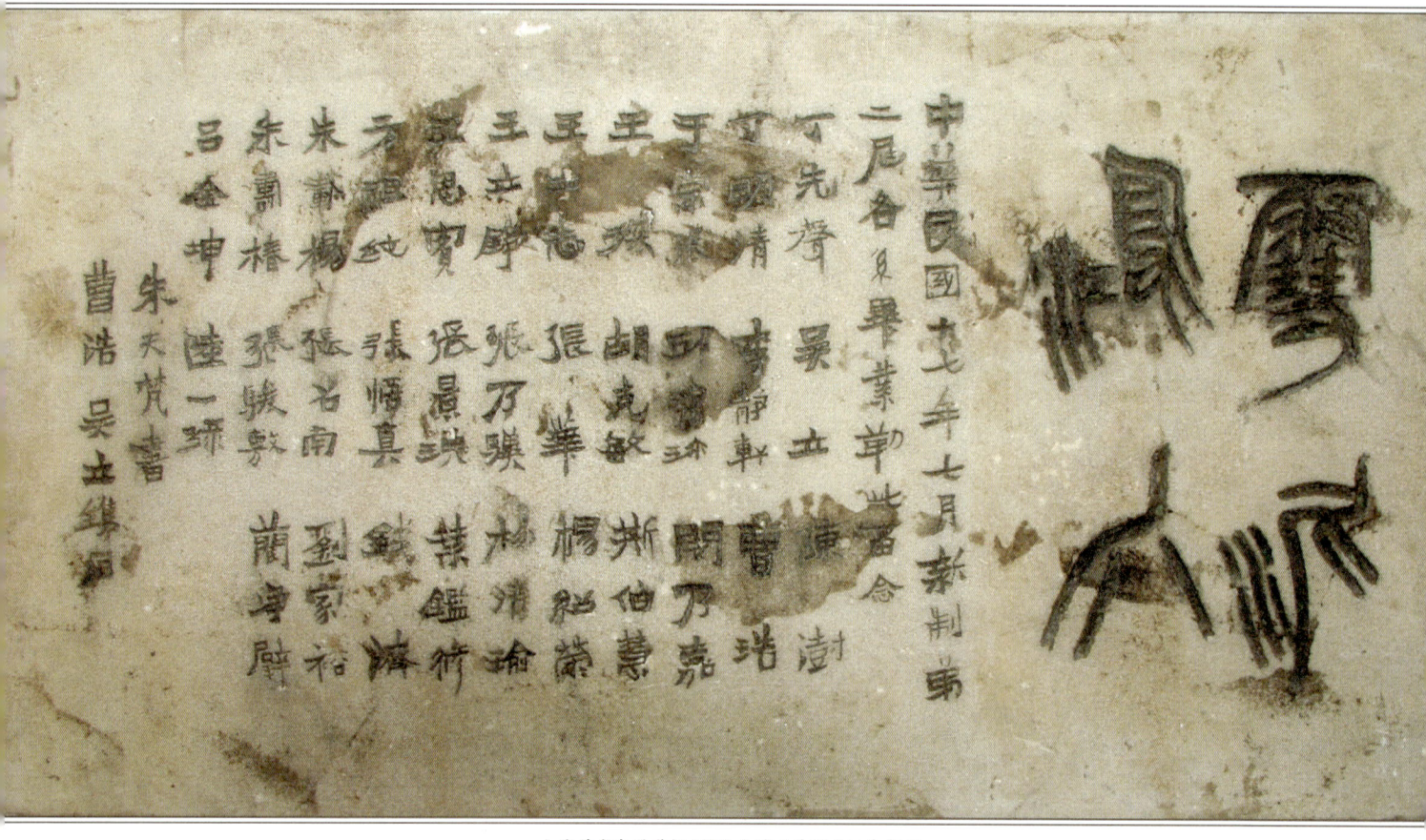

上海美术专科学校1928年毕业生留名纪念勒石

上海美专勒石

1912年,乌始光、刘海粟、张聿光等创办综合性新型美术学校"上海美术院"(后先后改名"上海图画美术院""上海美术学校""上海美术专门学校""上海美术专科学校")。于1913年3月开学,1927年暂停办,次年复校。刘海粟长期担任校长(1928～1934年刘海粟赴欧洲考察期间,由徐朗西代理校长)。学校设有三年制、五年制专科,并设三年制艺术教育科。自1914年起即开设人体写生课程。1952年全国高等院校院系调整时,学校与苏州美术专科学校、山东大学艺术系合并为华东艺术专科学校。上海美术专科学校前后40年间,共培养了数千名美术人才,其中不少成为有影响的画家和专家学者。学校本部曾设于菜市路(今顺昌路)。

上海美术专科学校部分学生合影 (1952.10)

　　本馆所藏勒石于 2001 年 2 月从顺昌路学校遗址墙体中挖出，勒立于 1928 年夏。碑首刻有"雪泥鸿爪"四字，后镌刻了美专新制第二届各系毕业生姓名，碑文由朱天梵书，曹浩、吴立镌石。该勒石对于研究上海美术专科学校校史具有参考及佐证价值。

1928年上海公共租界中、北区新路及扩展规划地图

上海公共租界规划地图

　　《南京条约》和《五口通商附粘善后条款》(《虎门条约》)签订后,清道光二十三年(1843)上海正式宣布开埠。道光二十五年,英国首任驻上海领事巴富尔与上海道台宫慕久商定《土地章程》,规定黄浦江以西、洋泾浜(今延安东路)以北、李家场以南为英商居留地,在近代中国设立了第一块租界。道光二十八年,上海道台吴健彰同意美国圣公会主教文惠廉提出的在虹口建立美租界的要求。次年,法国驻上海首任领事敏体尼与上海道台麟桂商定辟设上海县城北门外英租界南面一处土地作为法租界。19 世纪 50 年代中期,英美法三国领事联合通告,擅自公布《上海英美法租界土地章程》,并建立

1928年上海公共租界西区新路及扩展规划地图

统一管理英、法、美三租界的管理机构工部局。后法国方面为维护自身利益，坚持对法租界的独立管理权。清同治二年(1863)英美租界正式合并，成为公共租界，法租界则成为法国专管租界。此后公共租界经多次扩张，面积达33 000余亩；法租界经多次扩张，面积达15 000余亩。19世纪60年代初，两租界当局在租界外筑路，形成越界筑路。至20世纪30年代，公共租界工部局越界筑路数十条，长度达上百公里，其控制的越界筑路地区达4.7万亩。同时，法租界公董局也修筑了大量的越界道路。

  该组档案分别为1928年上海公共租界(Foreign Settlement)中、北区和西区新路及扩展规划图，对于研究上海租界的发展具有一定考证价值。

1931年扬子江流域水灾勘测及摄影图册封面

1931年扬子江流域水灾勘测及摄影图册

  1931年，长江上游金沙江、岷江、嘉陵江均发大水，川水东下时，又与长江中下游洪水遭遇，因此，水灾波及湖北、湖南、江西、安徽、江苏等多个省份，是长江有实测洪水记录以来最严重的一次流域性洪水灾害，中下游地区沿江两岸堤防大多溃决，受灾十分惨重。长时间、大面积的暴雨成为洪灾之源，长江汛期来得较早，4月下旬湘江长沙站就出现每秒12500立方米的全年最大洪峰流量，赣江也出现23米多的全年最高水位。长江中下游干流水位随之迅速上涨，汉口站在5月10日超过22米，7月5日接近24米，8月19日超过28米，最大洪峰流量接近每秒60000立方米。汉口及以下的九江、安庆、芜湖、南京等沿江城市洪水超过警戒水位长达两三个月。有"东南枢纽，八省咽喉"之称的武汉三镇完全成了一片泽国，据记载："武汉三镇没于水中达一个多月之久。大批民房被水浸塌，到处是一片片的瓦砾场。电线中断，

汉水之患,远处为汉阳兵工厂

店厂歇业,百物腾贵。二千二百多只船艇在市区游弋。大部分难民露宿在高地和铁路两旁,或困居在高楼屋顶。白天像火炉似的闷热,积水里漂浮的人畜尸体、污秽垃圾发出阵阵恶臭。"湖南省洞庭湖水系的湘、资、沅、澧四水沿岸均有受灾,其中沅、澧两流域和滨湖地区沦为泽国,灾情最重。安徽省

汉口日法租界

武昌黄鹤楼前

安庆城外受灾颇重

南昌沿江马路

九江城内无水

常德城受灾较轻

南京城北

多县被淹，仅巢湖流域被淹没农田就有 300 余亩，受灾人口 150 万。江苏省洪灾遍及全省，沿江各县均遭受洪水灾害，南京低地尽被水淹。江西省灾情略轻。

该组档案为 1931 年 8 月形成的扬子江流域水灾勘测及摄影图像汇集。内有影像 50 余幅，记录了当时湖北、湖南、江西、安徽、江苏等地水灾场面，是研究 1931 年长江水灾基本情况的珍贵影像资料。

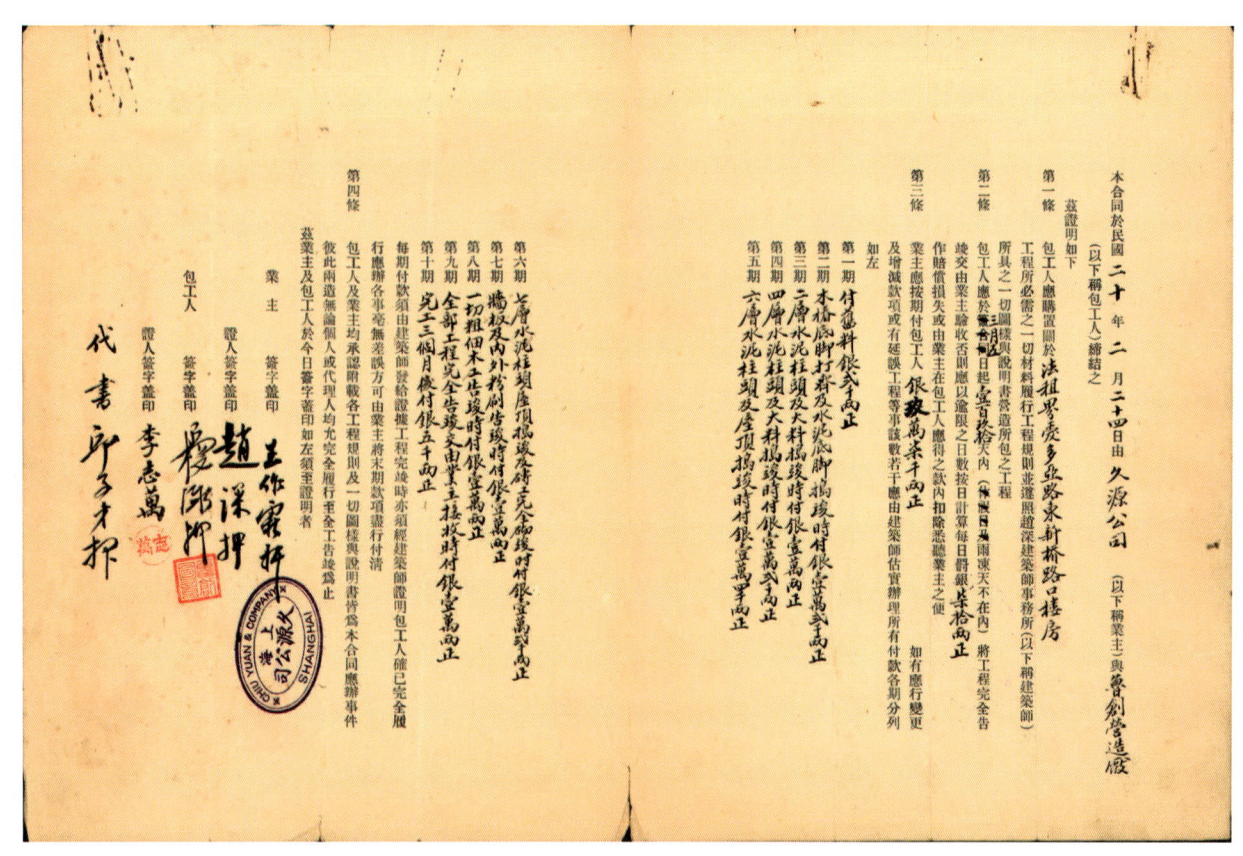

1931年就爱多亚路东新桥路口楼房工程签订的业主与包工人合同，赵深建筑师事务所为建筑设计方

赵深建筑师事务所相关档案

赵深（1898～1978），中国近现代建筑师，江苏无锡人。1919年毕业于清华学校，次年赴美国就读于宾夕法尼亚大学建筑系，1923年获建筑硕士学位。1923～1926年在美国纽约、费城、迈阿密等地建筑师事务所工作，后去欧洲考察。1927年回国，先在上海基督教青年会建筑处工作，参与设计了上海八仙桥青年会大楼。1928～1930年，就职于范文照建筑师事务所，主持设计南京大戏院（今上海音乐厅）和南京铁道部办公楼。1930年开设赵深建筑师事务所，设计的主要工程有上海大沪旅馆等。1931年与建筑师陈植合

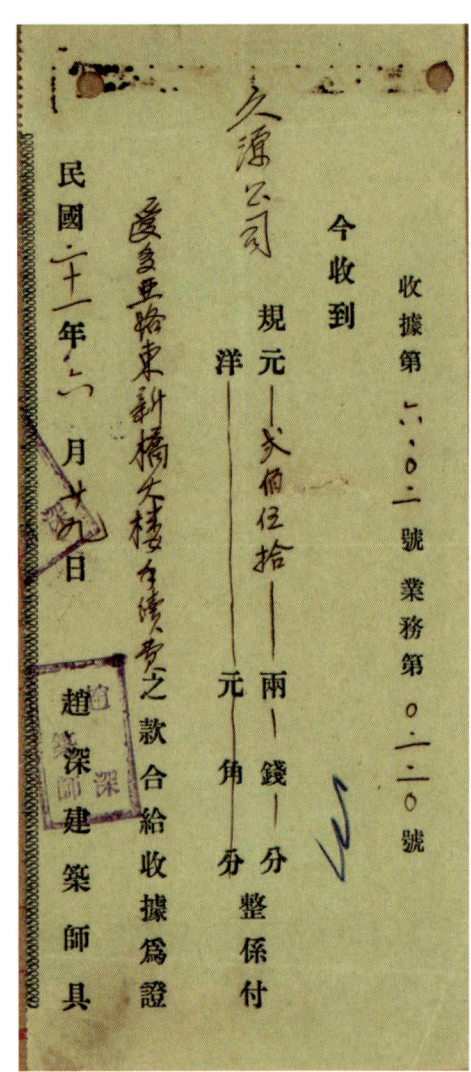 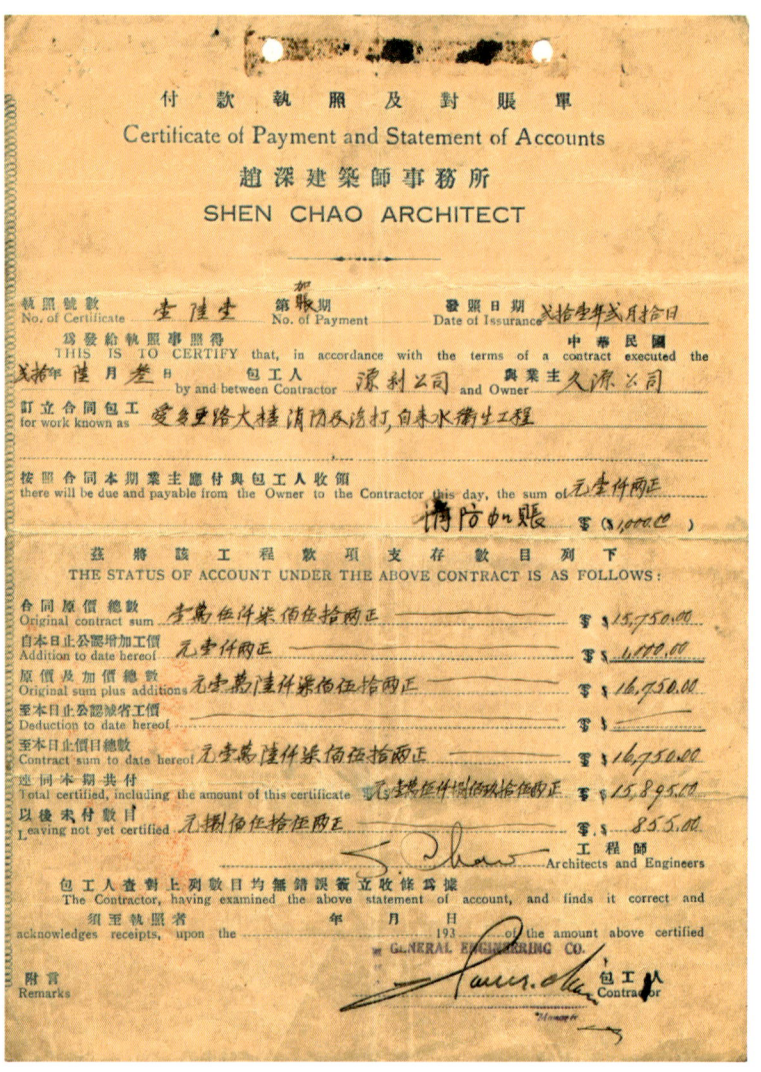

爱多亚路东新桥大楼项目相关收据　　　　　赵深建筑师事务所付款执照及对账单

作。次年,和陈植、童寯共同开设华盖建筑师事务所,至1952年,共设计工程近200项。1949年后,曾任华东建筑设计公司总工程师、建筑工程部中央设计院总工程师、华东建筑设计院副院长兼总工程师等职。

　　该组档案为赵深建筑师事务所运营期间的经济往来文书,既是赵深建筑师事务所的历史记载,也从一个侧面反映了当时的经济活动情况。

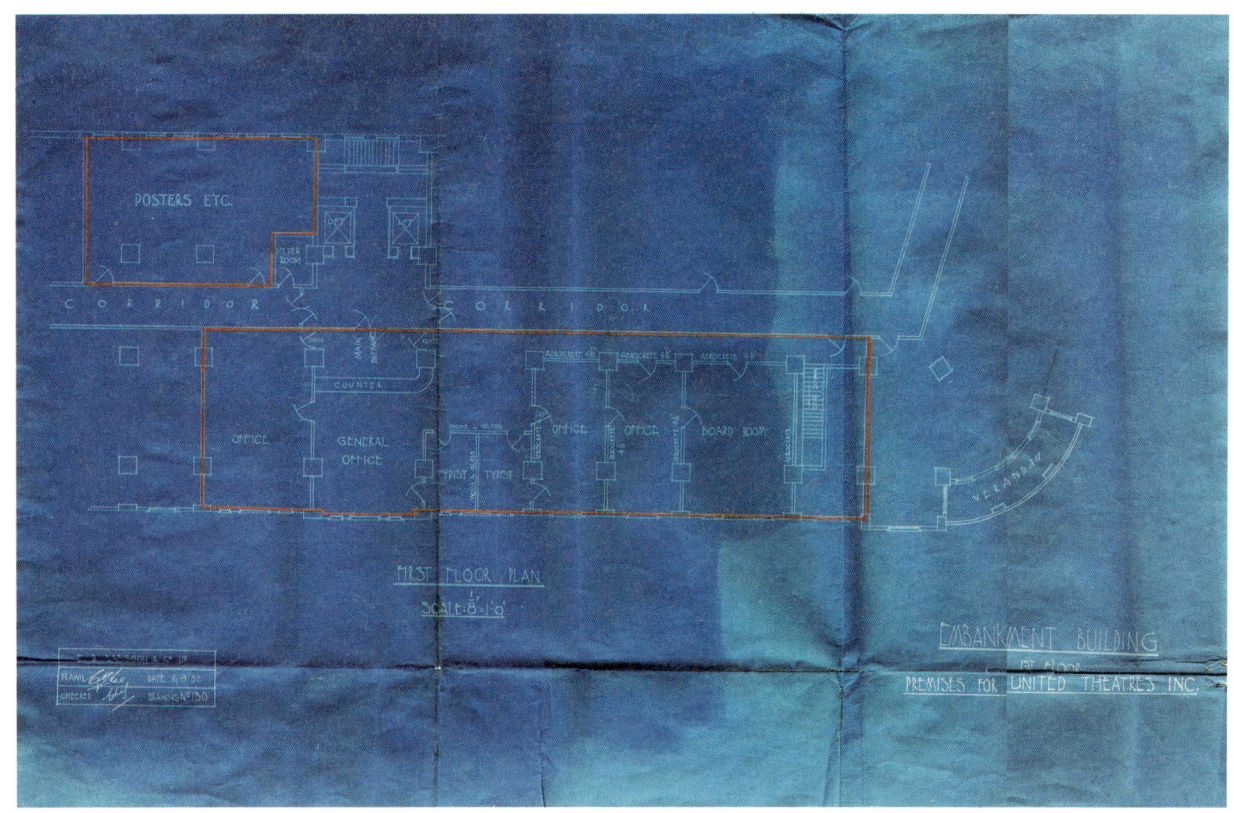

20世纪30年代初,河滨大楼建造图纸(第二层)

河滨大楼第二层平面图纸

  河滨大楼位于苏州河北岸、河南路桥北堍。因临近苏州河畔,故得名。1931年由沙逊洋行第三代主人维克多·沙逊投资建造,英商公和洋行设计(该洋行在上海设计有永安公司、汇丰洋行、江海关大楼等20多座大楼),新申营造厂承造。大楼呈S形,为钢筋混凝土结构,占地10.5亩,建筑面积近4万平方米。外墙为大块防火海绵砖墙,有出入门11处、楼梯7道、升降机9部,以及暖气、深井泵、消防泵、游泳池等设施。东南角辟有一座1000余平方米花园。底层为店铺,二层为办公用房,三层以上为公寓,是当时上海建筑规模最大的公寓大楼,有"远东第一公寓"的美誉。大楼建成后,有多家英美著名影片公司如环球、米高梅、哥伦比亚、雷电华、联美、联合、联利等的上海分公司在此处办公,成为外国电影公司写字楼的汇聚地。每套公寓房内均铺设硬木细条地板,由卧室、会客室、卫生间、储藏间组成。最初住户均为西欧人士,1941年太平洋战争爆发后公共租界被占领,住户逐渐以日本人为多。抗战胜利后,上海市轮渡公司、联合国善后救济总署中国分署、联合国驻沪办事处、联合国国际难民组织远东局等也在此办公。

  本馆所藏为河滨大楼第二层平面图纸。图纸右下角清晰标注"EMBANKMENT BUILDING""1ST FLOOR""PREMISES FOR UNITED THEATRES INC."字样,标明了该图纸的设计楼层与用途。左下角标明绘图人、检查人姓名,绘制日期为1932年8月6日,图纸号为"NO.130",有SASSOON(沙逊)公司名称字样。

1932年香港永安有限公司二十五周年纪念录封面

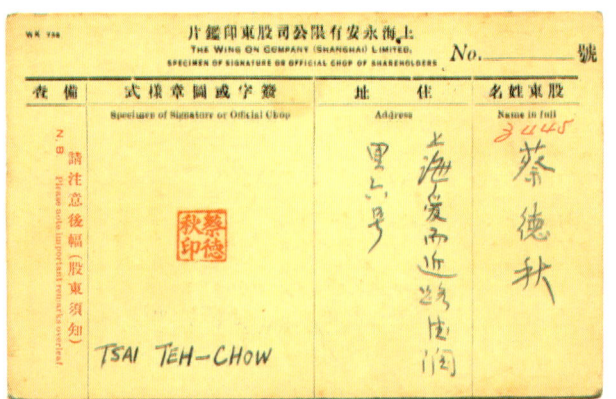

股东印鉴片（正面）

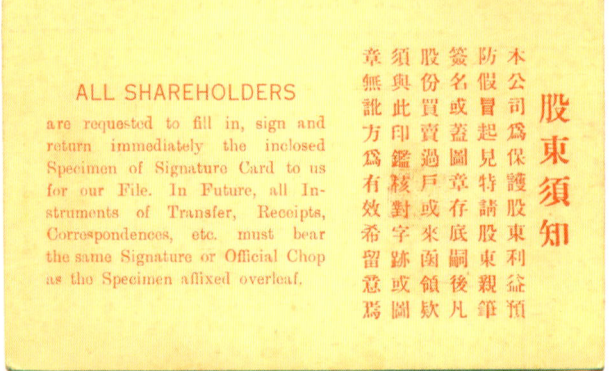

股东印鉴片（背面）

永安公司二十五周年纪念录及相关档案

　　香港永安有限公司由澳大利亚华侨郭乐、郭泉等创设，于清光绪三十三年(1907)8月28日开幕营业，设于香港皇后大道，郭泉任司理。原只有一间铺面，两年后，营业即大有进展。1916年，郭氏兄弟以每年五万两白银高额租金从哈同手里租得上海南京路浙江路口8亩5分1厘8毫地皮，建造永安商业大厦，开办资本200万港元，1918年9月5日正式开幕。四个楼面的商场，营业面积9500多平方米，经营环球百货，同时还开设游乐场所、茶室、舞厅等。1955年11月公私合营。1969年改为国营上海市第十百货公司。1987年商场进行全面改建装修，改名"上海华联商厦"，于1988年1月竣工开张。2005年翻牌永安百货有限公司，重新启用"永安百货"旧称。

中國海關
CHINESE MARITIME CUSTOMS.

稅單室鐵箱號數 Box No. 411

稅單號數 Duty Memo. No. FS 7588
捐單號數 Tax Memo. No.

1

上海永安公司有限

洋貨進口報單
IMPORT: FOREIGN GOODS.

To the COMMISSIONER OF CUSTOMS.
Please grant Permit to Land, for which Duty Memo. is required.

報關人 Applicant: 上海永安有限公司 The Wing On Company Fed. Inc. U.S.A.
受託人 Consignee: SELF
貨物裝船起運口岸 Port of Shipment: Sydney
登記號數 Registration No. A-179

進口口岸 Port of Entry: Shanghai—1
報關日期 Date of Application
原來之國別 Country of Origin: Australia
進口船名 Importing Vessel
旗號及船隻號數 Flag and Vessel No. (*) 2,1044
報單號數 Application No. (*) 145

提單號數 B/L No.	嘜碼 Marks.	件數 No. of Pkgs.	貨名 DESCRIPTION OF GOODS	數量單位 Unit of Quantity.	稅則號數 Tariff Number.	稅率 Duty Rate.	數量 Quantity.	起岸價格 C.I.F. Value.	完稅價格 Duty-paying Value.	進口稅 Import Duty.
73	S.O.Co.Ltd. Shanghai		WING ON & CO. PTY. LTD.				Kgs.			
		100	400 dozen "IXL" Assorted Jam 16 oz.	Value	31,700	30%	1,052.95	7,643,189	8,075,841.-	
		100	300 dozen "IXL" Assorted Jam 24 oz.	"	"		2,449.40	10,141,771	10,648,864.-	
		200 cs.						17,784,958	18,674,206.-	

Say Two Hundred Cases Only

Value CNC. Eighteen Million Six Hundred Seventy Four Thousand Two Hundred and Six Only

UNDER IMPORT LICENCE NO. I.P.S. 1428

Consular Invoice Issued

$ 6,106,465.-

27 MAR.1947

件數總數 Total Packages

All Imports to have c.i.f. values declared.

以上各項報關人具實證明無訛
We hereby certify that the above particulars and figures are correct:
THE WING ON COMPANY FEDERAL INC. U.S.A.

報關人簽押 Signature of Applicant

Duty Paying Value Based	Appr's Intl.	Asst's Intl.
1. On Market Value		
2. On True C. I. F.		
3.		

B/L No.
O/B No. 3329
D/O No.

稅收總數 Total Duty: $6,032,262.-
特稅 Special Tax G.U. 280,113.-
浚浦捐 Conservancy Dues: 224,090.-
碼頭捐 Wharfage Dues

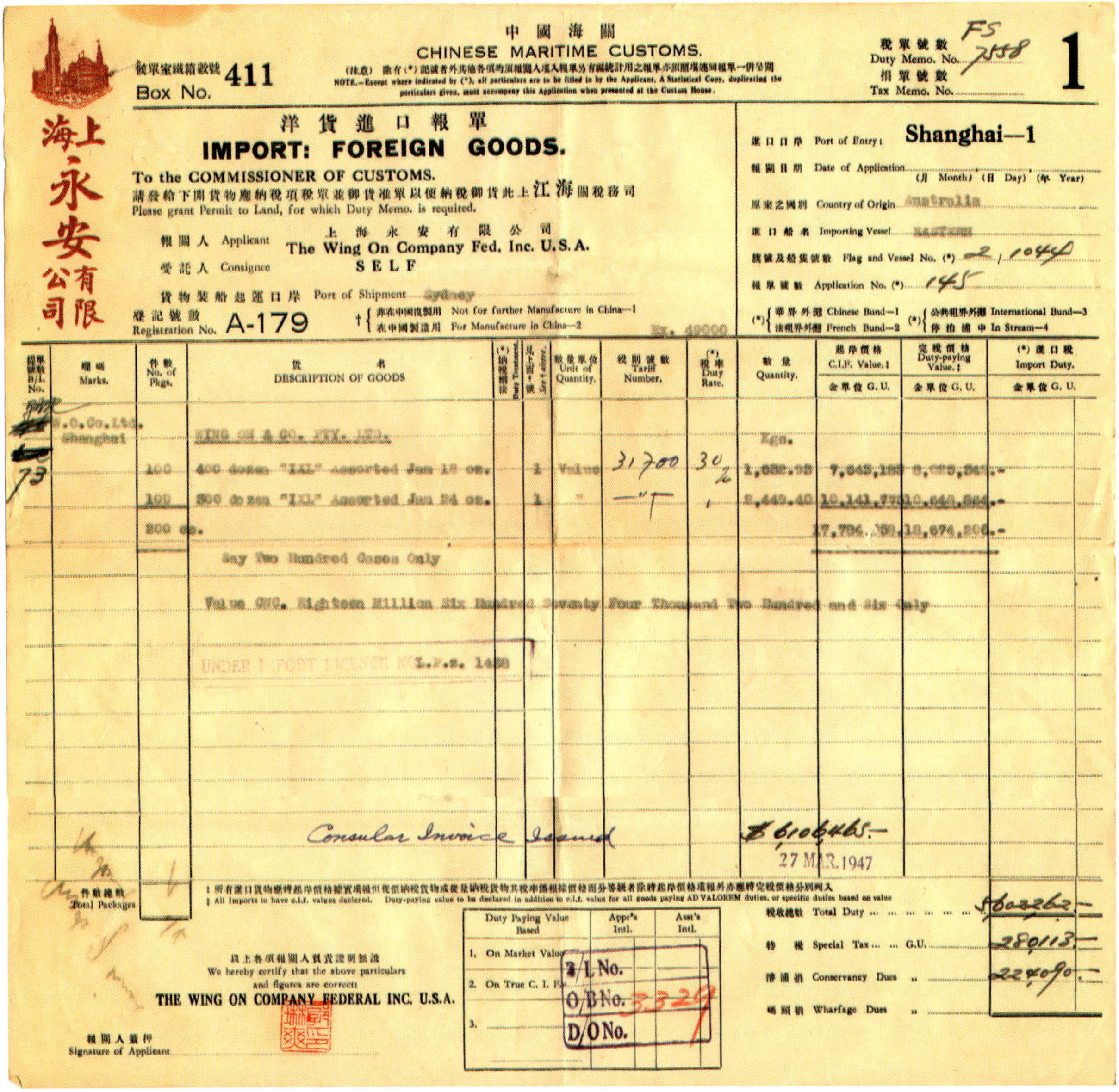

1947年3月27日上海永安有限公司洋货进口报单

该组档案包括香港永安有限公司成立二十五周年纪念录、上海永安有限公司股东印鉴片(正面印有股东姓名、住址、签字或图章样式，背面则印有股东须知)及上海永安有限公司洋货进口报单(单据注明了货物装船起运口岸、进口船名、旗号及船只号数、报单号数、货物清单及价格清单，有郭琳爽印章)。其中纪念录中收集了当时众多社会名流的题赠，永安公司影响力可见一斑。

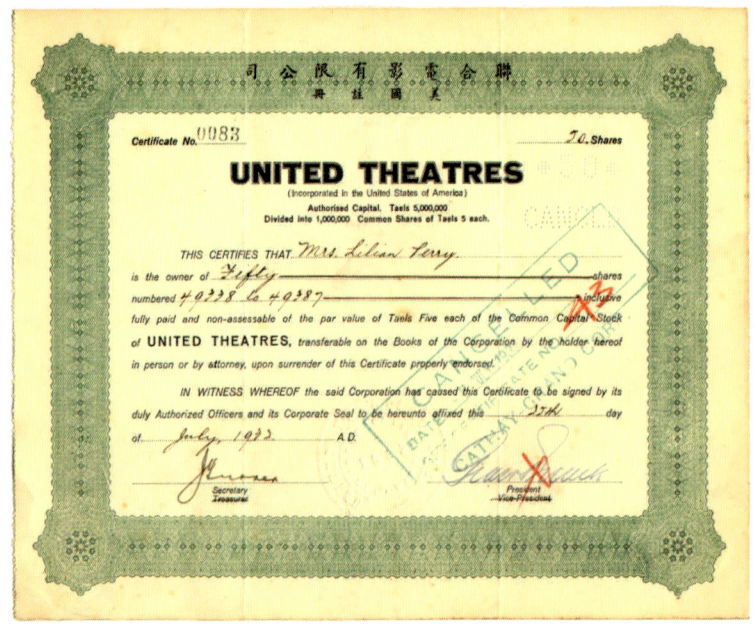

1932年联合电影有限公司股票

联合电影有限公司股票

  1932年，英籍香港人卢根与美商国际抵押公司经理格兰·马克组建联合电影公司。公司在美国注册，拟定募股额为500万两白银，共100万股，每股为5两白银对外公开招股。股票发行后，无奈"国人之稍具资产者，每视电影事业为投机性质，大都不愿投资"，认股数仅有383 400股，与预计相去甚远。公司曾下辖大光明、国泰、卡尔登、上海、巴黎、明珠、华德等电影院。次年年底，由于资不抵债，大光明、国泰、卡尔登电影院由美国按察使署接收，其他中小电影院也纷纷宣布脱离。

  该组档案为1932年联合电影有限公司发行的股票，载明了拥有者姓名、股数、编号、每股面值、公司正式授权签署人姓名、公司印章等。

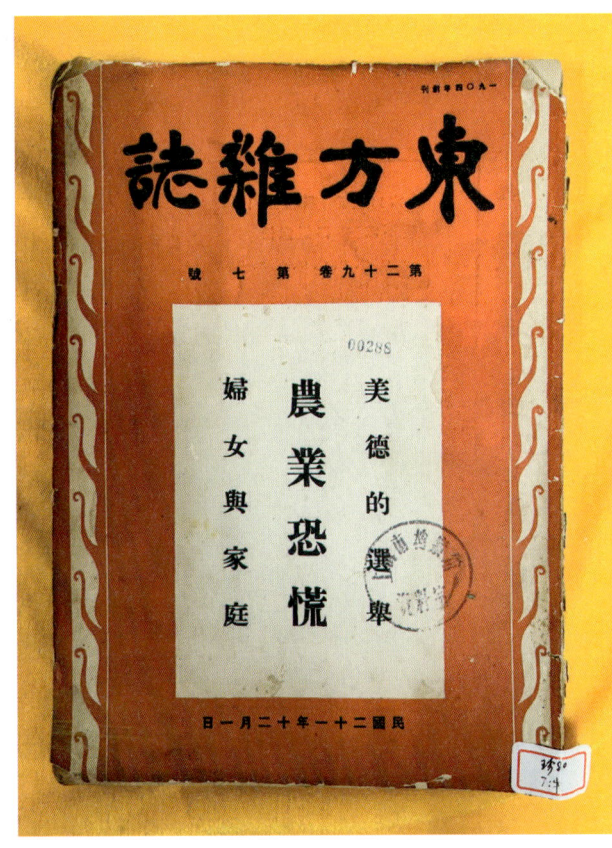

东方杂志封面（1932年第29卷第7号）　　　　东方杂志封面（1933年第30卷第20号体育专号）

《东方杂志》

　　清光绪三十年正月二十五日（1904年3月11日），《东方杂志》在上海创刊。最初为文摘性刊物，自清宣统二年（1910）起刊载自撰和征集的论文、译文，是近代中国历史最久的大型综合性刊物，商务印书馆出版。创刊时为月刊，第17卷起改为半月刊，第40卷又改回月刊。杂志初创时以"启导国民，联络东亚"为宗旨（《新出东方杂志简要章程》，创刊号），后又提出："本刊以阐明学术为主旨，所刊各文，见解力求客观，议论务期平允，注重新知介绍，然力避武断，期无悖研究之精神。"（王云五《复刊词》，39卷1号）采取"兼容并包"办刊方针，"对各学派一律看待"（《读者作者与编者》，30卷7号）。所刊内容分为社说、谕旨、内务、军事、外交、教育、实业、宗教、小说、译件、调查、大事记等。徐珂、杜亚泉、陶惺存、钱智修、胡愈之、李圣五等曾任主编。抗日战争时期，先后迁至长沙、香港、重庆出版。1947年1月迁回上海。1932年、1937年、1941年都曾一度休刊，1948年12月终刊。

　　本馆所藏为20世纪30年代的两本《东方杂志》。分别为1932年第29卷第7号、1933年第30卷第20号（体育专号）。《美德的选择》《农业恐慌》《妇女与家庭》《关于师范教育之讨论》《学校体育之谬误的趋势》等文章体现了杂志综合性、"兼容并包"的特质。

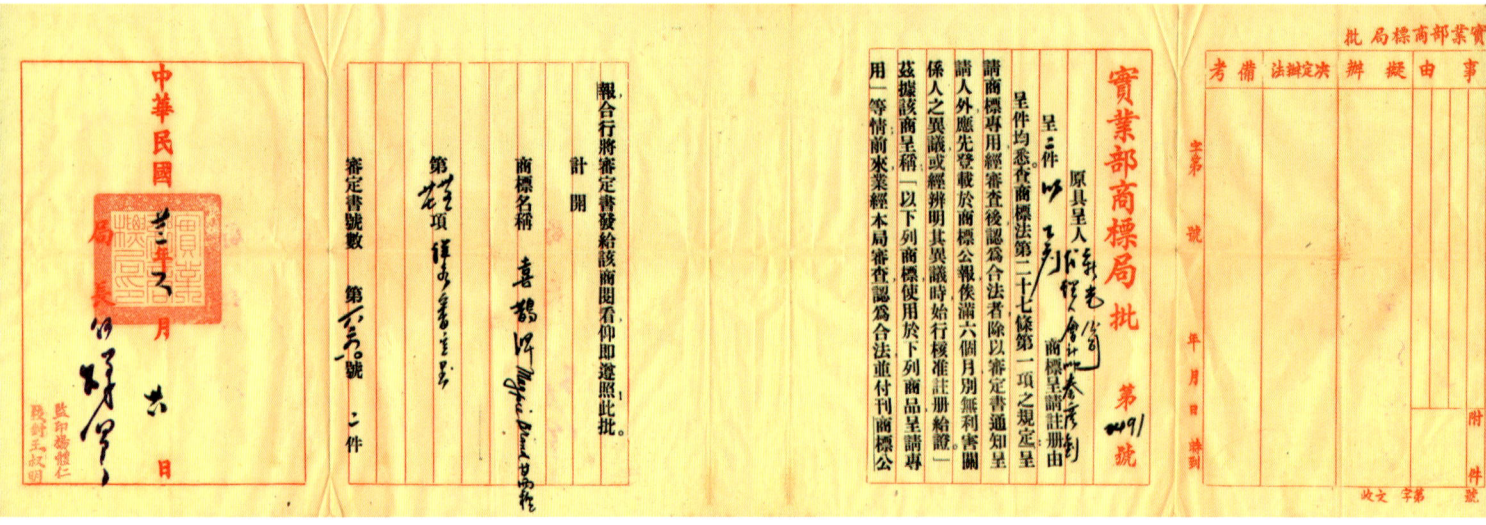

实业部商标局对新光公司喜鹊牌商标的核准注册给证批文

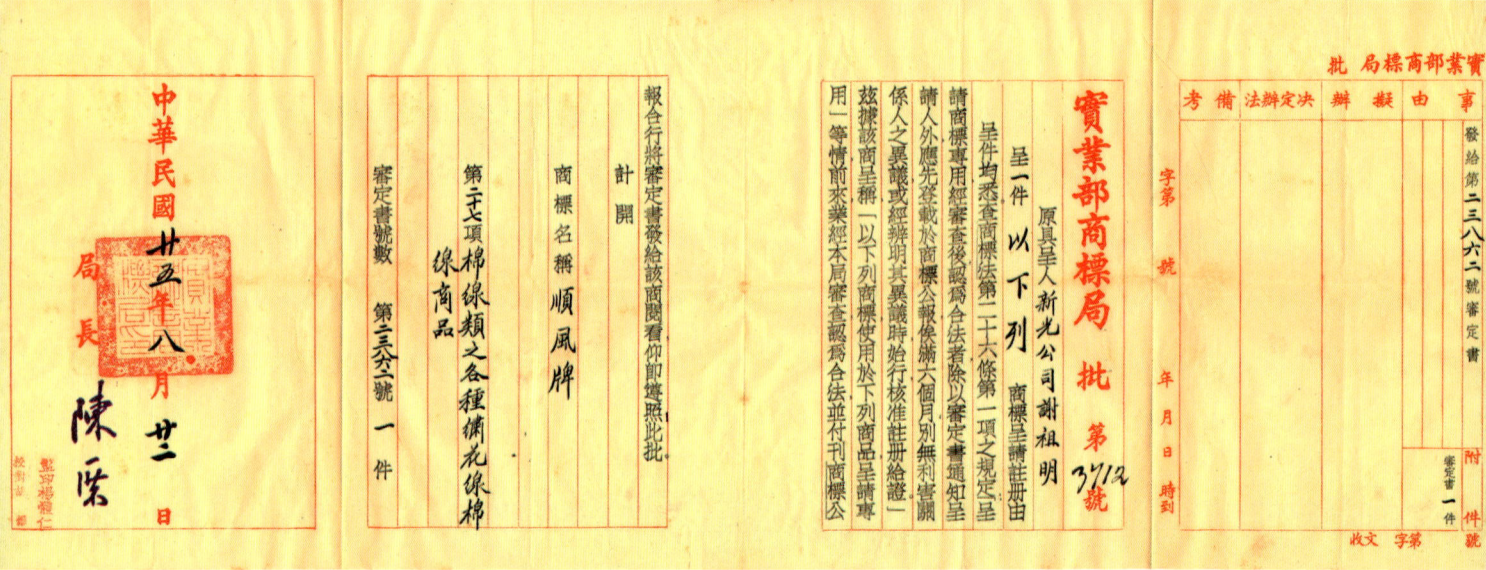

实业部商标局对新光公司顺风牌商标的核准注册给证批文

国民政府商标档案

1930年，国民政府对北洋政府时期的《商标法》作了部分修改，主要是取消了该法关于侵害商标专用权的刑事、民事和行政处罚的规定，于同年5月3日重新公布，全文共计40条。同时对配套的《商标法施行细则》也作了部分修改和增订，修订后共计44条。新修订的《商标法》及其细则均从1931年1月1日开始施行。1935年，该商标法又经历一次修改，主要增加了注册商标保护的文字（包括读音在内），将"商标使用区域不限于中国国境

1934年12月实业部商标局颁发新光公司证件封

内"改为"商标使用区域以中国境内为限"。修改后的《商标法》全文共39条。

本馆所藏20世纪30年代国民政府商标局颁发给新光公司棉线等产品的商标审定书及核准注册给证批文,反映了《商标法》及其细则的具体实施情况。当时的商标局隶属于实业部。

1938年1月,国民政府通过《中央机构调整案》,对行政院和军事委员会等机构进行调整。其中最重要的是将分属于国民政府、军事委员会和行政

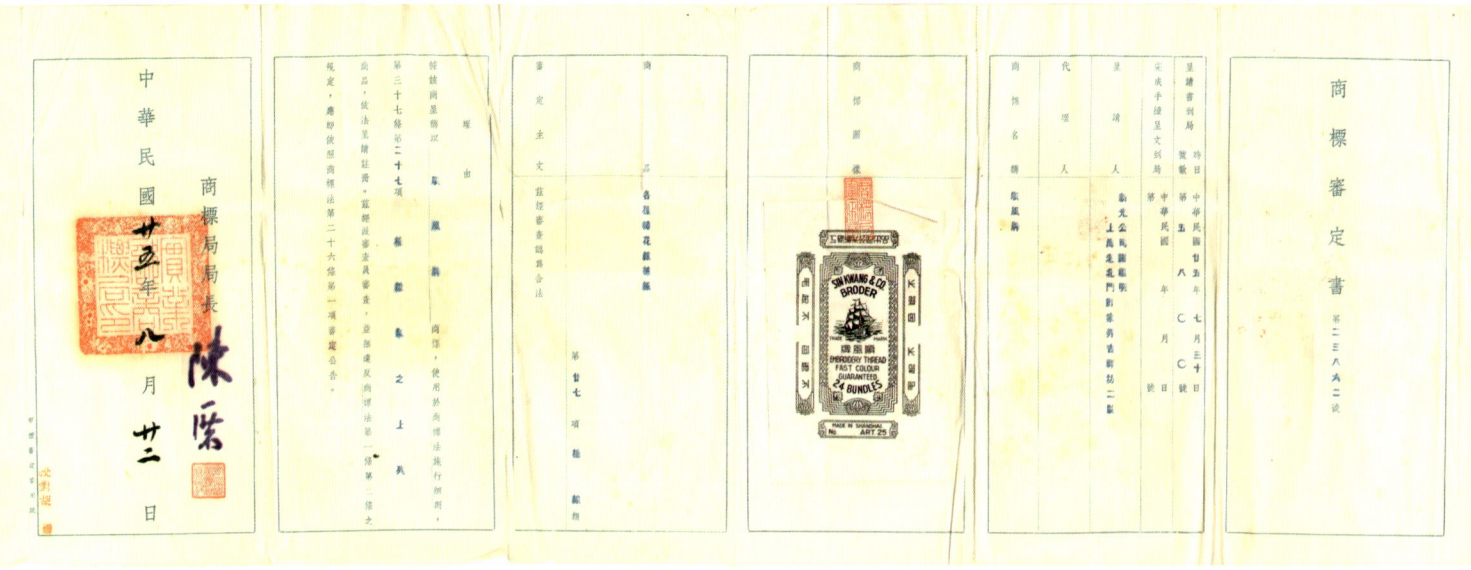

实业部商标局颁发的商标审定书（新光公司顺风牌棉线等）

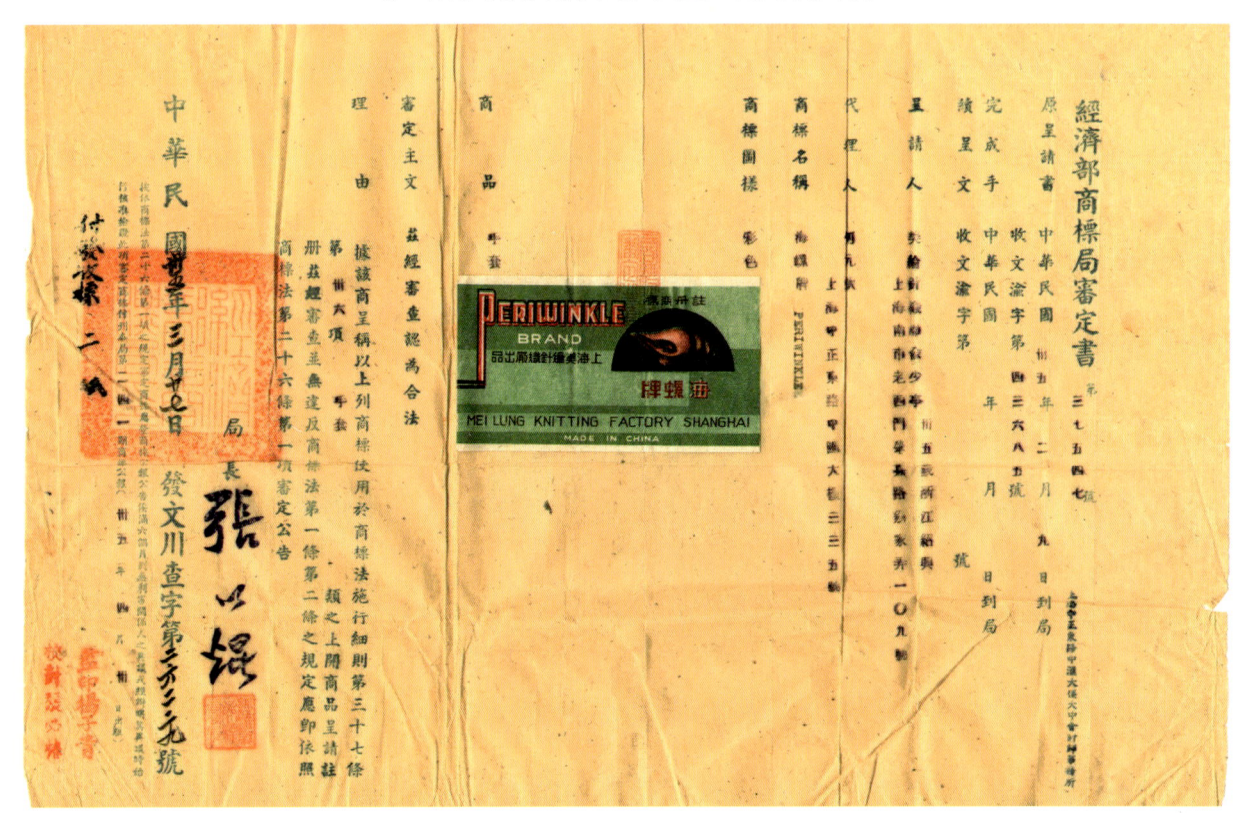

经济部商标局颁发的审定书（海螺牌手套，业主：美纶针织厂俞少亭）

院的有关经济部门撤减合并，成立经济部，作为国家最高的经济行政机关，管理全国经济行政事务。此时的商标局隶属经济部。

本馆所藏的20世纪40年代经济部商标局颁发给美纶针织厂手套等产品的商标审定书，可以显示该种审定书与之前颁发的商标审定书内容上大致相同，但在后来的审定书中则增加了关于商标公告的相关内容。

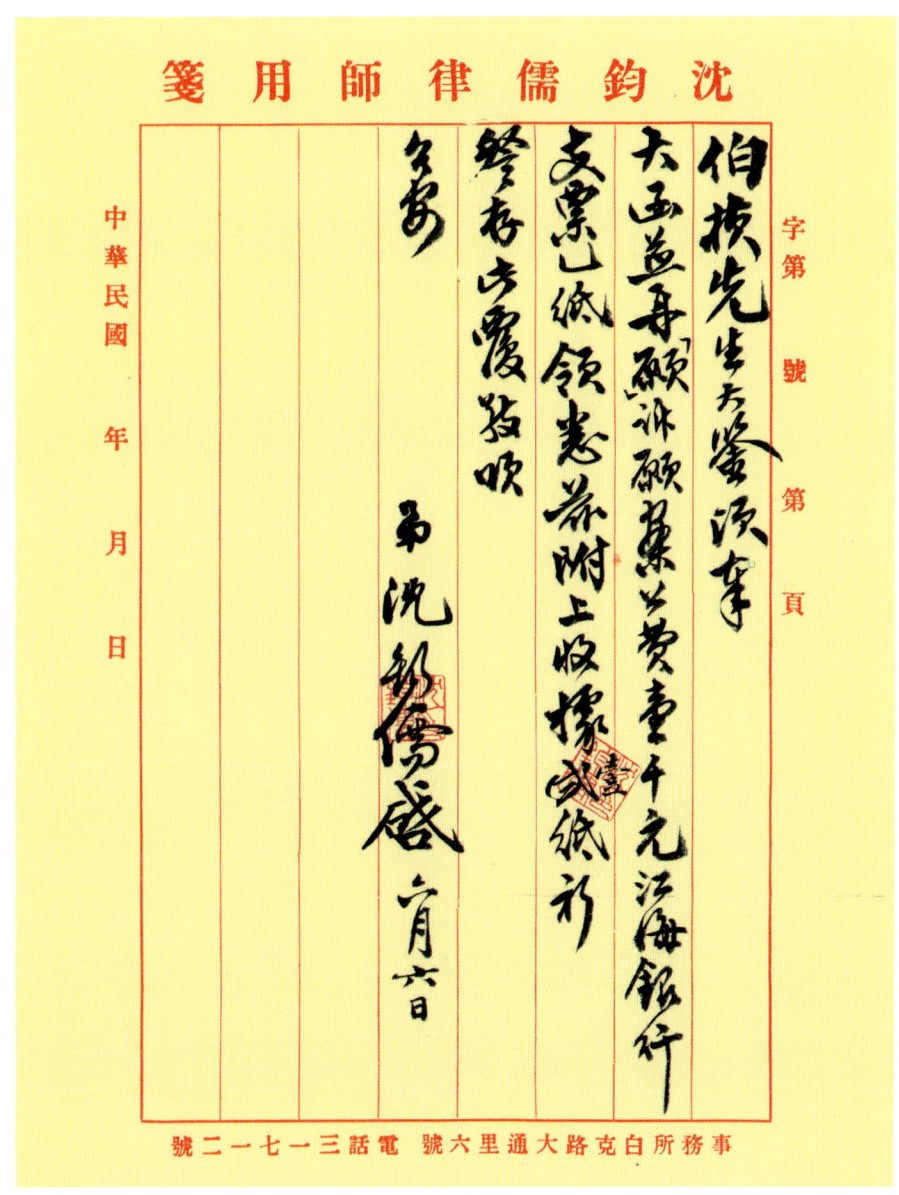

沈钧儒致魏伯桢信函

沈钧儒、张耀曾致魏伯桢信函

  沈钧儒(1875～1963)字秉甫，号衡山，祖籍浙江嘉兴，生于江苏苏州。清末进士，中国民主革命家。清光绪三十一年(1905)留学日本。光绪三十四年回国后参加立宪运动和辛亥革命。1912年参加同盟会。后参与护法运动，反对曹锟贿选。1918年后，任国会议员、广东军政府总检察厅检察长、浙江省政府秘书长。1928年起任上海法科大学教务长。1929年加入上海律师公会，先后在白克路(今凤阳路)、南京路沙逊大厦开设律师事务所。1933年，参加中国民权保障同盟。1935年12月，参与成立上海文化界救国会，1936年参与成立全国各界救国联合会，11月与邹韬奋、李公朴等被国民政府逮捕，为救国会七君子之一。1938年，任国民参政会参政员。曾组织平民法律扶助会，为被迫害的人、抗日军人家属及进步图书杂志义务辩护。1941年，倡议组织

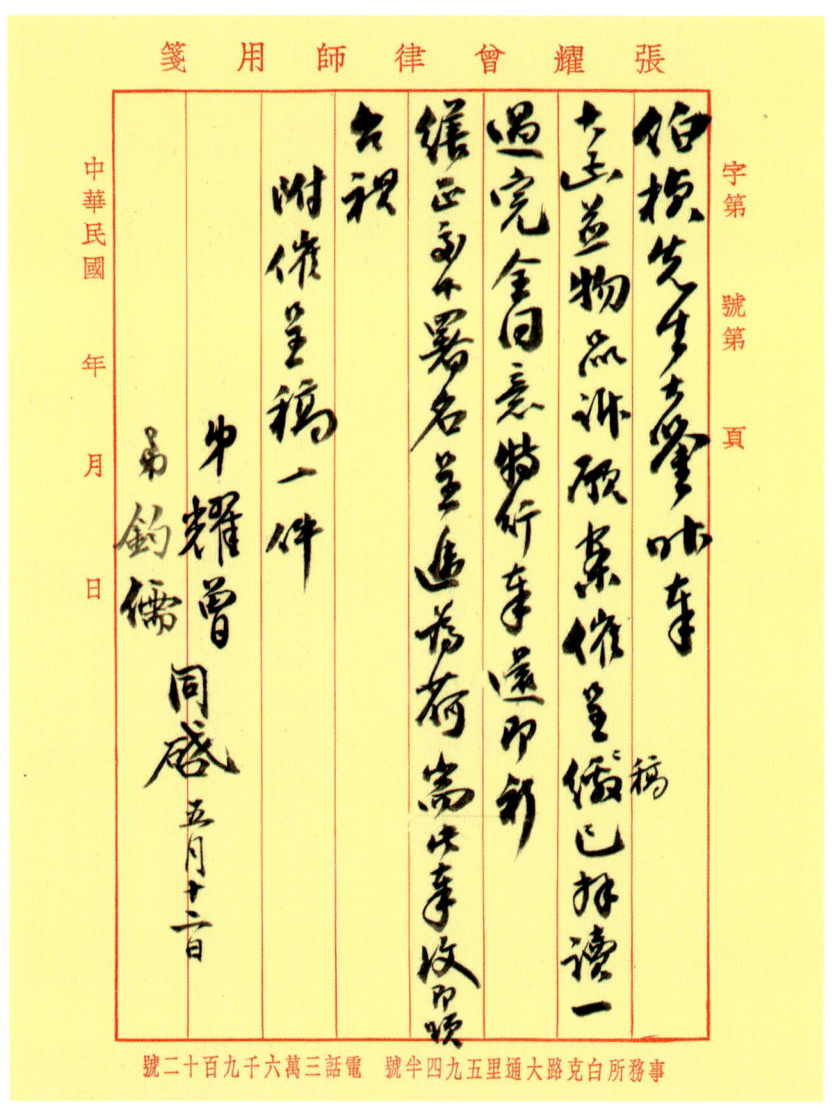

张耀曾、沈钧儒致魏伯桢信函

中国民主政团同盟(后改组为中国民主同盟,简称"民盟")。抗战胜利后,任中国人民救国会主席。1946年,代表民盟参加旧政治协商会议。1948年,在香港主持民盟一届三中全会,9月赴东北解放区。1949年,参加新政治协商会议的筹备工作。历任中央人民政府委员,最高人民法院院长,第一、二届全国人大常委会副委员长,第一至第三届全国政协副主席,民盟中央副主席、主席等。

张耀曾(1885~1938)字镕西,云南大理人。早年入京师大学堂学习,毕业后留学日本,加入同盟会。辛亥革命期间回国参加革命。1913年起,历任众议院议员、云南都督府参议、北京大学法科教授。1916年,任段祺瑞内阁司法总长。次年下野,为政学系首领之一。1923年,出国考察西欧司法制度。归国后,历任法律讨论会会长、上海中国公学社会科学院法律系主任兼教授、上海法学院法律系主任等职。1929年加入上海律师公会,在白克路(今凤阳路)开设律师事务所。1936年,曾主动担任救国会"七君子"案中沈钧儒的主要辩护律师。著有《考察司法记》《列国在华领事裁判权志要》《大理张氏诗文存遗》等。

魏伯桢(1877~1975)名炯,浙江宁波人。清光绪三十二年(1906)留学日本。清宣统二年(1910)毕业于日本东京法政大学。回国后参加同盟会,并担任宁波法政学堂教习。次年,担任宁波民团总团长,为宁波辛亥革命的胜利发挥了重要作用。曾任浙江永嘉警察厅厅长、诸暨县知事等职。也曾是上海著名大律师,开设魏炯法律事务所。曾与盛丕华等合营上元企业公司。魏伯桢热心同乡会公益事业。1920年代中期与诸

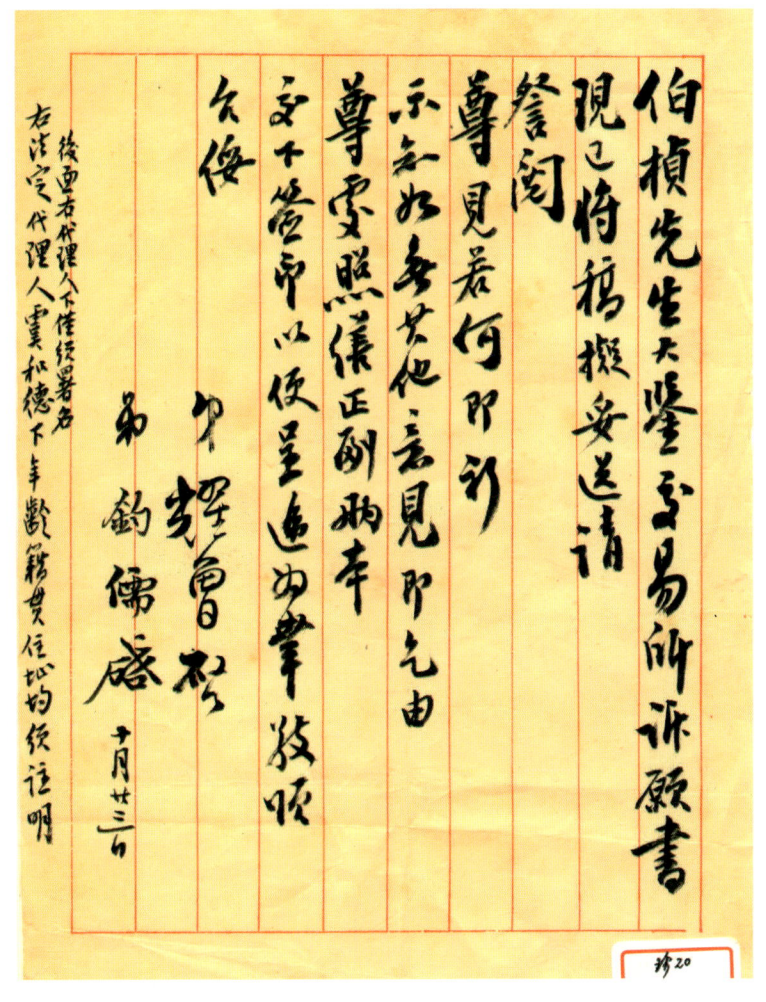

张耀曾、沈钧儒致魏伯桢信函

辅成、沈钧儒倡导东南（江浙）和平。30 年代初，在东钱湖畔发起设立四明大学，但因战事未成，抗战后又联络旅沪甬商董和甫等重新发起四明大学。曾担任宁波佛教孤儿院等慈善机构董事。长期担任横溪正始中学董事长。1949 年后，曾任上海市民革市委委员、上海市政协委员。

1929 年，国民政府颁布《交易所法》，其中第 55 条规定："本法施行时现有的交易所，如在同一区域内有同种营业者二所以上时，应自本法施行之日起，三年以内合并。""不依前项规定合并者，统以本法施行后满三年为限，限满解散，不得续展。"当时上海各交易所分成两方，一方是上海证券物品交易所，一方是上海华商纱布交易所、上海华商证券交易所和上海金业交易所，各自都不愿与对方合并。1931 年，上海证券物品交易所正好营业期满 10 年，该所分别向财政部、实业部及行政院呈请准予续展存立年限，行政院借机训令其依《交易所法》第 55 条规定合并后再行核办，未经合并以前暂准继续营业。1933 年，由于实业部偏信上海华商纱布交易所呈词，批准其续展 10 年，另以多年不做花纱为由，对上海证券物品交易所以部令撤销其花纱执照。该所不服，委请张耀曾、沈钧儒、魏伯桢等律师共同向行政院对实业部提出处理违法的诉愿。最后由另一方的三家交易所提出请多种经营的上海证券物品交易所退出交易市场，所有退出后损失，均由各单种经营交易所负担，上海证券物品交易所同意。1933 年 9 月，在其证券部、物品营业部分别完成与上海华商证券交易所、相关专业交易所合并后，上海证券物品交易所停止交易，不复存在。

本馆所藏沈钧儒、张耀曾致魏伯桢信函，对交易所合并相关事项进行沟通磋商。该组档案对研究民国时期的证券交易活动具有一定考证作用。

冯冠华毕业证书

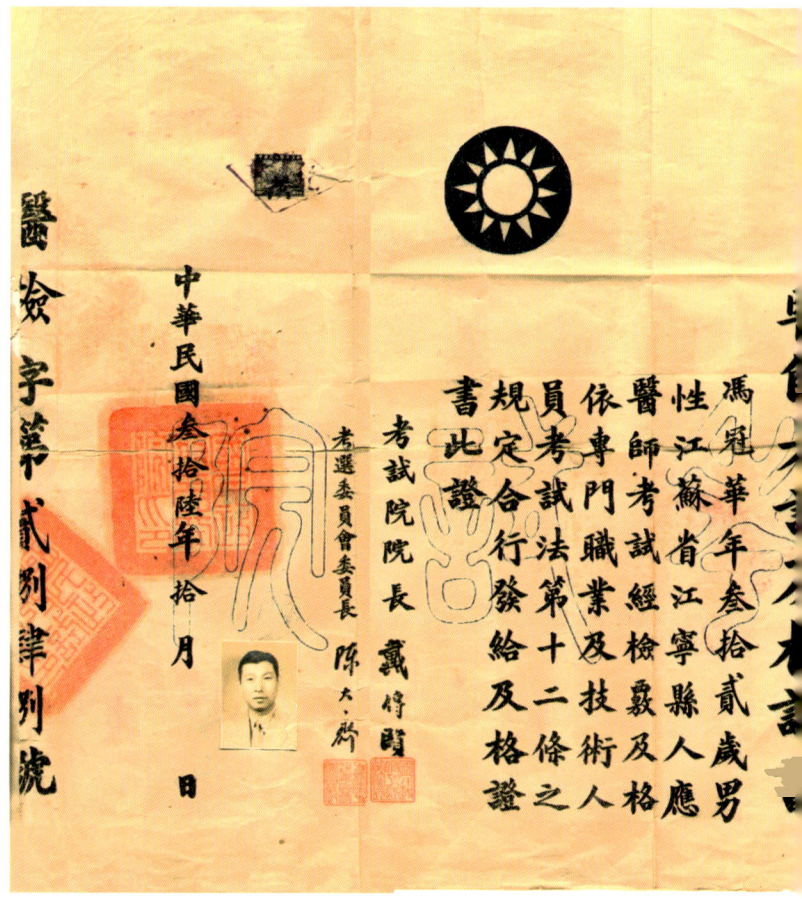

冯冠华医师考试及格证书

冯冠华学业及执业资格证书

冯冠华（1916～1982），江苏南京人。1949年后，曾任黄浦区人民委员会副区长，上海市政协委员，黄浦区政协常务委员，中国农工民主党上海市委常委、副秘书长，农工民主党黄浦区委副主任委员，黄浦区第七届人大常委会副主任等。

该组档案中的1935年冯冠华毕业证书，显示其毕业学校为江苏省立南京中学，毕业证书由时任校长张海澄签署。该校遗址位于今南京太平南路中段。1912年，此处设江苏省立第四师范学校。1927～1935年改称江苏省立南京中学，先后由邰爽秋、沈履、章桐、伍懋祖及张海澄任校长。1935年迁至镇

冯冠华医师证书

江,更名江苏省立镇江中学校。此处遂闲置,抗日战争时期校址被毁。

　　1943年8月28日,国民政府立法院举行的244次会议通过《医师法》。《医师法》共15条,规定了凡为医师,须经医师考试及格;考试之法,得以检核行之;经医师考试及格,得请领医师证书等内容,对医师执业资格的取得、医师从业准则、医师的主管机关等作了明确规定。该组档案记录了冯冠华于1947年参加医师考试获得及格证书,并于次年获得医师证书的过程。医师考试及格证书、医师证书均印有证书编号,分别加盖了国民政府考试院和卫生部公章,医师证书印制有"依照医师法第五条规定应给证书以资证明"字样。该组档案对研究当时医师资格取得的程序性具有一定佐证作用。

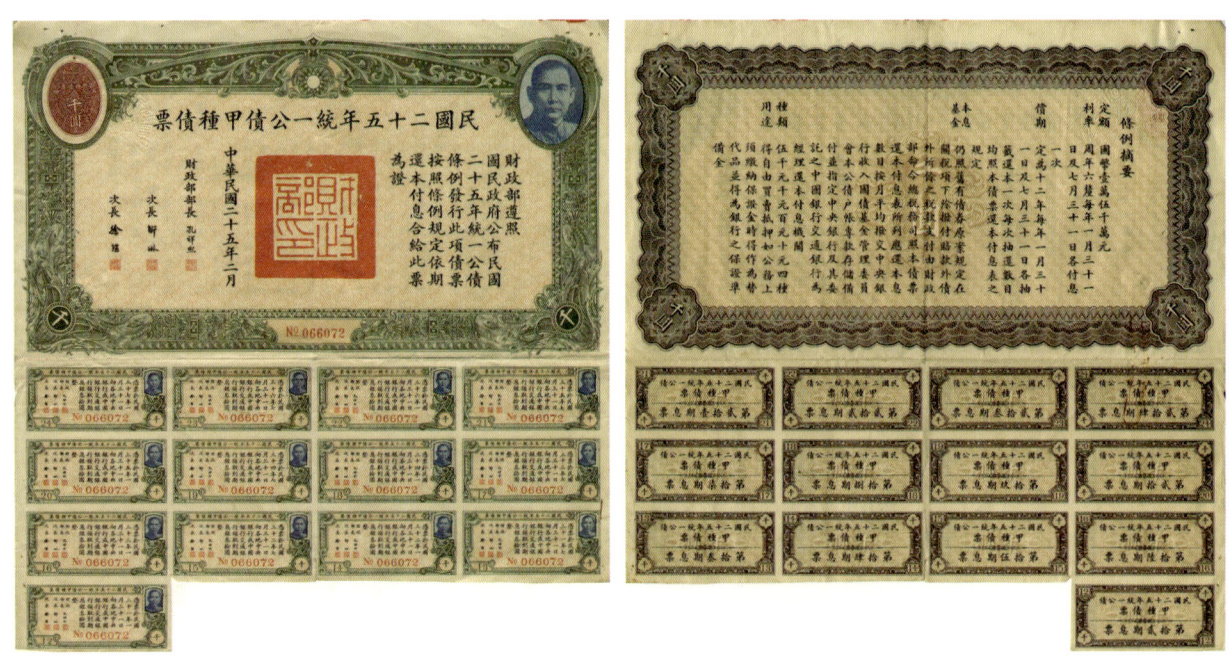

1936年发行的统一公债甲种债票正、反面

民国二十五年统一公债甲种债票

"民国二十五年统一公债"是国民政府为清理旧债而发行的公债。1936年，国民政府未偿债券达30余种，根本无力支付每月应付本息（约1500余万元），故而发行146000万元的"统一公债"，以新债券兑换旧债券的方式来延长旧债券的偿还时间，降低利息。该债券年息为6厘，分甲、乙、丙、丁、戊五种。还本期分别规定为12年、15年、18年、20年、24年。统一公债本息原定在有关余项下支付，1939年1月宣布停付。1948年发行"金圆券"时又公布《法币公债处理办法》，规定照票面加27000倍，再按法币300万元兑"金圆券"1元的比率折合偿还，即1936年购买100元"统一公债"，到1948年偿还时仅得"金圆券"9角。这样的折算使债券持有人遭受很大损失。

该件档案为民国二十五年统一公债甲种债票，还本期为12年。正面印有"民国二十五年统一公债甲种债票""财政部遵照国民政府公布民国二十五年统一公债条例发行此项债票，按照条例规定依期还本付息合给此票为证"字样。时任财政部部长孔祥熙及两位次长签章，盖有财政部公章，债券编号为"NO.066072"。债票反面印有"条例摘要"，注明"定额、利率、债期、本息基金、种类用途"。下接息票共计13张，息票正面印有付息日期、领取到期息指定行及到期息金额，反面则注明期数。此档案对于研究国民政府时期公债发行具有一定考证作用。

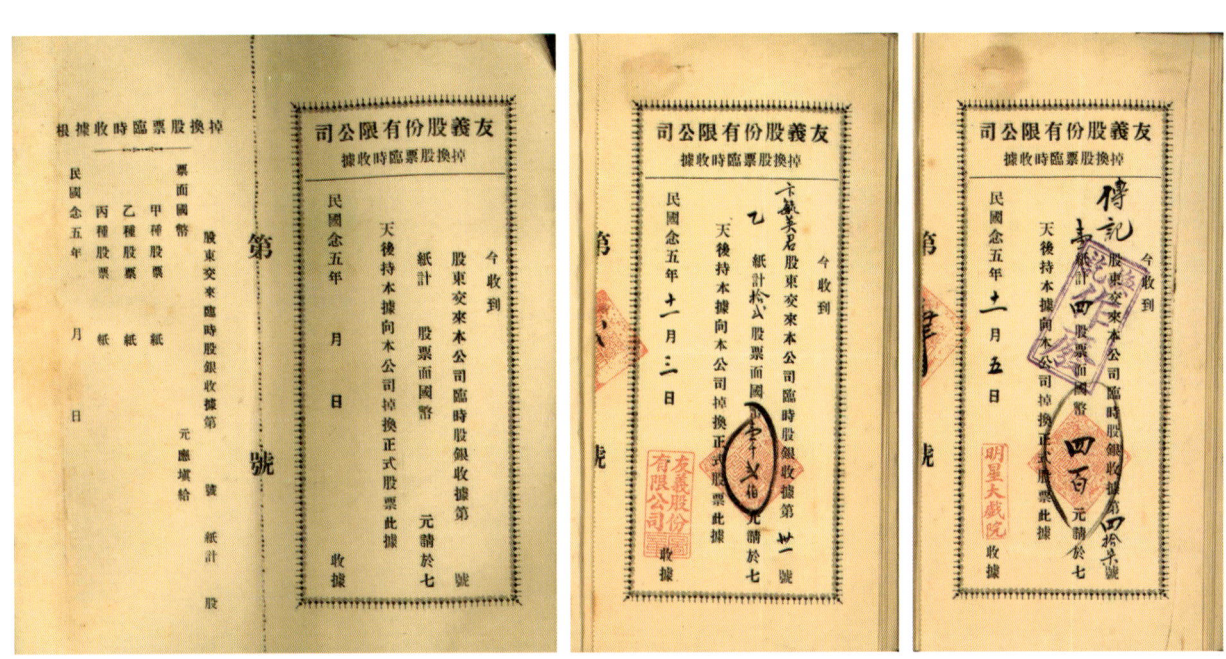

友义股份有限公司掉换正式股票临时收据

友义股份有限公司掉换正式股票临时收据

友义股份有限公司创办于1936年6月，资本总额为10万银元。其办公场所位于黄河路、青岛路西北转角处的明星大戏院。明星大戏院由日本人林右板吉建造，后由华商接办，1961年停业。友义股份有限公司股票发行于其创办年的12月，公司董事、股东为张石川，曾被称为中国电影事业的开拓者、奠基人之一。

该组档案是友义股份有限公司掉换正式股票的临时收据，上载股东姓名、收据编号、股票数额及金额、日期等，有"明星大戏院"印鉴，掉换后盖有"讫掉作废"蓝印。此档案对于研究当时的股票交易状况具有一定意义。

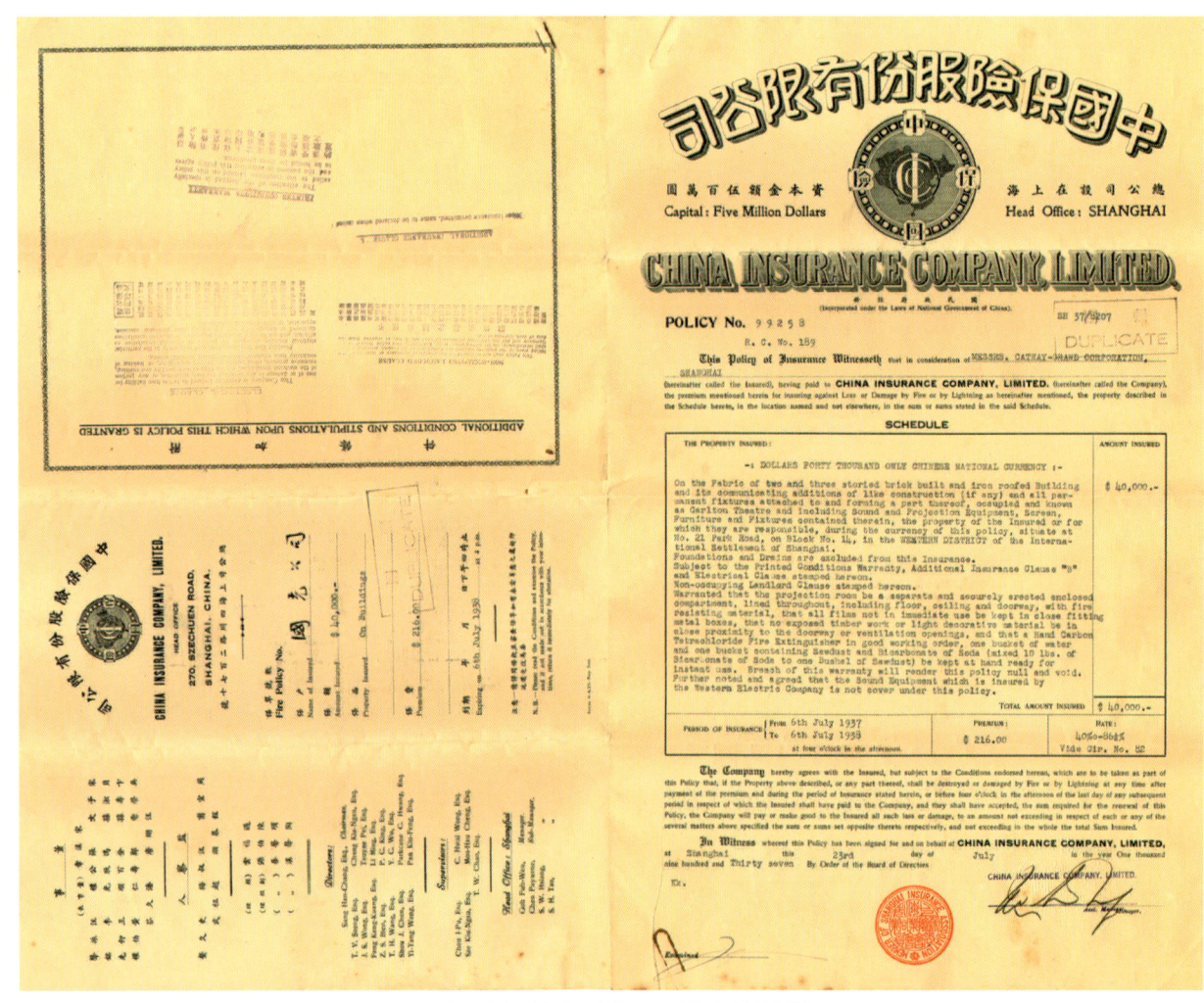

1937年7月中国保险股份有限公司出具的保单单据

中国保险股份有限公司保单

　　1931年，中国保险股份有限公司由中国银行投资创办，总公司设在上海。初期主要经营火灾保险，兼营银钞险、茧子险，后来业务范围扩展到汽车险、邮包险、人寿保险等。八一三事变后，公司一方面积极向海外发展业务，另一方面向内地延伸，在重庆设立经理处，先后在重庆、桂林、昆明、贵阳、成都开展业务。太平洋战争爆发后，海外机构停业，在重庆组建总管理处。1946年，公司迁沪办公。上海解放后，由上海市军管会金融处接管。1951年9月1日由上海迁至北京，成为中国人民保险公司领导下的专业公司。

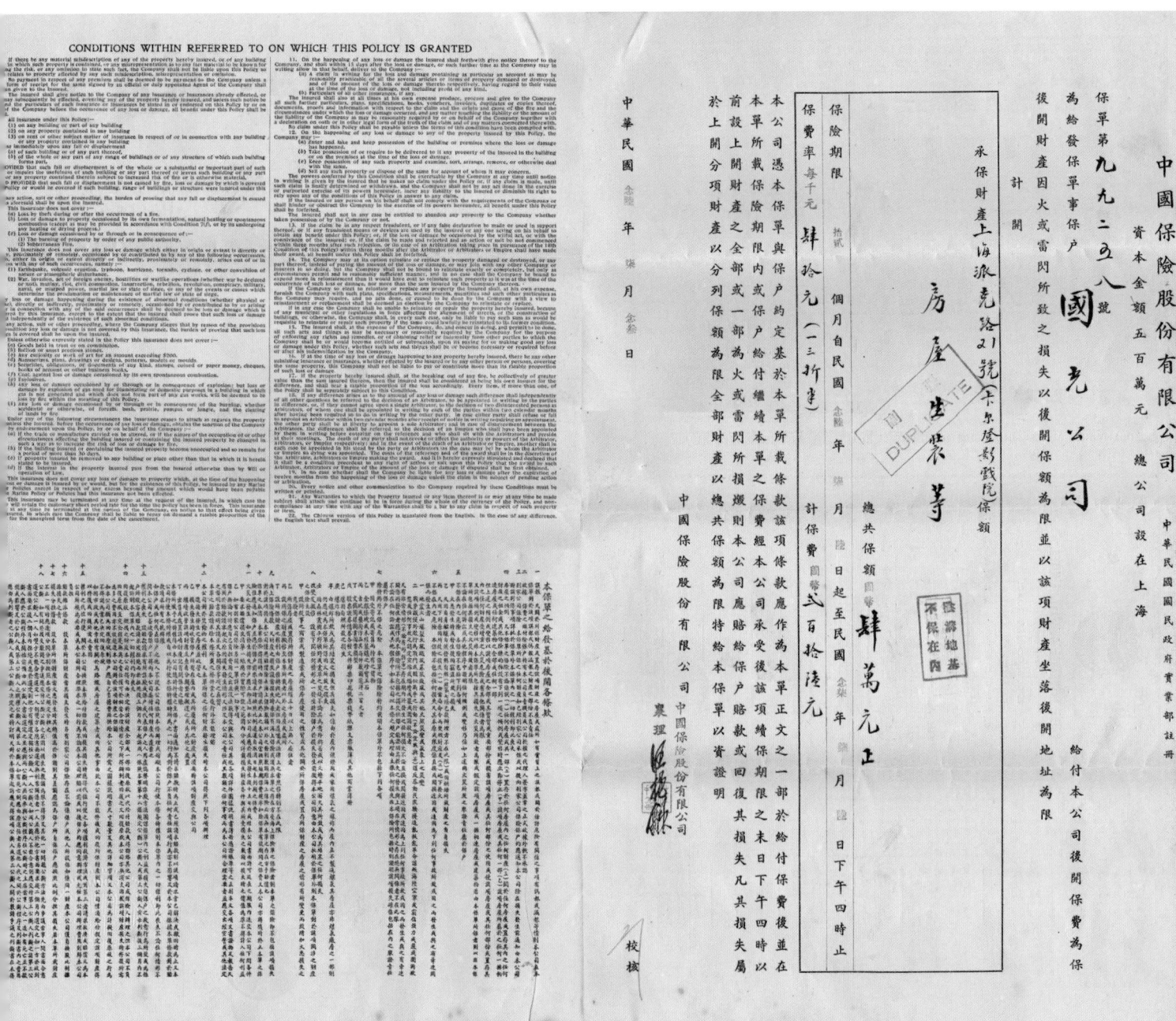

中国保险股份有限公司出具的保单单据

该组档案为20世纪30年代中国保险股份有限公司出具的一套完整保单单据。单据标明中国保险股份有限公司总公司位于上海四川路270号,该保单为财产保险(Property insured),保户为国光公司,承保财产为上海派克路(今黄河路)21号卡尔登影戏院的房屋生装等(阴沟地基不保在内),保费为$216("国币"216元),总保额为$40000("国币"4万元整),保险期(Period of insurance)从1937年7月6日至1938年7月6日,保单号99258号。该组档案对于研究民国时期保险业运行状况具有一定参考价值。

1937年八一三事变日军侵占上海时的《上海战局全图》

1937年八一三事变上海战局全图

　　八一三事变，亦称"八一三淞沪抗战"、"淞沪会战"。1937年7月，日军侵占平津，8月9日，日本驻沪海军陆战队两名官兵驱车擅闯虹桥机场被击毙，日军以此为借口，准备大举进攻上海。8月13日，淞沪抗战爆发，中国方面陆续调集6个集团军70余万人参加会战，日军也逐次增兵，总兵力达9个师团22万余人。从8月23日起，日军多次在长江口登陆，攻击守军左翼，均遭顽强抗击。11月5日，日军从杭州湾登陆，迂回守军侧后，合围上海。守军被迫撤退。11月12日淞沪陷落。此次战役粉碎了日本侵略军三个月灭亡中国的美梦，为沿海工业内迁赢得了时间，也进一步推动了抗日战争的全面展开。

　　该件档案为1937年八一三事变日军侵占上海时大阪《朝日新闻》印制的《上海战局全图》。地图尺寸为51cm:39cm，大阪《朝日新闻》发行，标明日期为"昭和十二年八月二十三日"，图中将黄浦江分为十个区域，对黄浦江沿岸的日方码头、邮船、纱厂都作了具体标注。

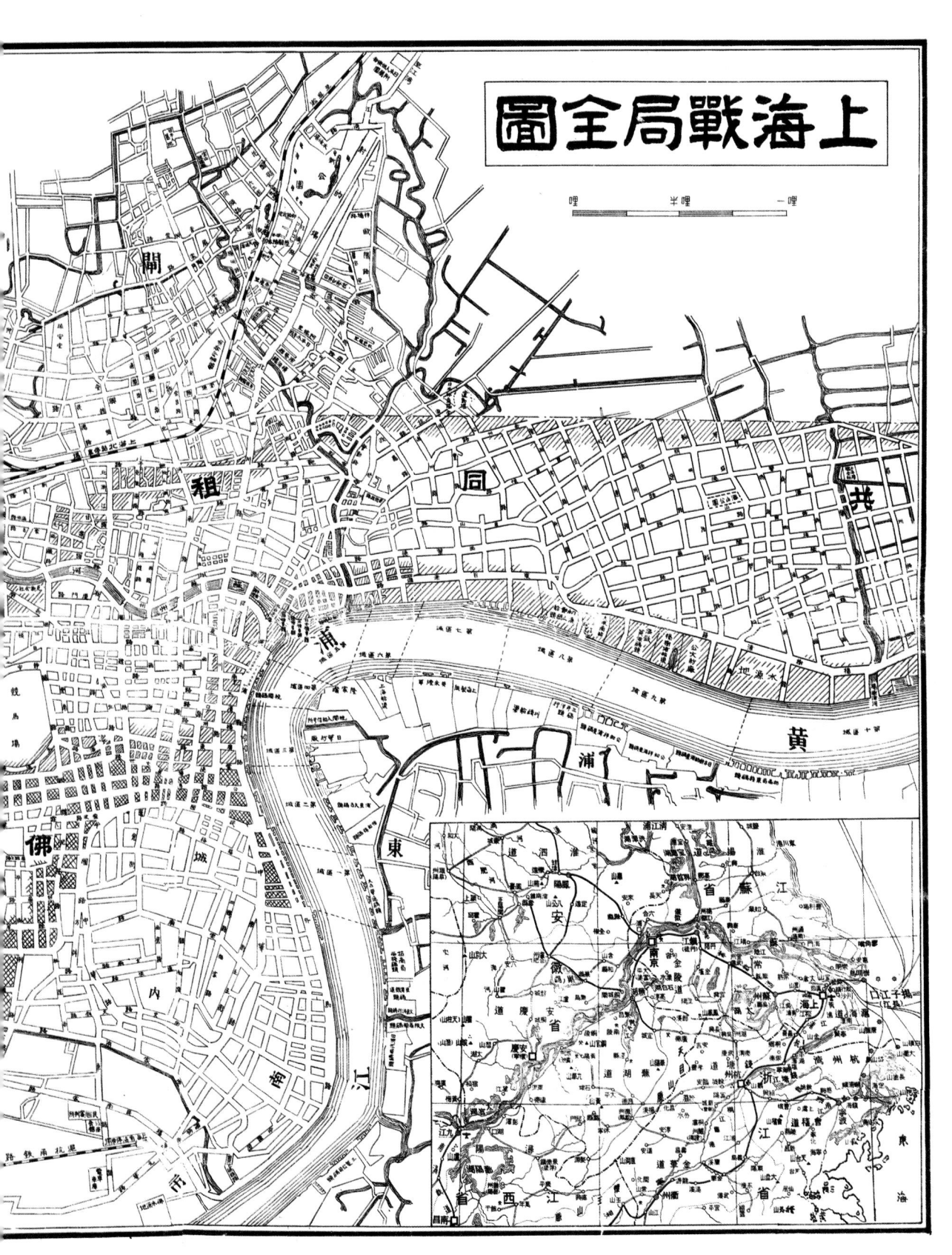

1937年12月24日陈独秀题赠甲原先生

陈独秀题赠甲原先生手迹

陈独秀(1879～1942)字仲甫，号实庵，安徽怀宁人。中国共产党主要创始人和早期领导人。早年留学日本。1904年创办《安徽俗话报》。1915年起主编《青年杂志》(后改名为《新青年》)，1917年任北京大学文科学长，1918年和李大钊创办《每周评论》。陈独秀积极提倡民主与科学，提倡文学革命，反对封建的旧思想、旧文化、旧礼教，是五四新文化运动的主要领导人之一。五四运动后，接受和宣传马克思主义。1920年8月在上海首先发起成立中国共产党发起组，并指导和推动各地建立党的早期组织。1921年7月在中共第一次全国代表大会上，被选为中央局书记。后被选为中共第二、第三届中央执行委员会委员长，第四、第五届中央委员会总书记。1927年7月离开中央领导岗位。1929年11月，被开除党籍。1932年被国民党政府逮捕，1937年8月出狱。1942年病故于四川江津(今属重庆市)。主要著作收入《独秀文存》。

甲原先生(1908～1966)名吴甲原，学名项绍明，生于浙江海宁。1925年在浙江国学专修馆学西洋画半年，年间参加"五卅惨案"后援工作。暑期回乡，参加由陈微明(沙可夫)发起的反封建"晦鸣社"。是年秋，考入上海江湾立达学院艺术部学习西洋画及雕塑，期间加入中国共产主义青年团，协助工人夜校工作。年底，转为中共党员。1926年秋，赴广州转学入赤社美专，接受革命教育，从事革命活动。1927年7～8月，从事纺织印刷工人反蒋运动指导工作。9月，中共浙江省委改组，指派其任中共海宁临时县委负责人，秘密活动于海宁、杭州之间，组织工农运动。1928年春，考取杭州西湖国立美术院，因参加罢课学潮被开除。是年夏，离开浙江去徐州，与党组织失去联系。此后，在平汉铁路管理局(驻汉口)及重庆、南京、上海国民党中国农业银行任职。中华人民共和国成立后，一直在上海人民银行任职，曾任上海市第一届人民代表、静安区第一届政协委员。1966年因病逝世。

该件档案为1937年12月24日，陈独秀在武汉短暂居住期间，应甲原先生要求题赠："公理没有强权，便是无力的废物；强权不讲公理，终于崩溃。"

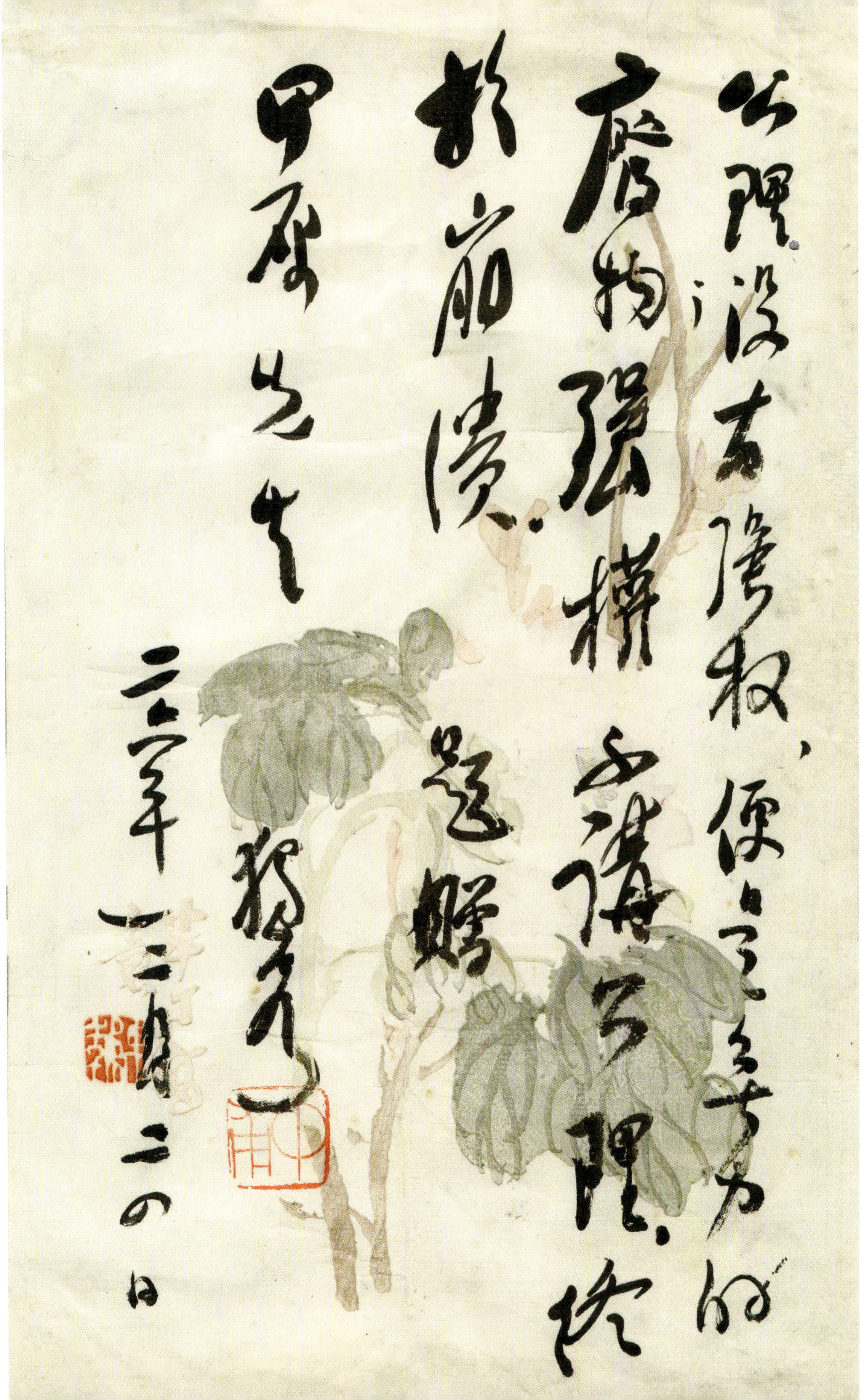

以隈取有隆致，便令己之方如
唐物張彬五濤之限於
款前淸。還將
甲戍之七
三十年一萍二○日

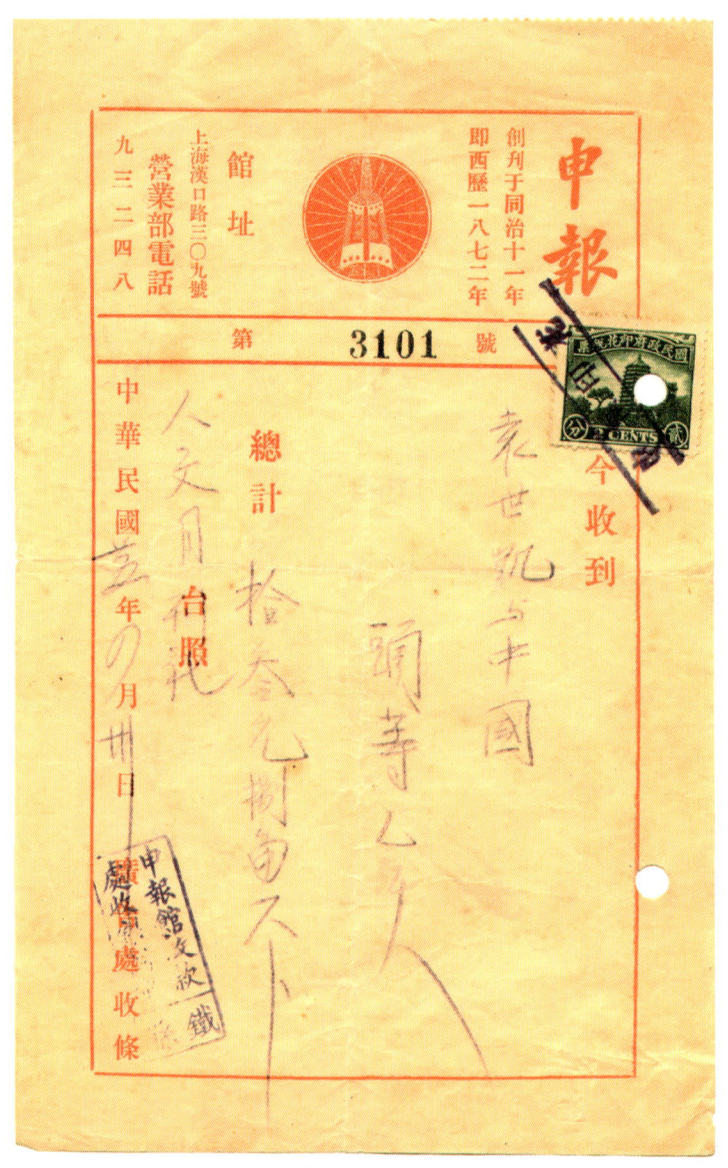

申报馆收款单

申报馆收款单

清同治十一年(1872),英国商人美查在上海创立《申报》,直至1949年停刊,《申报》成为近代中国最重要的新闻报纸之一。事实上,在申报馆的经营业务中,除了主营长达77年的报纸外,报馆的副业——出版业同样取得了很大成就。清光绪二十三年(1897)商务印书馆成立以前,申报馆曾经是近代中国最重要的出版机构之一。其出版物的品种包括图书、期刊、画报、地图、教材等。

该件档案为民国时期申报馆开具给人文月刊社的收款单。单据上标明了申报创刊时间、申报馆地址(汉口路309号)、营业部电话,附有收据编号、国民政府印花税票(贰分),写明收款内容、金额及日期等,盖有申报馆收款处收款蓝印。

1938 年周璇签名照

周璇签名照

  周璇 (1918～1957) 江苏常熟人。原名小红，出身贫寒，因生活无着，自幼被上海一周姓人家收为养女。8 岁到歌舞班学艺。1931 年进明月歌剧团当演员，被誉为"小歌星""金嗓子"。1935 年，到上海艺华影业公司拍电影。1938 年与严华结婚，后离异。抗日战争时期，在上海国华影业公司当演员。1946 年赴香港拍片。后因生活上受迫害，精神失常。1950 年回到上海，在参加电影《和平鸽》的拍摄过程中，旧病复发，先后在上海、北京治疗。1957 年病愈，参加录制电影插曲。同年 9 月 22 日，患脑炎病逝。参加拍摄的主要影片有：《花烛之夜》《风云儿女》《马路天使》《十字街头》《孟姜女》《董小宛》《孟丽君》《长相思》《忆江南》《清宫秘史》等。

  该件档案为周璇题赠他人的签名照，照片中的周璇年方二十，笑靥如花，展现绝代风姿。

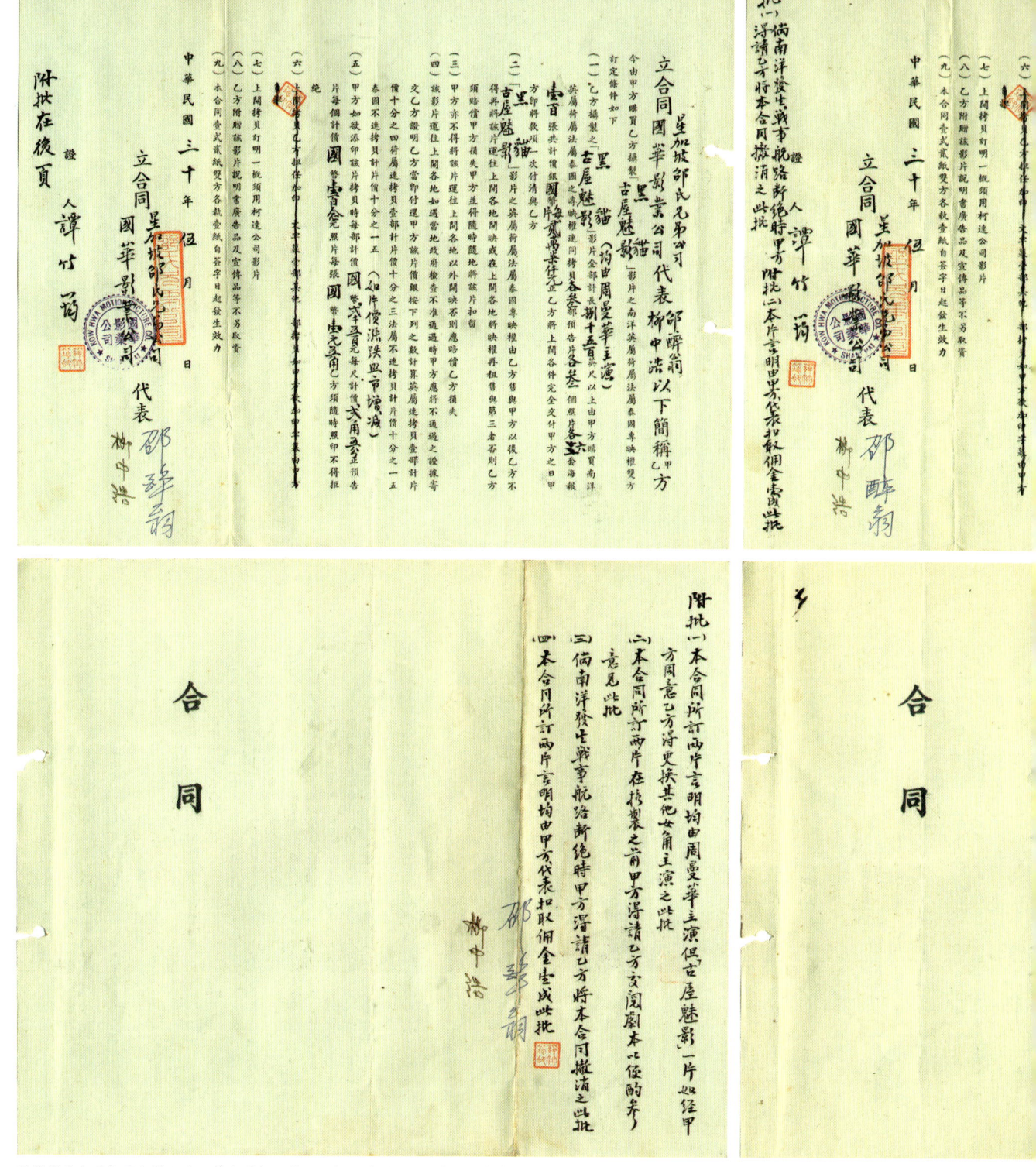

国华影业公司与星加坡邵氏兄弟公司订立的《黑猫》《古屋魅影》泰国之专映权等合同

国华影业公司与星加坡邵氏兄弟公司订立的《惜分飞》泰国之专映权等合同

国华影业公司订立的合同、合伙议约

1938年8月，柳中浩、柳中亮投资创办国华影业公司，演职员包括张石川、郑小秋、舒适、严俊、吕玉堃、龚稼农、周璇、周曼华等。共拍摄影片40多部，古装片居多。太平洋战争爆发后，公共租界被日军占领。1942年初，因柳中浩不愿与日军合作，国华影业公司停办。

柳中浩出生于清宣统二年(1910)，祖籍浙江，生于上海。与哥哥柳中亮

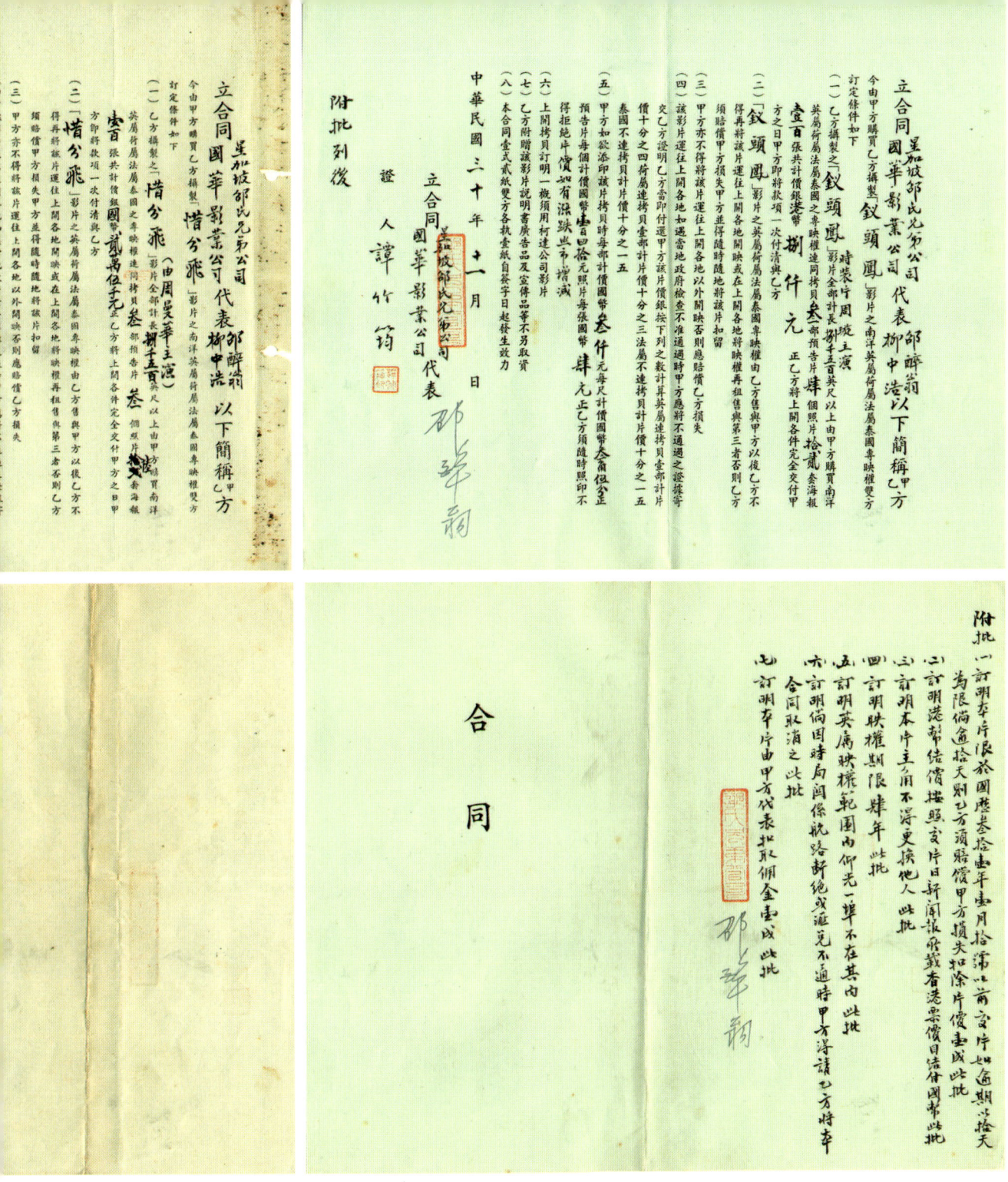

国华影业公司与星加坡邵氏兄弟公司订立的《钗头凤》泰国之专映权等合同

联手，先后创办了金城、金都两家剧院及国华、国泰（抗战胜利后成立）两家影业公司。1948年1月，柳氏兄弟把资本拆开，由柳中浩继续经营"国泰"，柳中亮与其子柳和清创办大同影业公司。柳氏兄弟长期浸淫电影界，于国产电影之提倡与改良，以及国内各地、海外销售市场之扩展做出贡献。

以上一组档案为1941年国华影业公司与星加坡（中国近代史籍对新加坡

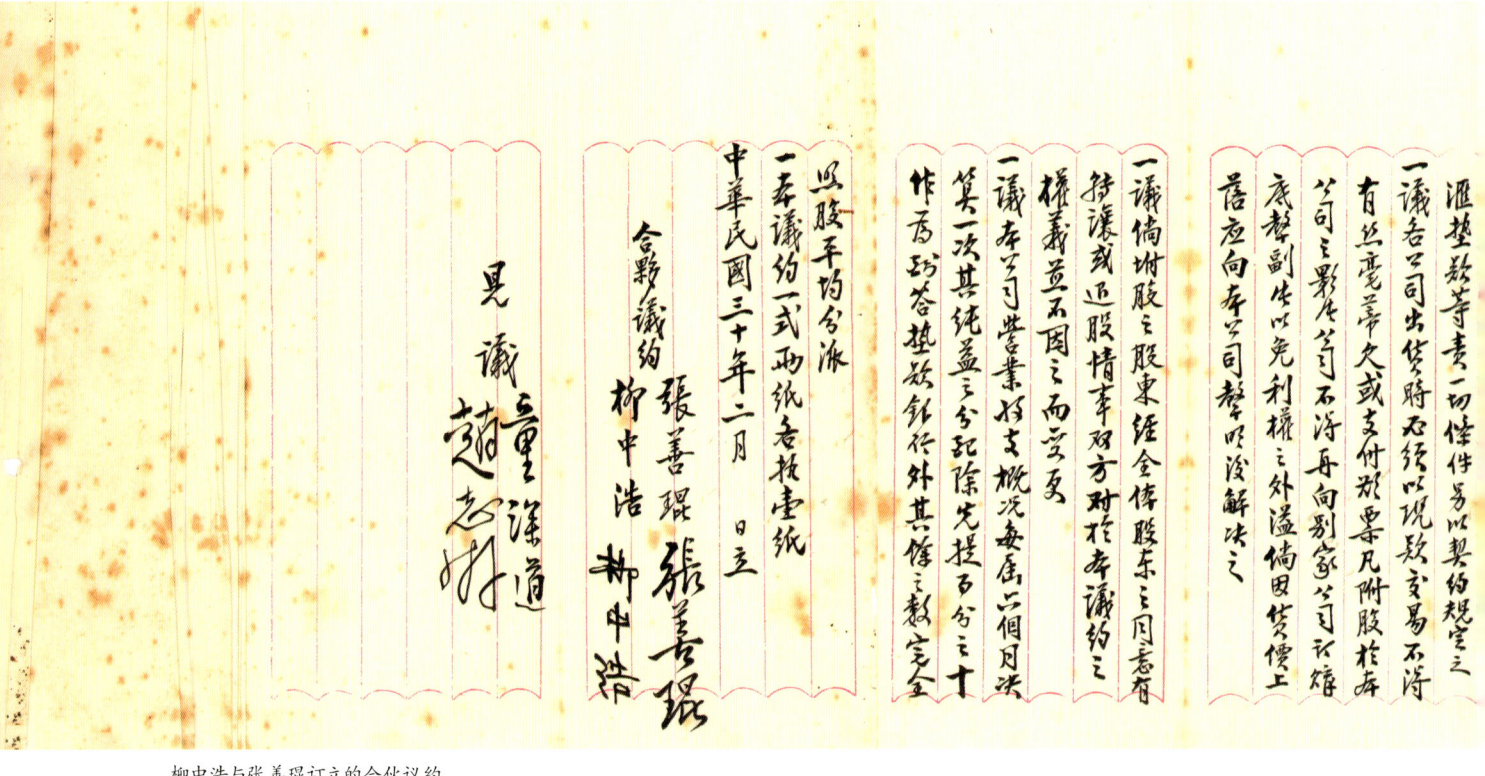

柳中浩与张善琨订立的合伙议约

的译称）邵氏兄弟公司订立的影片专映权售出合同，一定程度上反映了当时上海电影业的发展情况，海外销售市场已得拓展。

上图所示档案为1941年2月柳中浩与张善琨订立的合伙议约，协议筹资组织联邦影片（材料）公司。

张善琨（1905～1957），浙江吴兴（今湖州）人，毕业于上海南洋大学。曾在药店、烟草公司供职。后投靠黄金荣，加入青帮，任大世界游乐场和共舞台经理。1934年创办新华影业公司，吸收田汉、阳翰笙等任编导，金焰、金山、周璇、王人美等为台柱，相继拍出《长恨歌》《壮志凌云》《狂欢之夜》

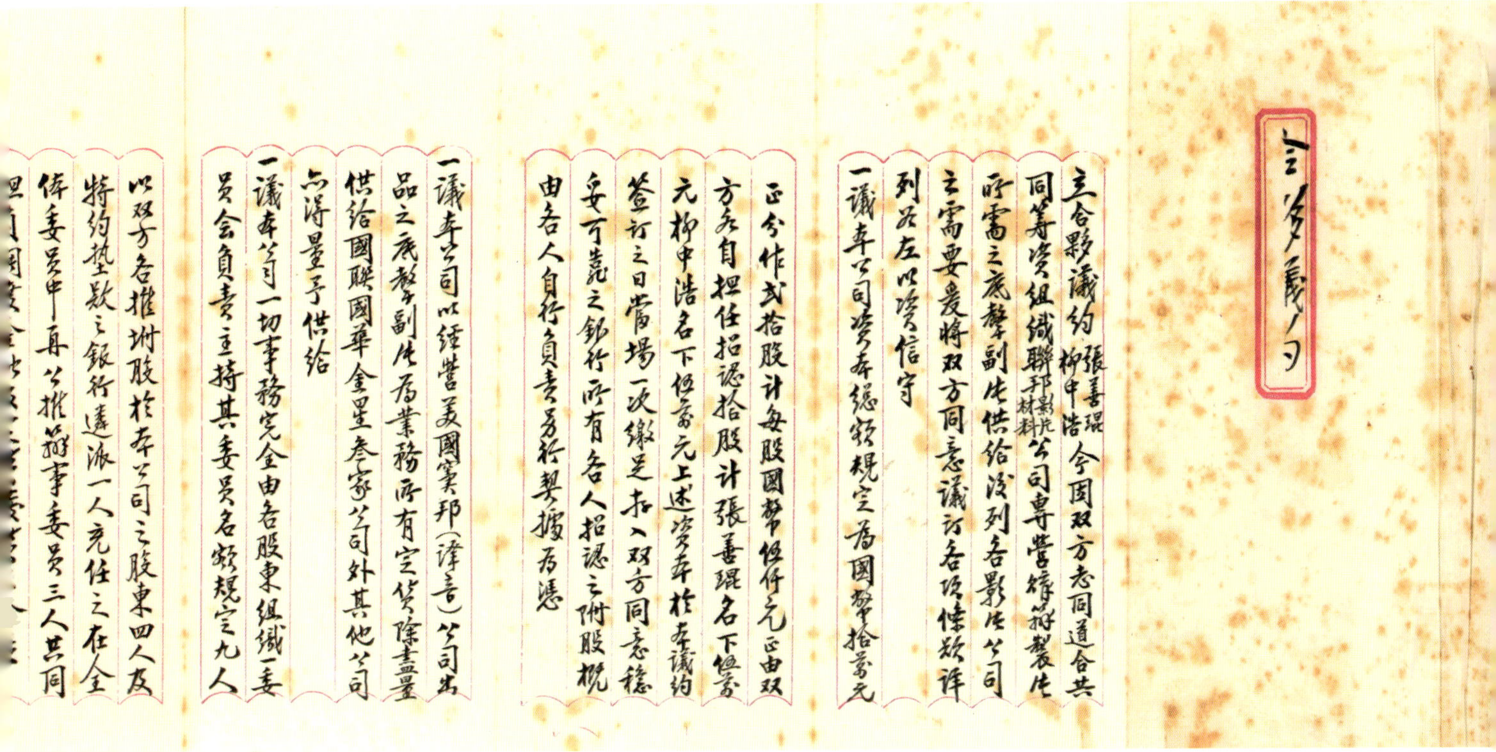

《夜半歌声》《青年进行曲》等影片。1937年，任上海市电影制片业同业公会主席团主席。上海沦为"孤岛"后，新华影业公司在租界内首先恢复拍片，既拍摄了多部恐怖、色情片，也于1939年拍摄了《木兰从军》《葛嫩娘》等借古喻今、振奋团结御侮民族精神的影片。太平洋战争爆发后投靠日伪，任中华联合制片股份有限公司总经理及中华电影联合股份有限公司副总经理。抗战胜利后，被以汉奸罪通缉，辗转至香港，后去欧美，曾协助创办香港永华影业公司。1951年在香港创办长城影业公司。1952年在香港恢复新华影业公司，拍摄香港第一部彩色故事片《海棠红》。1957年在日本因病去世。

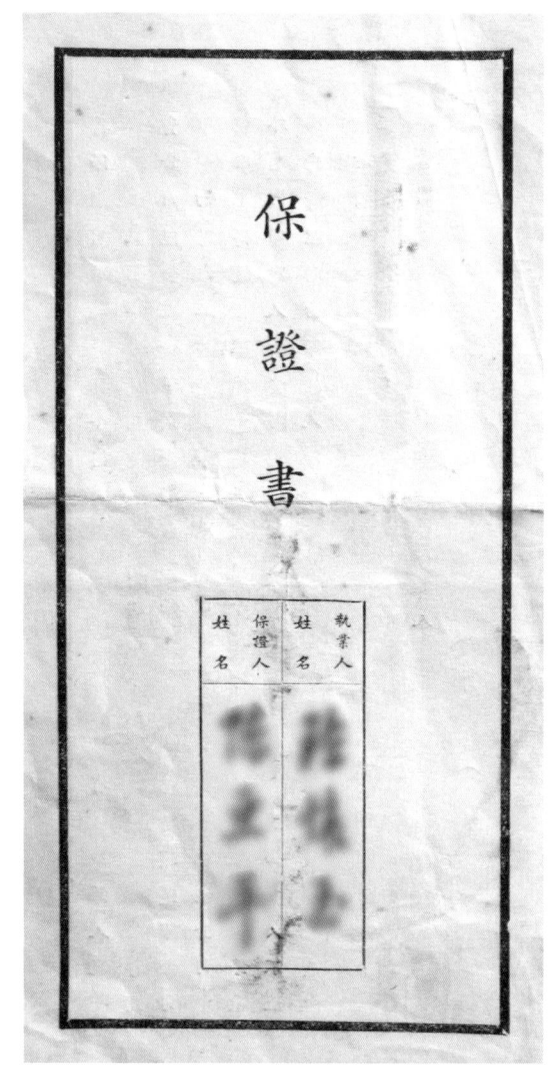

1941年9月28日金城大戏院职工入职保证书封面

金城大戏院职工入职保证书

　　金城大戏院位于北京路贵州路口，今为北京东路780号黄浦剧场。由华盖建筑师事务所设计，1933年冬建成。据1934年1月31日《申报》报道，金城大戏院特点有："建筑 全屋采用立体式，式样峻伟，恍接三霄，姿态壮威，气盖迩遐。设备 全院设备，新奇美化，装置最新式冷热气设备。楼上下设座一千八百余，均用弹簧坐垫，舒适华贵，视线集中，声浪普及，所用发音机，为一九三四年式德国实音巨型机。放映机更属当代最精美之一种。银幕之大，在中国堪称第一。装饰 门表有玻璃巨柱五座，高五丈四尺。入晚绿光四射，鲜艳璀璨，与热虹灯之中英文字招，相映成丽。戏台两旁饰以玻璃柱子，内外辉映，蔚为巨观。电灯布置，纯美艺化。选片片片上乘，国产是崇。"1934年2月1日，该院举行开幕典礼，放映联华影片公司出品的影片《人生》。对于开幕典礼的盛况，次日的《申报》第十五版有专题报道。该院以放映国产片为主，初获联华影业公司的专映权，后又获得艺华、明星和天一等影业

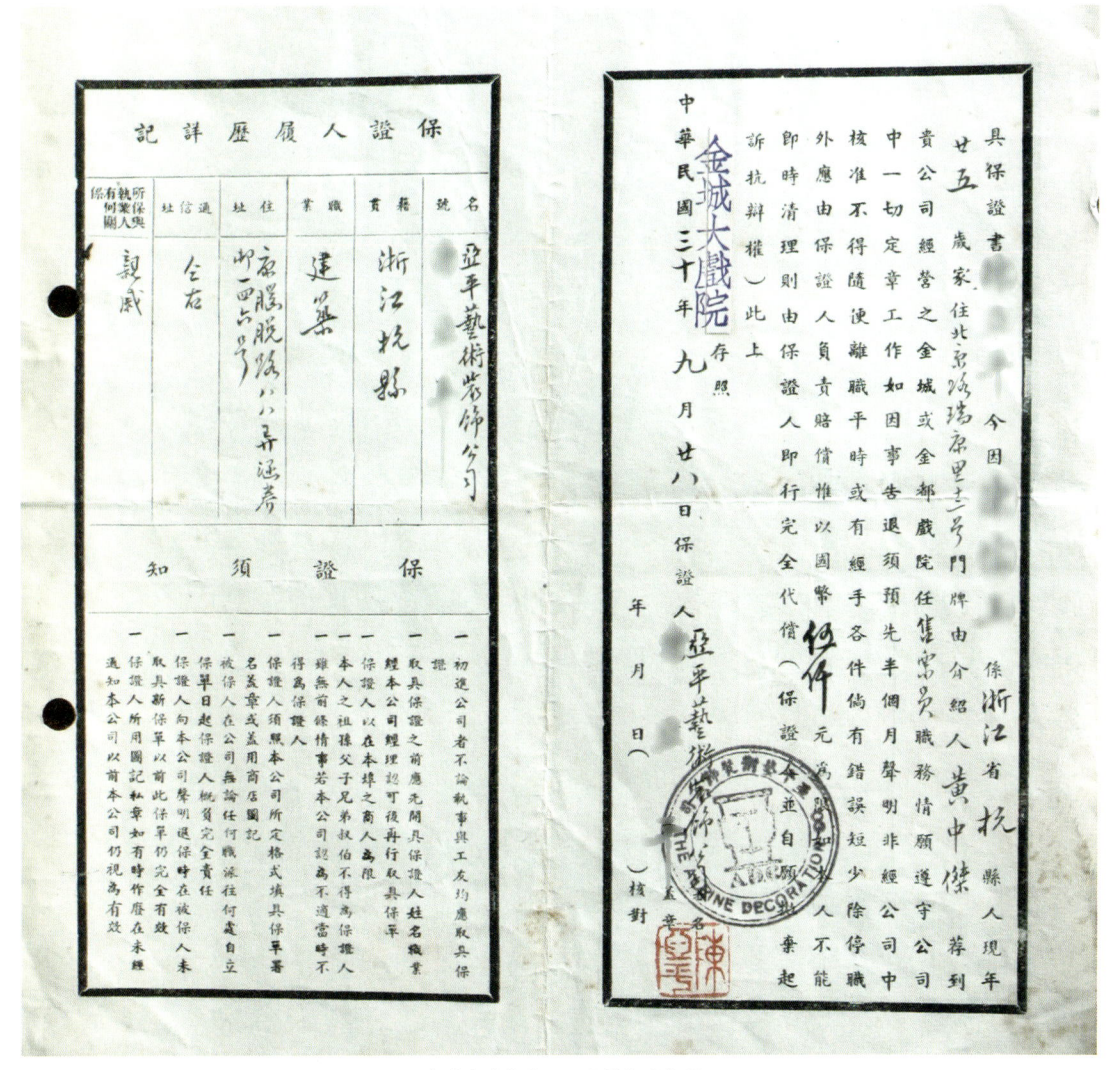

金城大戏院职工入职保证书内页

公司的上海首映权。1935年5月24日,《风云儿女》在金城大戏院首映,由田汉作词、聂耳作曲的主题歌《义勇军进行曲》首度在此公开唱响。1943年,戏院改演京剧。1944~1945年,由国风剧社演出话剧。抗战胜利后恢复电影放映。1954年,交市文化局代管。1957年起作为市人民淮剧团基本演出阵地,并请周恩来总理亲笔题字改名"黄浦剧场"。1967年后基本停演。1974年,因舞台狭小,无改建条件,遂停止戏剧演出,专映电影。1985年,地下室改为音乐茶座。1994年8月底层辟为商场,二楼电影厅设726座。2008年,黄浦剧场进行修缮,辟建"国歌由此唱响"爱国主义展厅。

该件档案为金城大戏院职工入职的相关保证书,保证书封面印有执业人姓名及保证人姓名,内页左侧印有保证人履历详记及保证须知,保证人履历包括姓名、籍贯、职业、住址、通信处及与执业人关系等;右侧对保证事项作详细说明,并加盖保证人所在公司公章及保证人私印。

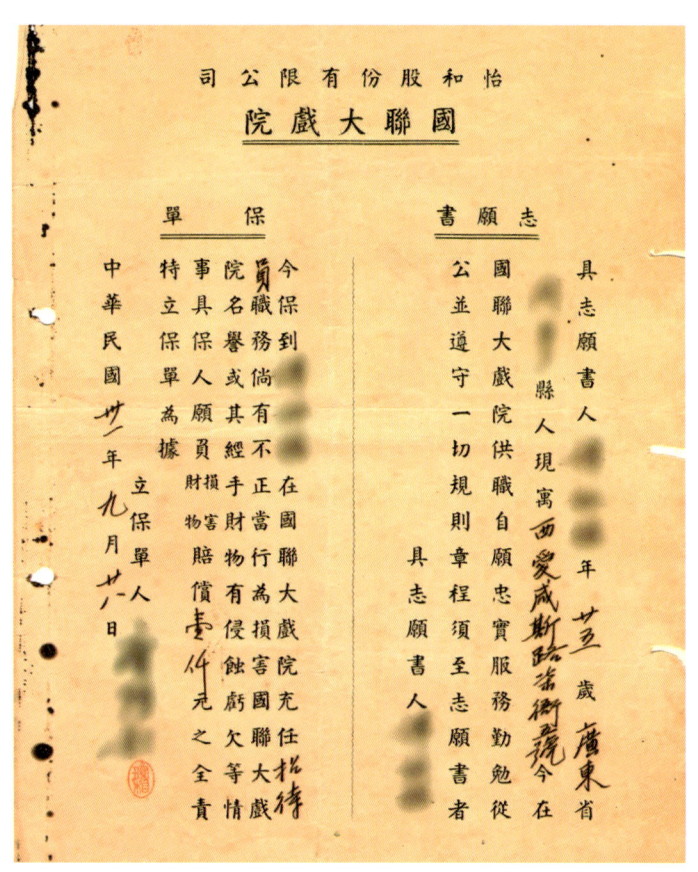

国联大戏院职工入职人员志愿书及保单

国联大戏院职工入职志愿书及保单

  国联大戏院的前身为皇宫大戏院，其原址在新世界南部的福星大戏院旧址（大概位置位于今南京西路与西藏中路西南转角的人民公园东北角，现已无迹可寻）。皇宫大戏院于1931年8月12日开幕，1932年后曾一度停业，后于1940年2月另择新址，于南京路虞洽卿路新世界北首隔壁（大概位于今西藏中路与凤阳路西南转角的西藏中路465号，现已无迹可寻）重新营业。9月，改组为"国联大戏院"，首映影片为《乡下大姑娘》，同时加映"九大明星歌唱短片"。观众席为长条木靠椅，共904座。入口处与毗邻的米高美舞厅共用一个通道，无观众休息厅，后台狭小。1952年又作戏曲演出场所，供中、小剧团演出。1965年，沿西藏路的国泰戏院撤销，改为该剧场和西藏书场的门面及观众休息厅。1967年，改名为"五星剧场"。1979年，大修扩建舞台，增辟服装间、演员宿舍，安装冷气设备，观众席改为软椅，增至1088座，成为滑稽戏主要演出场所。上海滑稽剧团《路灯下的宝贝》在此首演，连演连满达半年之久。1993年因筹建远东娱乐广场而被拆除。

  该件档案为国联大戏院职工入职人员志愿书及保单，左侧栏为立保单人签署的保单，表明为何人担保、承担保证责任的情况即入职人员倘有"不正当行为损害国联大戏院名誉或其经手财物有侵蚀亏欠等情事"具保人愿付的赔偿金额等；右侧栏为入职人员签名的志愿书，注明入职人员姓名、年龄、籍贯及承诺"自愿忠实服务勤勉从公并遵守一切规则章程"。

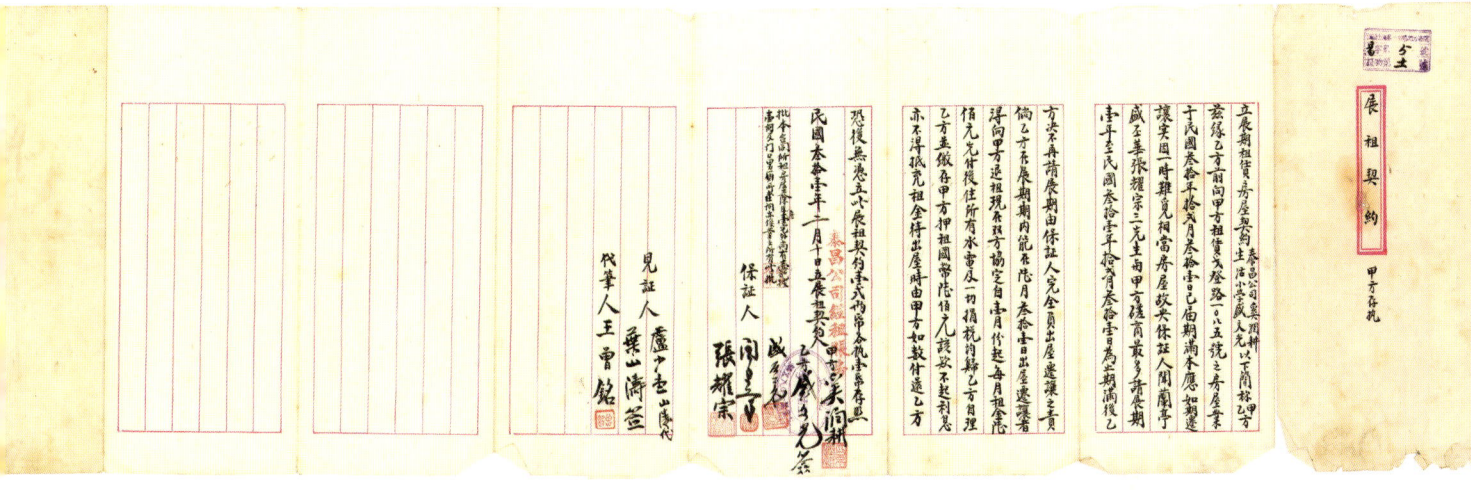

1942年2月生活小学与泰昌公司签订的展期合同等原件

泰昌公司与私立生活小学间房屋迁让案档案

泰昌公司与私立生活小学间房屋迁让案是民国时期因租房问题所引发的民事诉讼案。其中私立生活小学创办人为盛文光。

盛文光(1903～1980)浙江慈溪人。毕业于上海爱国女校。1933年在陶行知倡导的"生活即教育"思想影响下，致力于普及大众教育，着手在劳勃生路(今长寿路)鸿寿坊创办生活小学，以"启蒙益稚"为办学宗旨，对家境贫寒的学生减免学费。后因入学人数日增，于戈登路(今江宁路)1085号租用新校舍。盛文光办学严谨，高标准遴选师资，因而学校有较高的教育质量。办学过程中，盛文光因欠校舍房租，被房主催迁并向法院控告，曾受到拘留。被释放后，其多方求援，才使学校得以维持。1941年日军占领租界后，学校减少班级，将部分校舍作难民妇产医院，曾掩护过中共地下党员。1950年，因身患多种疾病，经校董黄炎培、杨卫玉、盛丕华许可，盛文光申请上交生活小学。1956年，学校被批准改为公办。后盛文光迁居香港，1980年病逝。

生活小学校董之一为盛丕华。盛丕华(1882～1961)浙江慈溪人，原名沛华。清光绪二十一年(1895)至上海当学徒，后为跑街、账房。1920年，任新成立的上海证券物品交易所常务理事、主管会计。后从事证券物品交易、房地产买卖，经营纱布丝麻贸易。曾任上海总商会会董、上川企业公司经理。抗日战争爆发后，在沪创设开美针药厂、上元企业公司、东南信托公司、红棉酒家。抗日战争后期，与爱国人士一起支持抗日救亡运动。抗战胜利后，

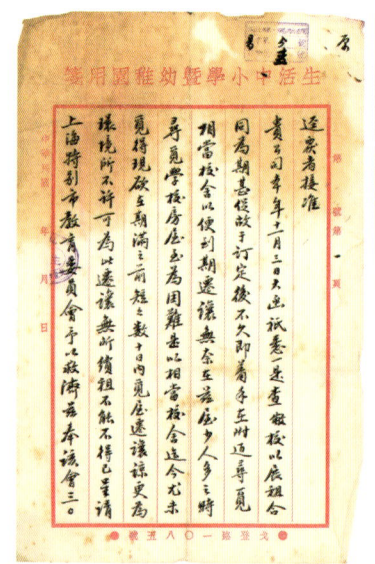
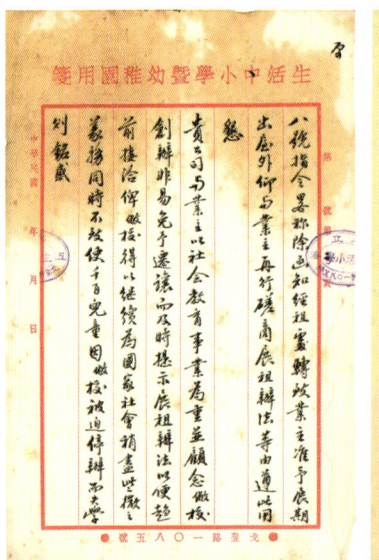
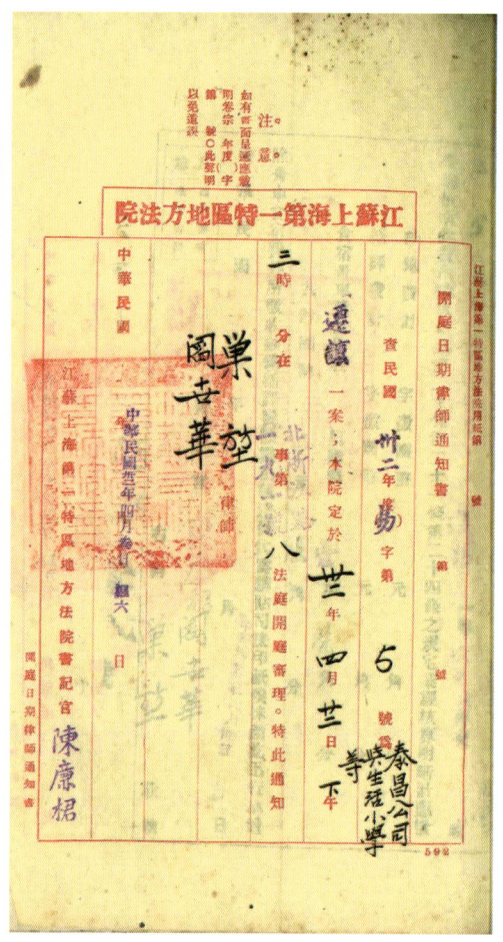

1942年江苏上海第一特区地方法院出具的开庭通知书

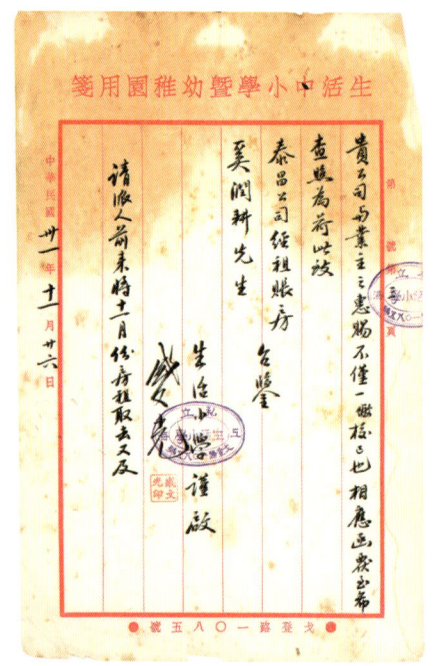

生活小学与泰昌公司间的往来信件

参加中国民主建国会，任常务理事。参加反美反蒋的爱国民主运动。1949年6月在上海筹建上海市工商联合会，参加全国政协第一届全体会议。后历任上海市副市长、华东军政委员会副主席、全国政协常委、中国民主建国会中央副主任委员和上海市主任委员、中华全国工商联副主任委员兼上海市主任委员。

该组档案是对泰昌公司与私立生活小学间房屋迁让案较完整的原始记录，对于研究民国时期的司法制度具有一定参考价值。

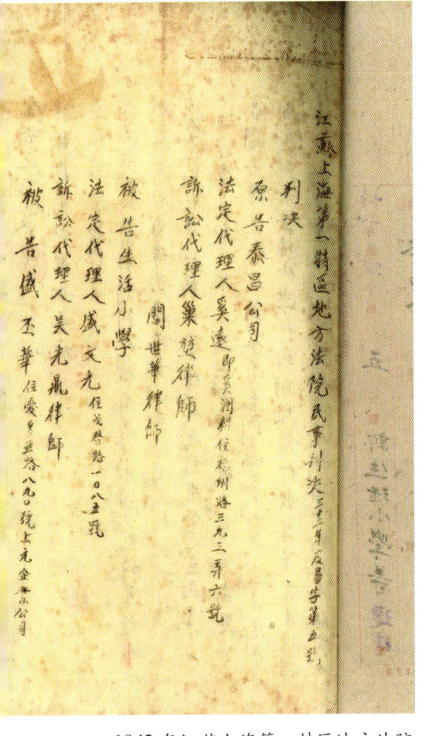
1942年江苏上海第一特区地方法院出具的民事判决书

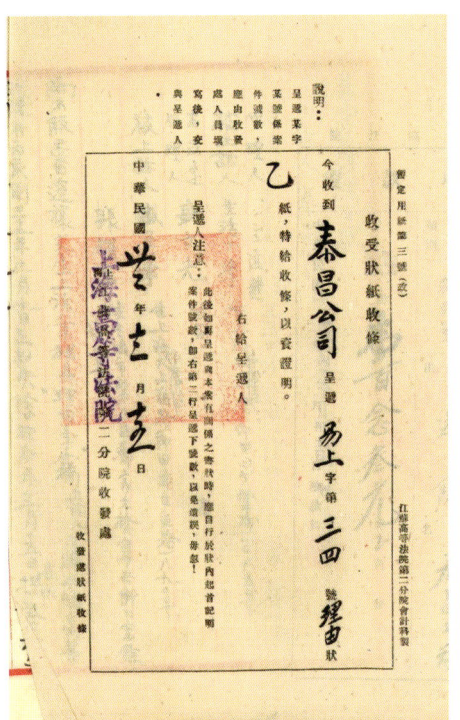
1942年上海高等法院收受泰昌公司上诉状收条

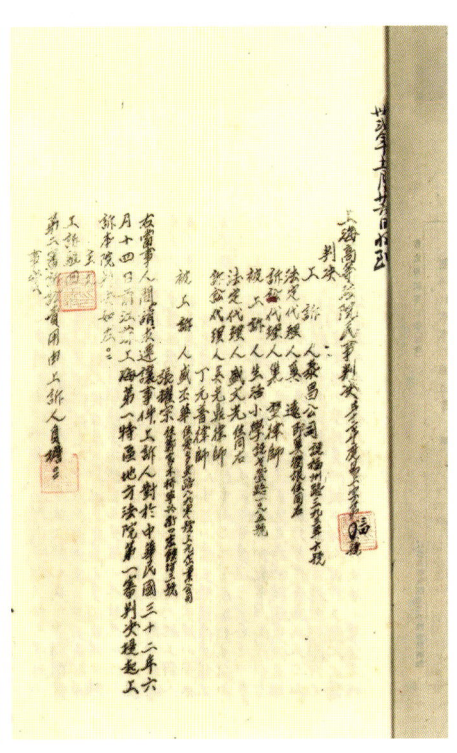
1942年上海高等法院收受泰昌公司上诉出具的民事判决书

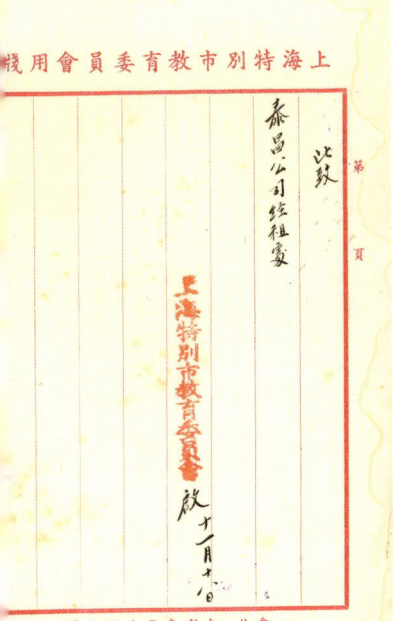
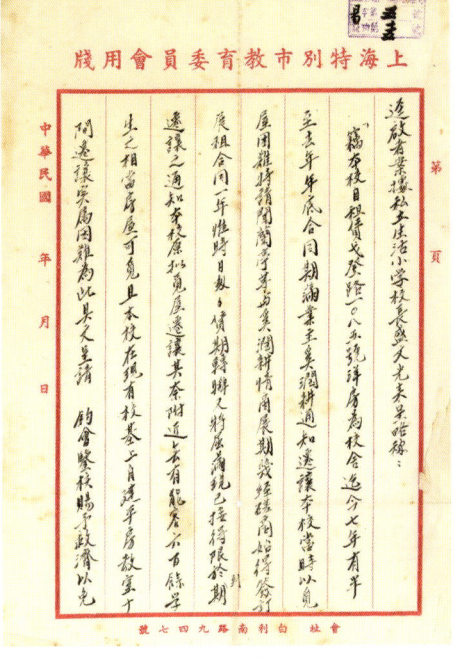
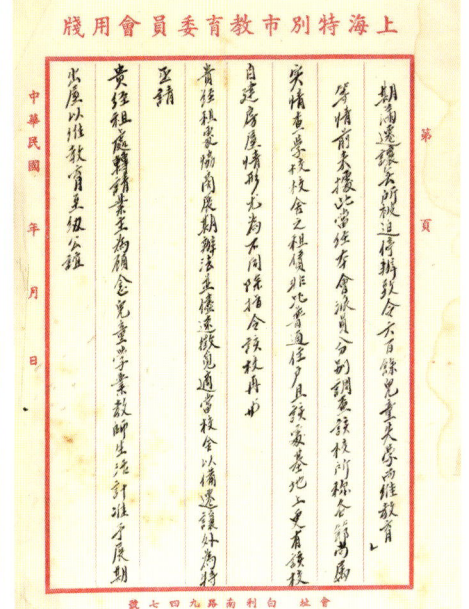

上海特别市教育委员会写给泰昌公司的信件

1942年2月28日长泰米号发售工部局米情状

长泰米号发售工部局米情状照片

　　1937年八一三事变后，日军占领了租界以外上海所有土地，掠夺郊区粮食，对市区进行封锁，使租界以外市区很多居民买不到粮，只得进入租界购买，形成租界粮米倒流。1938年12月，公共租界工部局和法租界公董局联合决定："严禁米粮运出界外。"米价再次猛涨，部分贫民无钱买粮铤而走险，上街抢粮。1939年9月至12月15日，租界内先后发生抢粮事件36起，迫使租界当局不得不采取紧急措施。公共租界工部局请华籍董事出面，通过"平粜会"指定60家米店，平价集米；设立10个"给证处"，居民凭户籍证领取《买米证》，凭证购米，俗称"户口米"。第一次准备工作比较充分，备米充足，居民都能如愿买到应得数额。后来每7天配售一次，之后改为10天配售一次。

随着时间的推移，配售间隔时间拉长，配售的数量越来越少。每家米店按照分配到的数量"卖光算数"，发到票子买不到米无人负责。所以每到配米日期，大家争先恐后，排不上队的就硬轧乱挤，甚至出现挤轧倒地人被踩踏造成重伤的事故。1943年汪伪政权接收租界后，"户口米"无形中被取消，处在伪政权控制下的上海老百姓生活更趋黑暗和悲惨。

该件档案记录了当时长泰米号门前"轧户口米"的情形，成千上万的人挤满了米店前方圆一公里的场地，真实反映了日军侵占下上海居民的悲惨生活。

1942年中国银行八仙桥储蓄部活期储蓄存款折封面　　　　　　　1942年中国银行八仙桥储蓄部活期储蓄存款折内页

中国银行八仙桥储蓄部活期储蓄存款折

  中国银行的前身为清光绪三十一年(1905)创办的户部银行，光绪三十四年改称大清银行。辛亥革命后，大清银行清理结束，于1912年另组中国银行，总行设在北京。1914年，总行改为分行，另在京设立总管理处。1927年，总管理处迁至上海，一度是中国自办的最大银行，负责铸币发钞，代理国库，总揽全国金融。后成为四大官僚资本银行之一。1928年，国民政府指定其为特许的国际汇兑银行。中华人民共和国成立后，经接管改组，总管理处迁回北京，在中国人民银行领导下专营外汇业务。1979年改为国务院直属机构。

  中国银行上海分行八仙桥办事处于1929年12月成立，地址位于麦高包禄路(今龙门路)115号。该件档案为1942年普通居民的活期储蓄存款折。封面印有中英文对照的银行储蓄部名称、存款折种类、户名及账号，内页为支出、存入及结存情况明细列表。

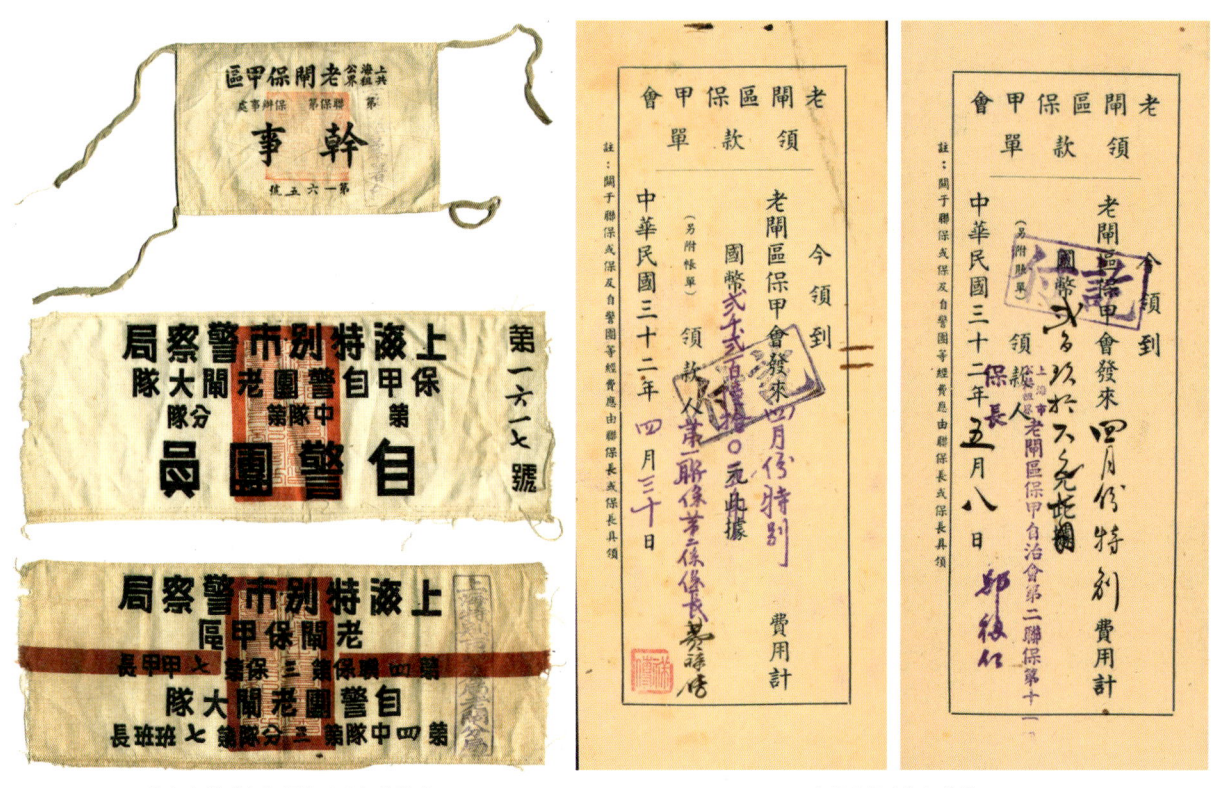

伪上海特别市老闸保甲区各类袖章　　　　　老闸区保甲会领款单

伪上海特别市老闸保甲区实物及照片档案

1941太平洋战争爆发后，日军占领公共租界，实行保甲组织。1942年初开始，日军利用公共租界工部局的警察机构，筹设中央保甲区、老闸保甲区等，并逐步将保甲组织推进到法租界。其中老闸保甲区以老闸巡捕房的辖区为范围。其组织系统为总联保、联保、保、甲、户，设市民自警团，法租界也称自警团，其组织系统为总队长、大队长、中队长、小队长、团员，均由日本军警统辖。1943年7月30日，汪伪政权"收回"法租界，改称上海特别市第八区，以公董局为区公署。8月1日，又"收回"公共租界，改称上海特别市第一区，以工部局为区公署。

该组档案为汪伪政权下上海特别市老闸保甲区管理运行中产生的袖章、单据等实物及老照片，一定程度上反映了当时保甲组织的运行情况。

上海市老闸区三联第六七两保于癸未岁朝联欢纪念合影

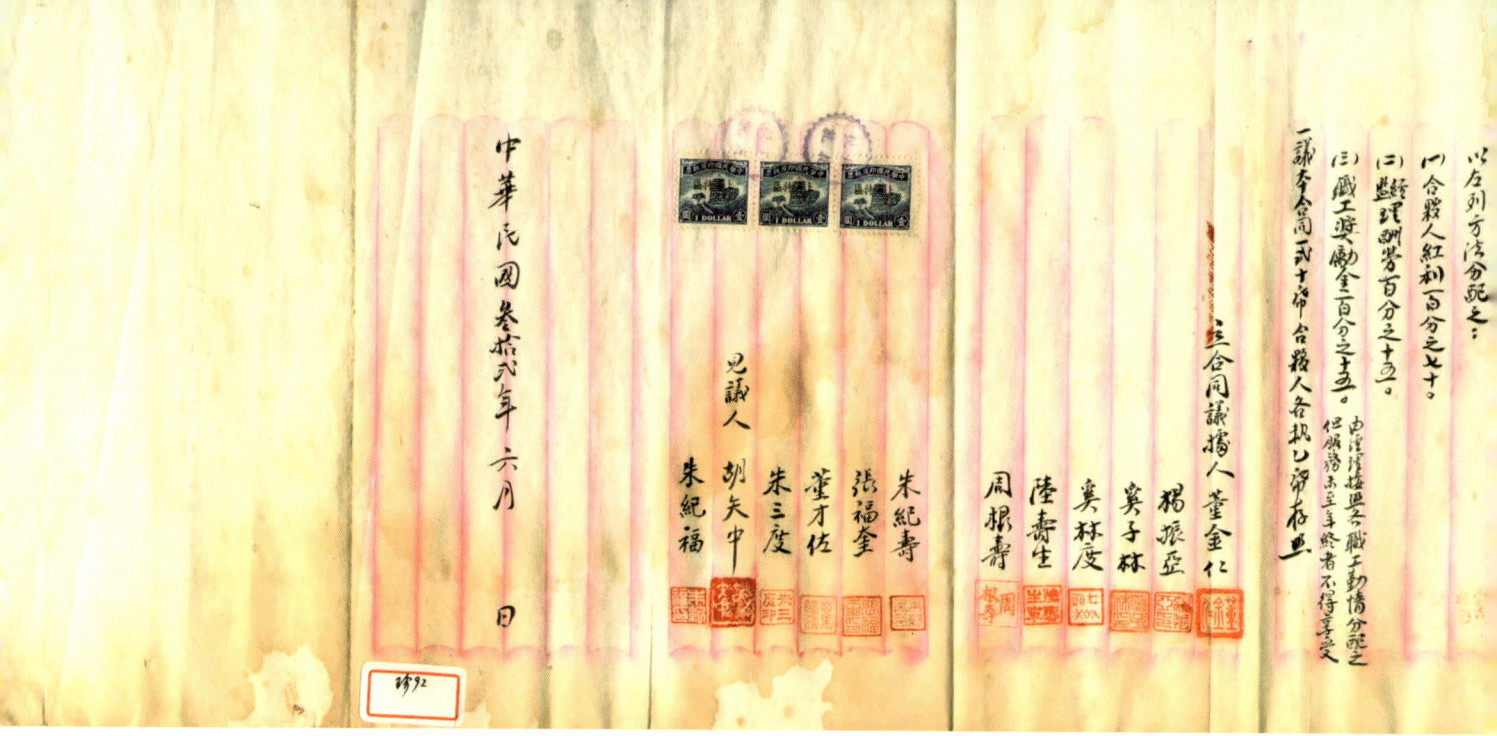

1943年6月签订的大兴钢扣厂合同议据

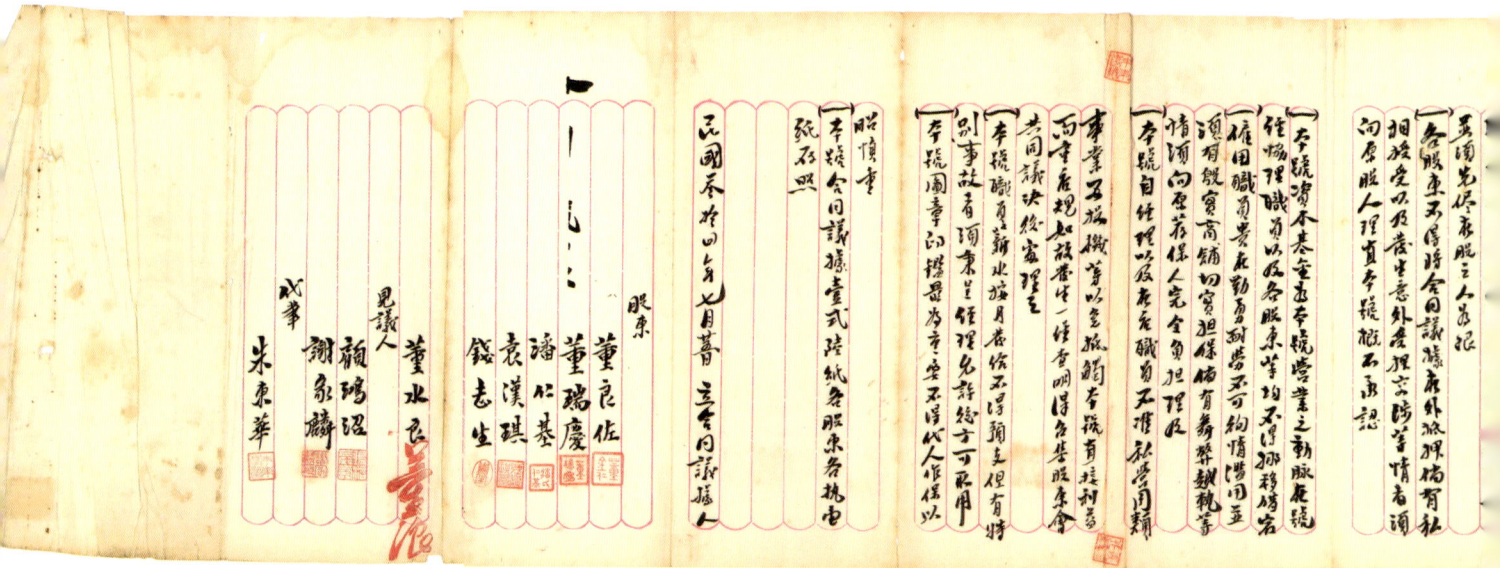

订立于1945年7月25日的公泰铁号合同议据

大兴钢扣厂、公泰铁号合同议据

　　该份1943年6月订立的合同议据显示，周根寿、朱纪寿、张福奎等股东共同集资设立"大兴钢扣厂"，议据对各股东认缴股数、经理人选及议定规约进行了详细规定，其中周根寿、朱纪寿各认缴贰股计国币贰千元整，张福奎、董才佐、朱三度各认缴乙（壹）股计国币壹千元整。根据协议公推合伙人杨振亚为本厂经理，负责处理一切业务，合伙人不愿继任时得另行聘请经验丰富者担任，并公推合伙人董金仁为监理，监察本厂一切事务；另据协议，本厂重要事件经理不能解决时，得由全体股东会议商讨解决之；本厂以年终

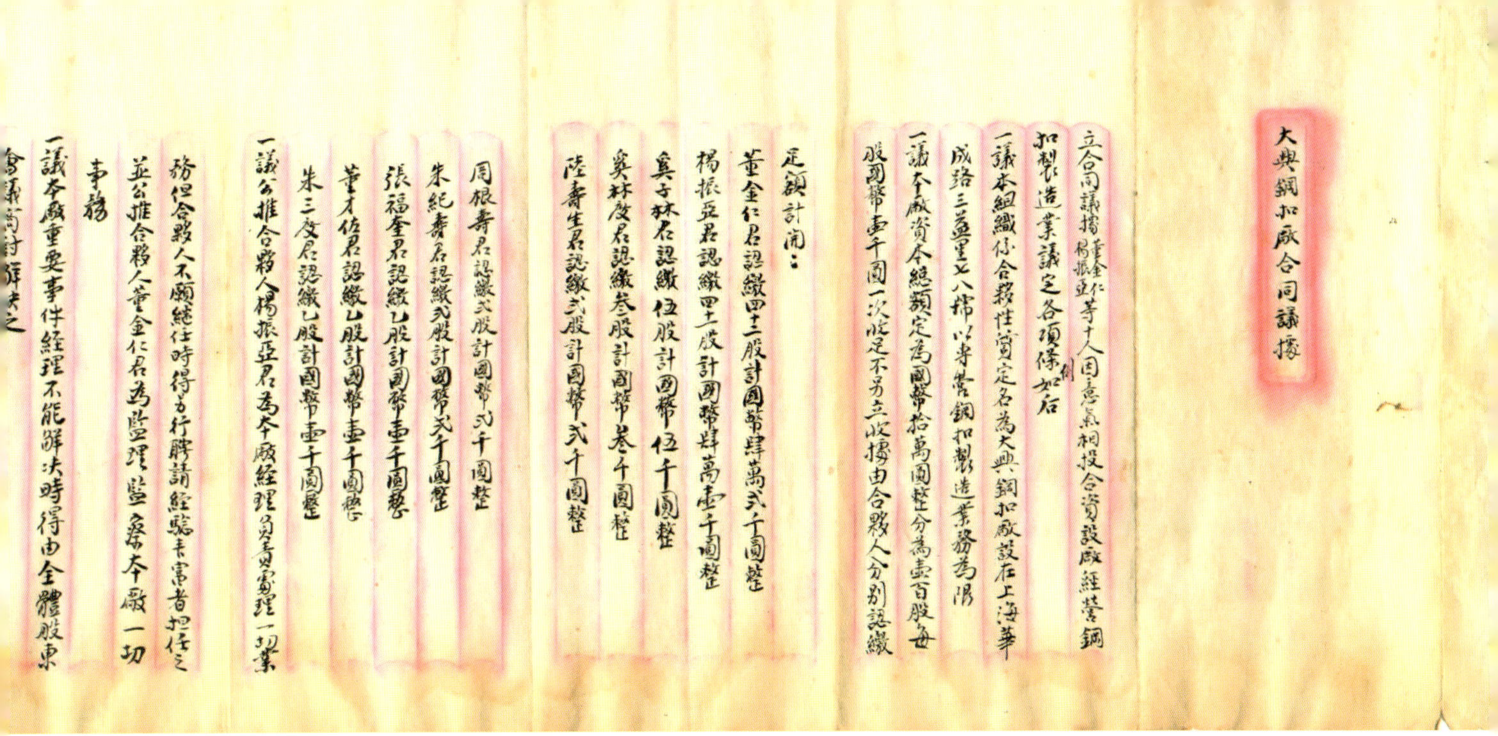

大興鋼扣廠合同議據

立合同議據人董金仁楊振亞等十人因意氣相投合資設廠經營鋼扣製造業議定各項條例如右

一議本組織係合夥性質定名為大興鋼扣廠設在上海華成路三益里又八十號以專營鋼扣製造業務為限

一議本廠資本總額定為國幣拾萬圓整分為壹百股每股國幣壹千圓一次收足不另立收據由合夥人分別認繳足額計開：

董金仁君認繳四十二股計國幣肆萬弍千圓整
楊振亞君認繳四十一股計國幣肆萬壹千圓整
袁子林君認繳伍股計國幣伍千圓整
吳林茂君認繳叁股計國幣叁千圓整
陸壽生君認繳弍股計國幣弍千圓整
周根壽君認繳弍股計國幣弍千圓整
朱紀壽君認繳弍股計國幣弍千圓整
張福奎君認繳乙股計國幣壹千圓整
董才佐君認繳乙股計國幣壹千圓整
朱三友君認繳乙股計國幣壹千圓整

一議公推合夥人楊振亞君為本廠經理負責處理一切業務但合夥人不願繼任時得另行聘請經驗素富者担任之並公推合夥人董金仁君為監理監察本廠一切事務

一議本廠重要事件經理不能解決時得由全體股東會議商討解決之

公泰鐵號

立合同議據董良佐袁漢琪董水良董瑞慶潘仁基錢志生等今因志同道合共效管鮑之風意氣相投合創成朱工業為此共議集資創辦公泰鐵行設立於上海廈門路八十三號門牌經營鋼鐵事業當日集資國幣叁千萬圓分為拾股計每股叁百萬圓至於股金當日一次繳齊自當業即始各股東務宜一心一德本同舟共濟之志群策群力圖信賣利濟之意今承各股東同意自前毋得悔約于後且各遵守始終不二茲將本號各股東股數及議定規約分列于后

(一)袁漢琪君認壹股半計股金肆百五拾萬元
(二)潘仁基君認壹股半計股金肆百五拾萬元
(三)錢志生君認弍股計股金陸百萬元正
(四)董瑞慶君認壹股半計股金肆百五拾萬元
(五)董水良君認壹股計股金叁百萬元
(六)董良佐君認弍股半計股金柒百五拾萬元

為总决算期，如有盈余先提十分之一为公积金次提依法应纳之税款再提常年股息壹分其余按约定比例分配。订立议据时除当事人外设有见议人 2 名，均盖有印鉴。

1945 年 7 月订立的合同议据显示，董良佐、董瑞庆、潘仁基、袁汉琪、钱志生、董水良 6 名股东共同集资于上海厦门路 83 号设立“公泰铁号”，经营钢铁事业，总集资款为 3000 万元，共分 10 股，每股 300 万元，议据对各股东股数及议定规约进行了详细规定，订立议据时有见议人 2 名，代笔人 1 人。

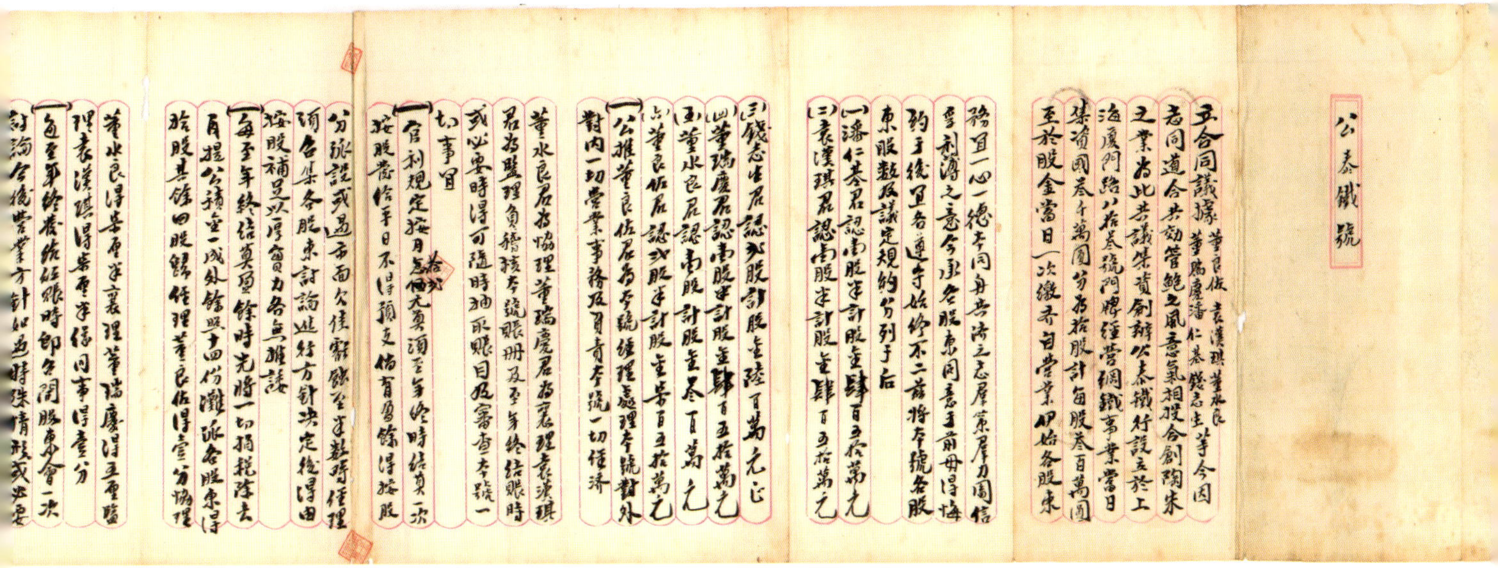

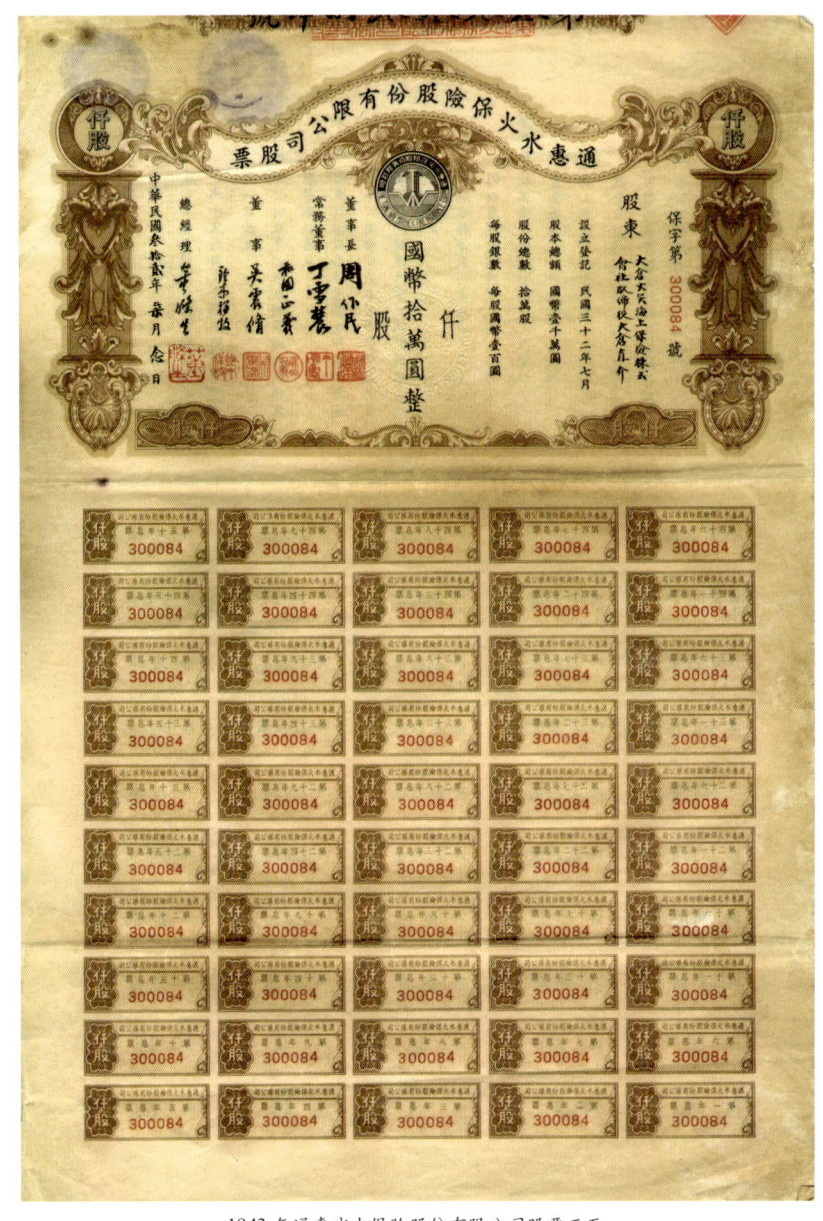

1943年通惠水火保险股份有限公司股票正面

通惠水火保险股份有限公司股票

　　1941年太平洋战争爆发后，日军逐步占领公共租界、法租界，勒令上海的英、美、法等国保险公司停业，并将外籍工作人员关进集中营，由日本10多家株式会社联合投资成立"东亚火灾海上再保险株式会社"，但在中国人高涨的抗日情绪下，该会社毫无作为。后来，他们改变策略，转而与中国民营保险业中实力最雄厚的太平水火保险公司合资，创办了通惠水火保险股份有限公司。1943年7月20日，通惠水火保险股份有限公司在上海黄浦大楼正式开业。董事长由金城银行董事长周作民兼任，常务董事丁雪农（太平水火保险公司常务董事兼协理）、和田正义（东京海上上海支店长），董事吴震修（中国银行南京分行总经理）、铃木祥枝（东京海上社长），总经理是董涤生。从这份名单上来分析，中方在公司中有一定的决定权，但由于其亲日背景，

1943年通惠水火保险股份有限公司股票背面

除太平水火保险公司外，其他华商保险公司大多与它疏远，业务上很少往来，日商保险始终未能控制上海的保险市场。

该组档案为发行于1943年7月的"通惠水火保险股份有限公司股票"。票面注明股东是"大仓大灾海上保险株式会社取缔役大仓直介"及其设立登记时间，股本总额为"国币"壹仟万元，股份总数为拾万股，每股银数为"国币"壹佰元，票面有董事长、常务董事、董事及总经理签章。本张股票为仟股（"国币"拾万元），股票和息票呈上下连张设计，下面共有息票50张，每张都写明是第几年的息票。按原来设计是每年领一次息，就剪去1张，这样可以用50年。这张股票是当时日军在上海妄想控制保险市场的重要证据，也为研究上海金融保险史、股票史提供了一定佐证。

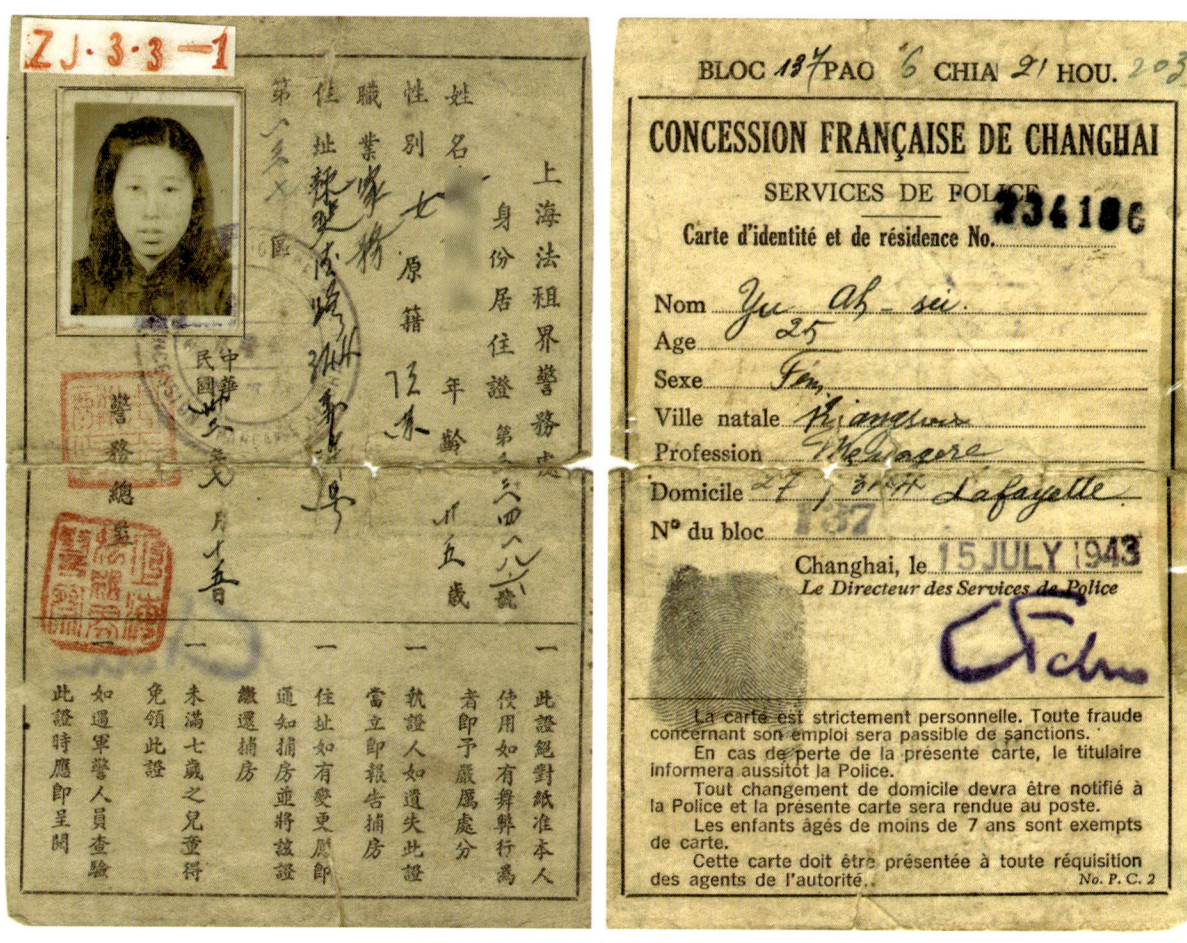

上海法租界警务处颁发的身份居住证正反面

原租界居民的居住身份证件

1941年12月，日军占领公共租界，随后发布"告示"，规定租界居民欲通过日军警戒线者均须出示"市民证"。1942年5月，法租界实行居住身份证制度，规定"华籍居民及其家属年满7岁以上者均须备有居住身份证"。公共租界工部局警务处于1942年6月向年满7岁以上市民颁发"市民证"。

上图所示档案为法租界警务处于1943年7月颁发给居住于辣斐德路（今复兴中路）一普通市民的身份居住证。正面为中文字样，内容包括证号、姓名、性别、原籍、职业、住址、发证时间等，加盖警务总监印章，下方印制了使用规则及注意事项；反面为法文字样，所载内容与正面相同。

1943年7月30日，汪伪政府根据与法国维希政府签署的有关协定"接管"上海法租界，设置第八区公署，取代原法租界公董局。由汪伪上海特别市市

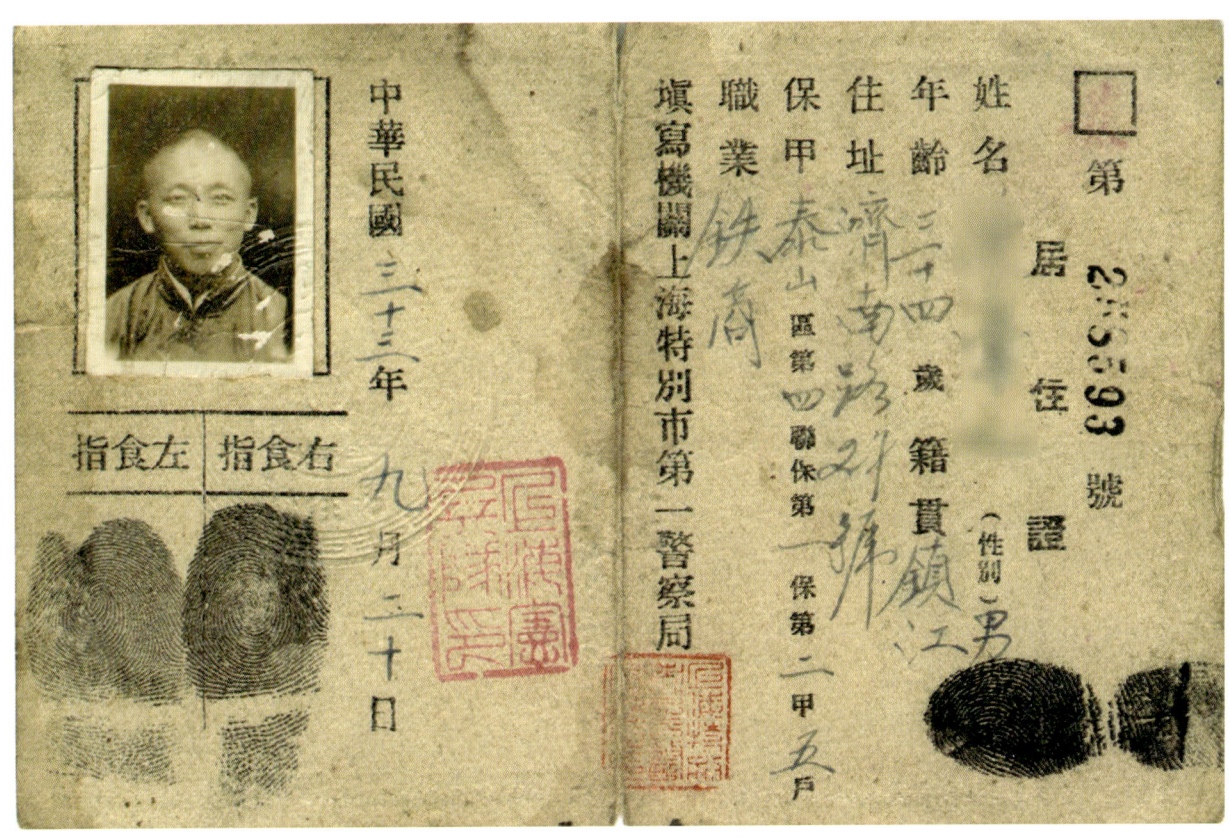

伪上海特别市居住证（泰山区济南路）

长陈公博兼任署长，下设总务、财务、会计、教育、工务、公用、卫生、社会福利、消防各处，设伪上海特别市第三警察局负责警务。同年8月1日，汪伪政府"接管"上海公共租界，设置第一区公署以取代原公共租界工部局。同样由陈公博兼任署长，下设总务、财务、工务、卫生教育、社会福利、经济、消防各处，由日汪双方派员充任各处处长，设伪上海特别市第一警察局负责警务。年底，汪伪政府推行"清乡"，实施"保甲连坐"，制定《上海特别市第一区调换居住证须知》，限令12岁以上、60岁以下市民向各警察分局申请换领"居住证"。1944年2月，伪第一区署和第八区公署合并，仍称第一区公署，由吴颂皋继任署长。该署于1945年8月日本投降后解体。

上图所示档案为1944年9月伪上海特别市第一警察局颁发给居住于原泰山区（今黄浦区）济南路一普通居民的居住证，内容包括证件编号、姓名、性别、年龄、籍贯、住址、所属保甲、职业、填写机构、发证时间等，加盖了印章，增加了持有人左右食指指纹要求，证件编排样式也与之前的身份居住证不同。

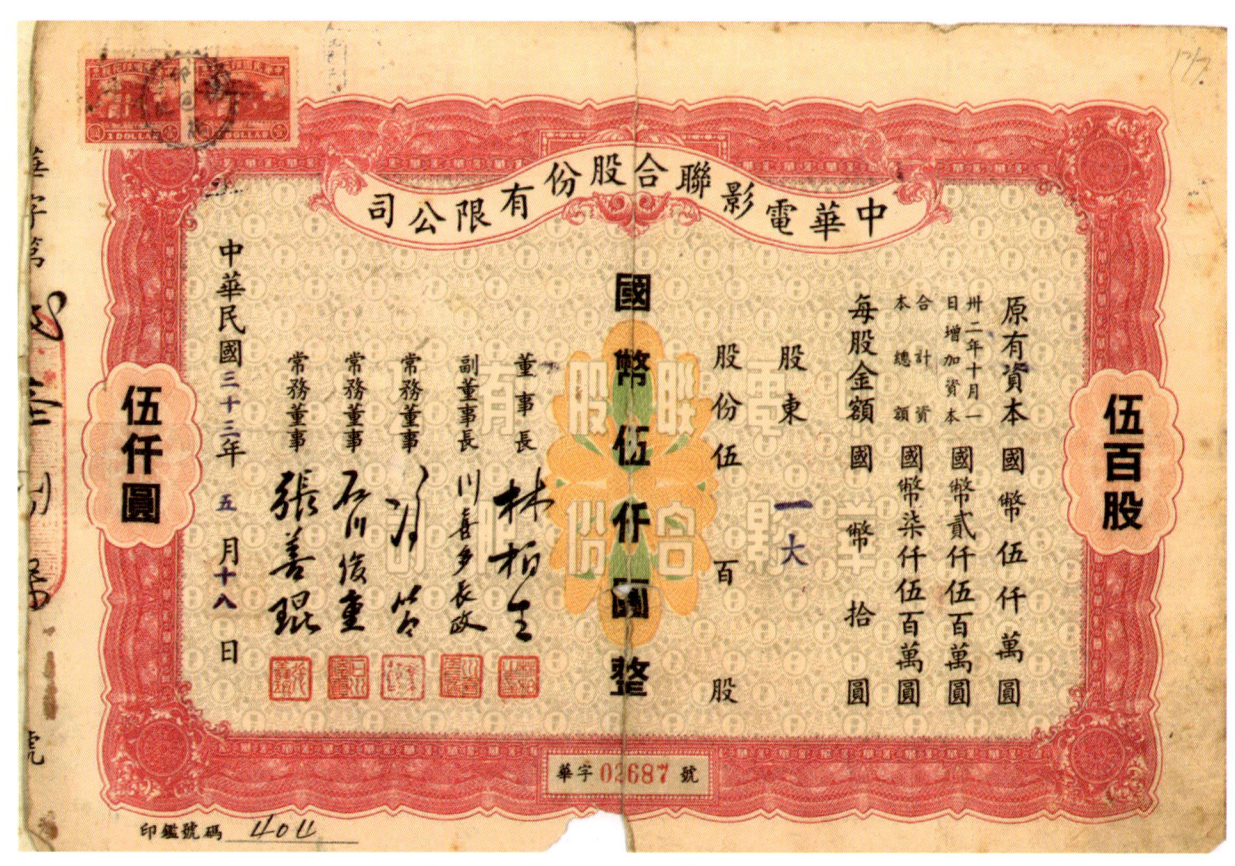

1944年5月18日中华电影联合股份有限公司发行的股票

中华电影联合股份有限公司股票

中华电影联合股份有限公司简称"华影",汪伪时期的主要电影制作发行机构。1943年5月,由伪"中华联合制片股份有限公司""中华电影股份有限公司""上海影院公司"合并而成。林柏生任董事长,陈公博、周佛海、诸民谊任名誉董事长,川喜多长政任副董事长,冯节任总经理,张善琨、石川俊重任副总经理。拥有5个电影制片厂及30个巡回放映队,并在南京、华南、汉口设立分公司,将汪伪统治区制片、发行、放映"实施三位一体之电影国策",为贯彻执行"战时文化宣传政策","担负大东亚战争中文化战思想战之任务"。所拍摄影片突出强调为"大东亚战争"服务的题材,如日伪合作拍摄的《万紫千红》《春江遗恨》等。还制作了大量报道"大东亚共荣圈"动态的新闻片。抗战胜利后,该公司由国民政府接收。

华影授权满映发行《鸾凤和鸣》2 开海报

  该件档案为发行于 1944 年 5 月 18 日的"中华电影联合股份有限公司股票"，原有资本"国币"5000 万元，1943 年 10 月 1 日增至"国币"7500 万元。股票设计上突出"华影"两字，除四周边框上的一圈用"华影"组成的图案外，底版网纹上也布满了防伪的"华影"和"中华电影联合股份有限公司"字样，整个票面给人的视觉似电影胶卷状的流动感。股票上有董事长、副董事长、常务董事签名及印章。"华影"股票对研究日军侵华期间进行经济掠夺和文化控制的史实具有史料价值。

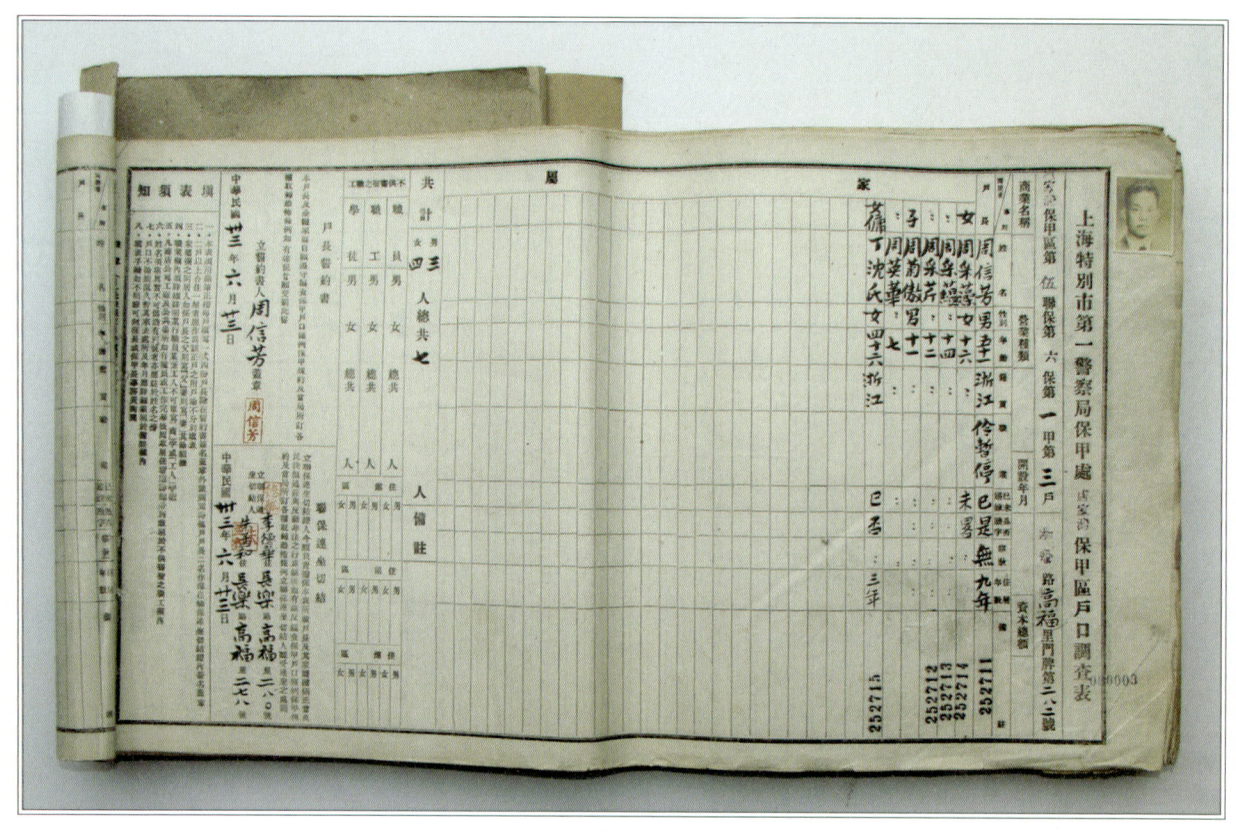

周信芳户籍档案

周信芳户籍档案

周信芳(1895～1975)原名士楚。浙江慈溪人,出生于江苏淮阴。6岁随武生陈长兴练功学艺,次年即挂牌登台。清光绪三十二年(1906)起,先后以"七龄童""七灵童"为名随南方京剧耆宿王鸿寿演出,应工娃娃生,并兼演一些梆子戏。光绪三十三年,以"麒麟童"的艺名,搭班演出于上海丹桂第一台,崭露头角。次年加入北京喜连成社(后改名"富连成社")。1912年返回上海,在新新舞台等剧场演出,演技渐趋成熟。1915年进入上海丹桂第一台演出,直至1923年,后期兼任后台管事。在欧阳予倩、王鸿寿、汪笑侬等人影响下,开始自编新戏。后赴北京演出,将代表作《萧何月下追韩信》介绍给北方观众,其演技得到北京同行称赞。1924年回到上海,尝试对京剧进行改革,做功愈佳,有些戏被灌制成唱片,广为流传。1927年参加南国社,与田汉等颇多交往,艺术眼界逐渐开阔,以"麒派"享誉国内。1937年组织移风社,在卡尔登大戏院连续演出四年之久。抗日战争时期,在上海积极投身各项救亡活动,负责京剧界的宣传和动员工作,开始与中共地下组织接触。后曾接办黄金大戏院。抗日战争胜利后,先后参加了反"艺员登记"、抗捐抗税等爱国民主运动,拒绝赴电台演出"戡乱"节目。1948年初,闭门研究戏剧理论和古典戏曲。1949年后,曾任中国戏曲研究院副院长、华东戏曲研究院院长、上海京剧院院长、中国戏剧家协会副主席、上海文学艺术界联合会副主席、中国戏剧家协会上海分会主席。1953年冬,赴朝鲜慰问志愿军,任副总团长。1959年加入中国共产党,为第一至第三届全国人大代表。1975年3月8日逝世。

高福里（张建麟绘）

该件户籍档案记录了1944年周信芳一家7口居住于长乐路高福里282号（卢家湾保甲区第伍联保第六保第一甲第三户）的史实。

周信芳家在长乐路高福里282号居住多年，在《周信芳日记》中有不少记载：

1941年1月1日

仍住法租界蒲石路（今长乐路）高福里二百八十二号。

1942年6月12日二十九日。晴。

点心后，到采寿里填第二次保甲表，添一女仆，南京人，填入表中。须两户长保方可，仍是沈大史保一家，另寻×保。十二点半回家午饭……回高福里，填高福里保甲表，隔邻李德华愿保。再隔一家弄底，户长只二十二岁，要我保，并保我家。其有弟三人，皆稚，均读。因不知底蕴，不敢保。但朱孟和只寻着我一家，我家再不保，则不能居矣。都是中国人，应当加援。[慨]允。填就，交付甲长……

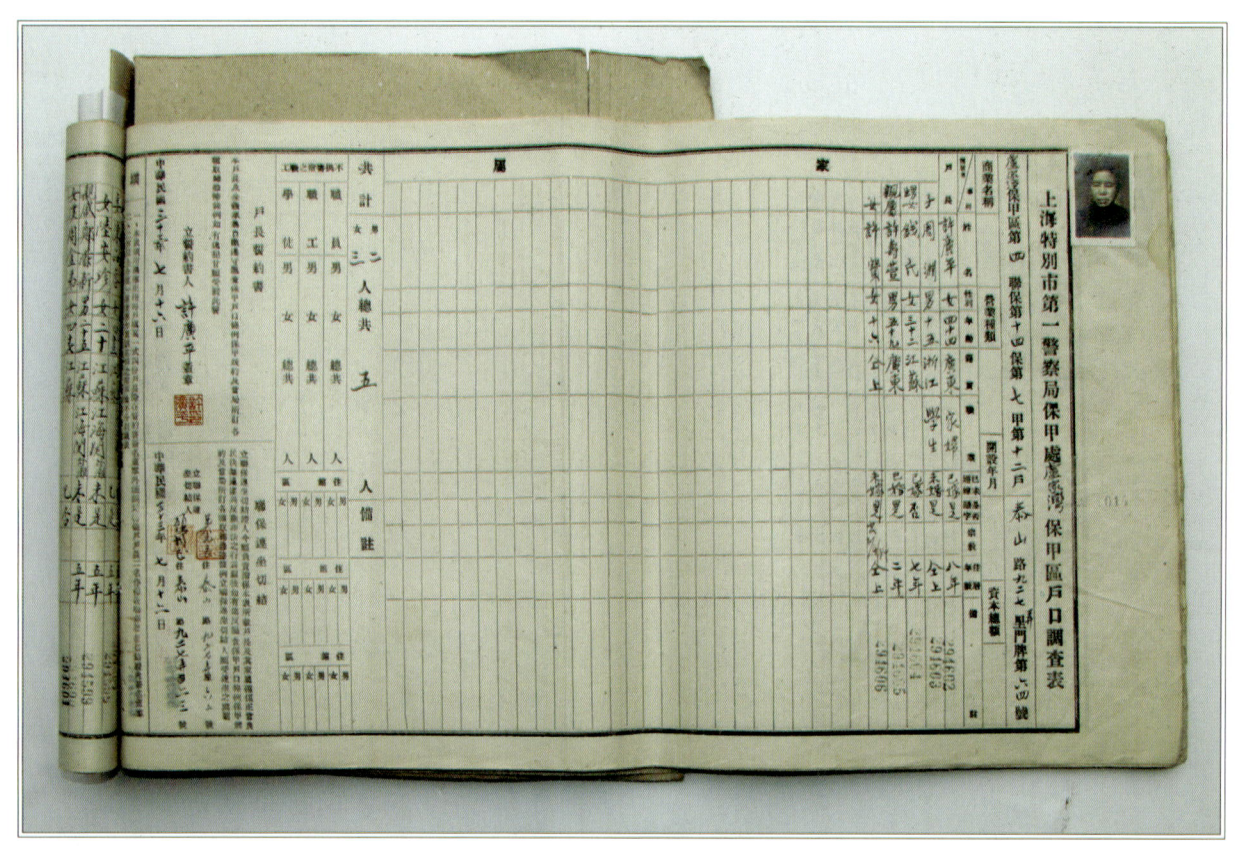

许广平户籍档案

许广平户籍档案

　　许广平(1898～1968)广东番禺人。1917年到北京，后考入天津直隶第一女子师范学校预科。五四运动中，任天津女界爱国同志会会刊《醒世周刊》编辑。1923年，考入国立北京女子高等师范学校(后改为女子师范大学)国文系。曾当选学生干事，领导学生运动。1926年，任教于广东省立女子师范学校。鲁迅到广州中山大学执教时，她任助教。1927年10月，与鲁迅到上海共同生活，并协助其工作。1936年10月，鲁迅逝世。同年底，许广平携子周海婴迁居霞飞路霞飞坊(今淮海中路927弄)64号，整理、出版鲁迅著作。1938年4月编成《集外集拾遗》，6月辑成《译丛补》，并与胡愈之一起，由复社以"鲁迅先生纪念委员会"名义，仅用3个月时间，编辑出版600万字的20卷本《鲁

淮海坊（张建麟绘）

迅全集》。不久，又筹款出版《鲁迅三十年集》。还为《上海妇女》等数十家报刊撰稿，发表一批纪念鲁迅的文章。抗日战争期间，在上海参加抗日救亡运动。1941年12月被日军逮捕，面对酷刑，坚贞不屈。次年3月，由内山书店保释。抗战胜利后，曾任《民主》周刊编辑。1948年10月，在中共党组织安排下，经香港转入解放区。1949年后，曾任中央人民政府政务院副秘书长、全国妇联副主席、中国文学艺术届联合会副主席、民进中央副主席等职。1960年加入中国共产党。1968年3月在北京病逝。

该件档案为许广平一家居住于泰山路（1943年10月汪伪上海特别市政府改霞飞路为泰山路）927弄即霞飞坊64号（卢家湾保甲区第四联保第十四保第七甲第十二户）时的户籍档案。

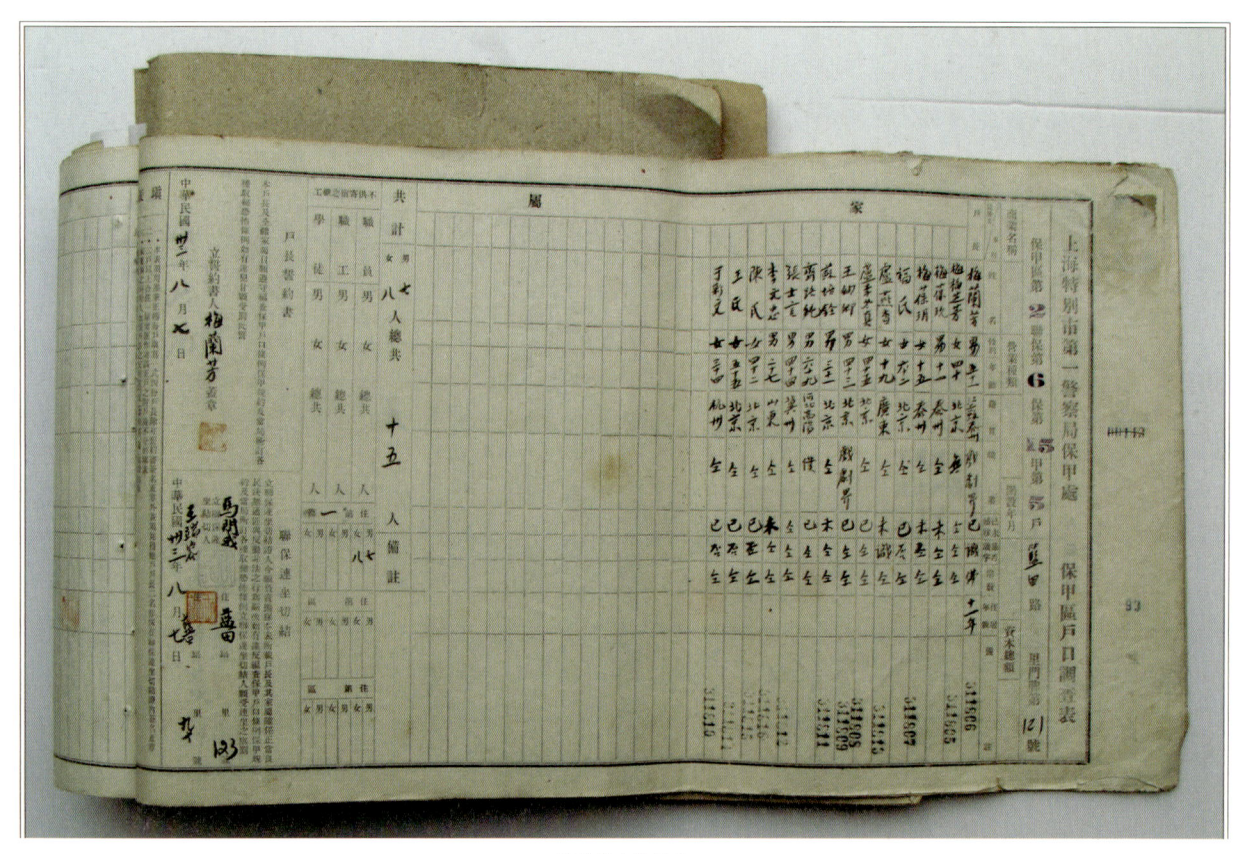

梅兰芳户籍档案

梅兰芳户籍档案

梅兰芳（1894～1961）名澜，字畹华（或作"浣华"）。江苏泰州人，生于北京梨园世家。8岁学戏，9岁拜吴菱仙为师学青衣，11岁登台。后又求教于秦稚芬、胡二庚学习花旦和刀马旦。1913年初来上海，在福州路丹桂第一台演出《穆柯寨》，以"能唱能做，有扮相"蜚声剧坛。后多次来沪，演于丹桂第一台和天蟾舞台等剧院。九一八事变后，移居上海，租住沧州饭店（今南京西路锦沧文华大酒店处）。1933年起，迁至马斯南路121号（今思南路87号）。创作并排演《抗金兵》《生死恨》，以表达御敌爱国之情。八一三淞沪抗战爆发后，曾暂避于香港，后又回到上海。抗战期间，日军及汪伪政府曾多次胁迫梅兰芳登台演出，他则蓄须明志，拒绝演出，表现出了崇高的民

1947年陈敬贻、郎静山、梅兰芳、丰子恺（左起）在梅兰芳寓所前合影

族气节和高风亮节，为世人所称道。抗战胜利后重登舞台。1949年前曾先后赴日本、美国、苏联演出，荣获美国波莫纳学院和南加州大学的荣誉文学博士学位。1949年后，曾任中国京剧院院长、中国戏曲研究院院长、中国戏剧家协会副主席。1959年加入中国共产党。1961年8月8日，因病在北京病逝。在50余年的舞台生活中，梅兰芳发展和提高了京剧旦角的演唱和表演艺术，形成具有独特风格的艺术流派，世称"梅派"。

该件档案为梅兰芳一家居住于蓝田路(1943～1945年马斯南路改名为蓝田路)121号时的户籍档案。

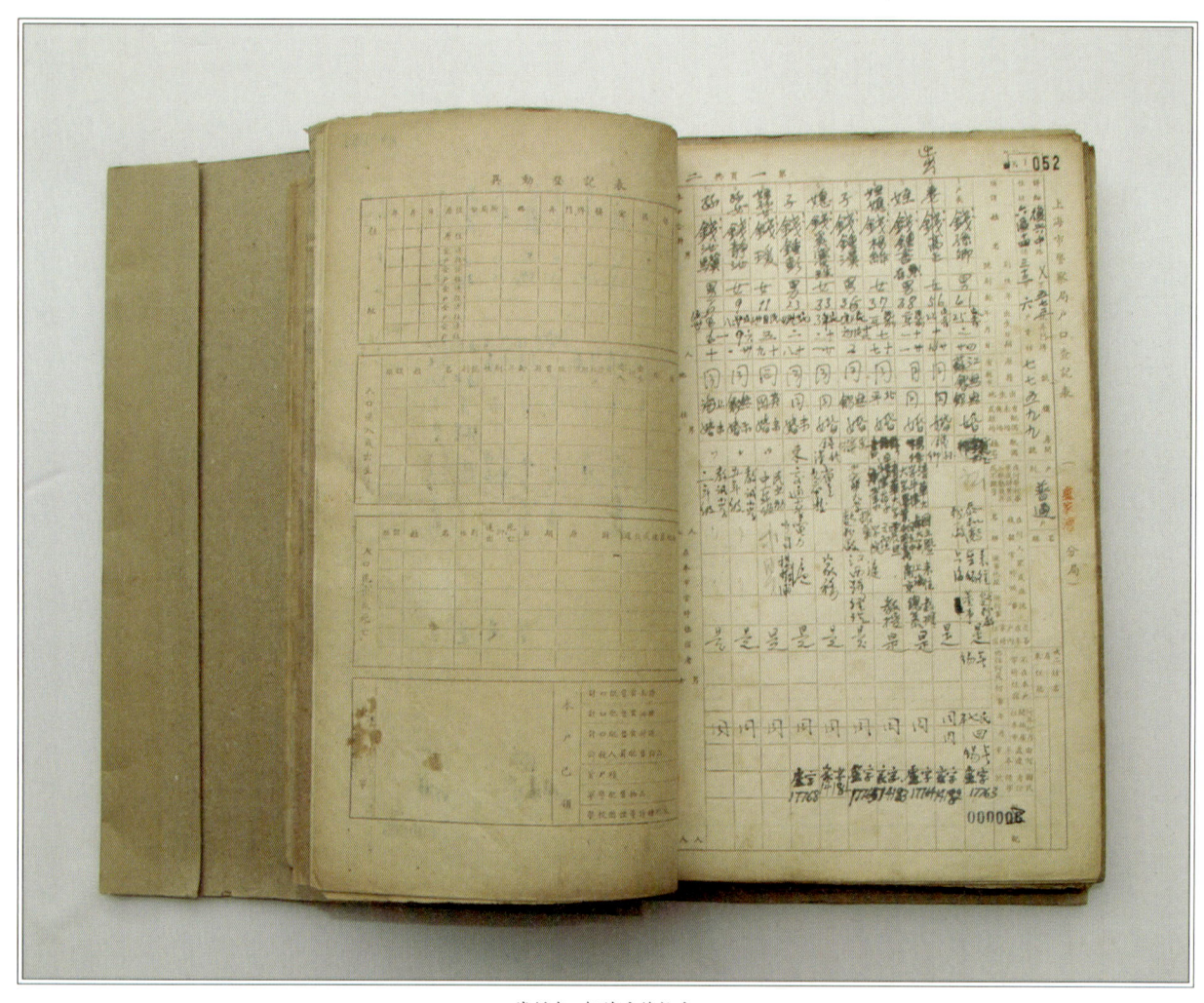

钱锺书、杨绛户籍档案

钱锺书、杨绛户籍档案

　　钱锺书（1910～1998）字默存，号槐聚。江苏无锡人，生于诗书世家。自幼受到传统经史方面的教育，中学时擅长中文、英文，于1929年被清华大学外文系破格录取。1935年与杨绛结婚，同赴英国牛津留学。后到法国，进入巴黎大学进修法国文学。1938年秋回国。1941年夏，到上海小住。后因太平洋战争爆发困于上海，直至抗战胜利。在这期间，他迎来了一个文学创作的巅峰时期，1941年出版散文集《写在人生边上》；1942年写成中国古诗评论集《谈艺录》初稿；1946年发表长篇小说《围城》，同年发表短篇小说《人·兽·鬼》。抗战胜利后，担任清华大学外文系教授。1980年代曾任中国社会科学院副院长等职，主要进行翻译和中国文学的研究，出版了《宋诗选注》《七缀集》《管锥编》等学术著作。1998年12月19日在北京逝世。

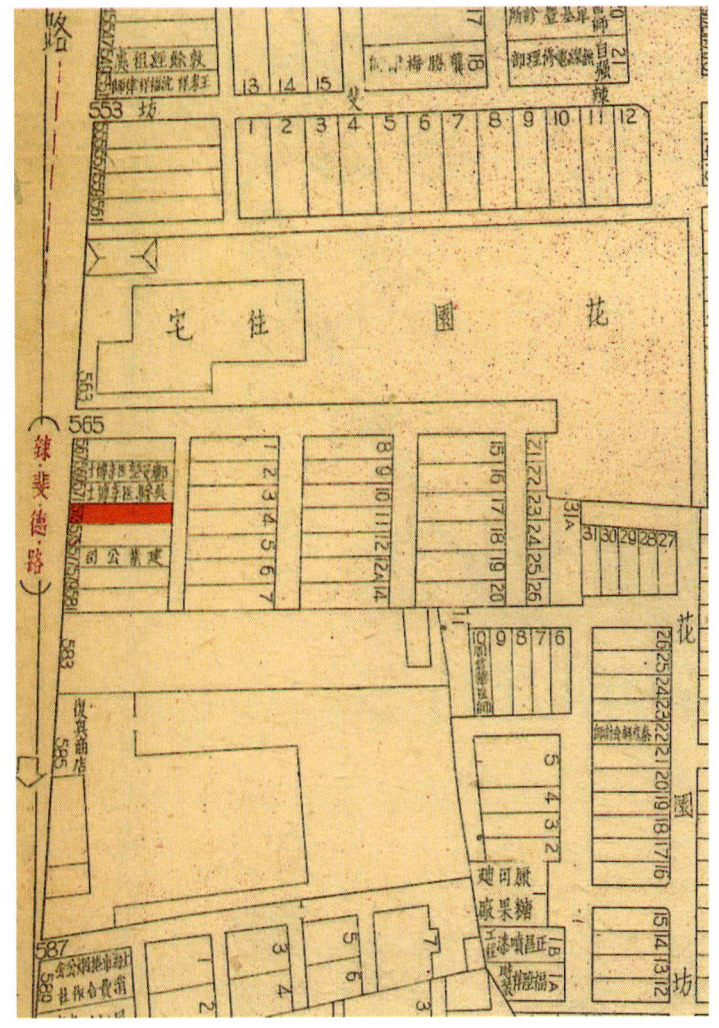

复兴中路 573 号地块图

  杨绛 (1911～2016) 原名杨季康，祖籍江苏无锡。1932 年毕业于苏州东吴大学，获文学学士学位，当年考入清华大学研究生院，为外国语言文学研究生。1935 年与钱锺书结婚，同年夏季与夫同赴英国、法国留学。1938 年秋回国，曾任上海震旦女子文理学院外语系教授、清华大学外文系教授。1949 年后，曾任中国社会科学院外国文学研究所研究员，中国翻译工作者协会理事、名誉理事。1986 年获西班牙国王颁发勋章。杨绛通晓英语、法语、西班牙语，由她翻译的《唐·吉诃德》被公认为翻译佳作；早年创作的剧本《称心如意》被搬上舞台长达 60 多年；93 岁出版散文随笔《我们仨》，风靡海内外；96 岁出版哲理散文集《走到人生边上》；102 岁出版 250 万字的《杨绛文集》八卷。2016 年 5 月 25 日在北京逝世。

  该件档案为钱锺书、杨绛携女钱瑗居住于复兴中路 573 号（卢家湾六区十四保三十三甲六户）时的户籍档案，当时与其叔叔钱孙卿（又名"钱基厚"，地方鸿儒）、堂弟钱钟汉（亦作"韩"，中国科学院院士、热工自动化学家）在同一户籍。

  据钱静汝回忆，当时钱锺书夫妇住在 2 楼亭子间，小说《围城》即在此完成。

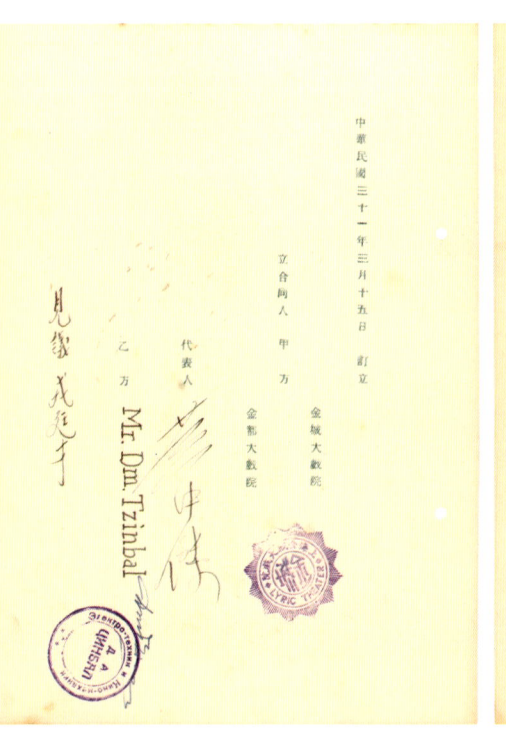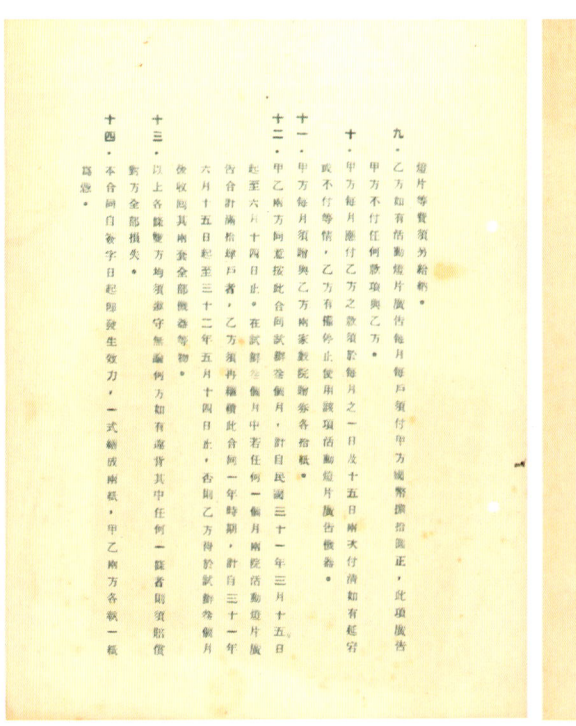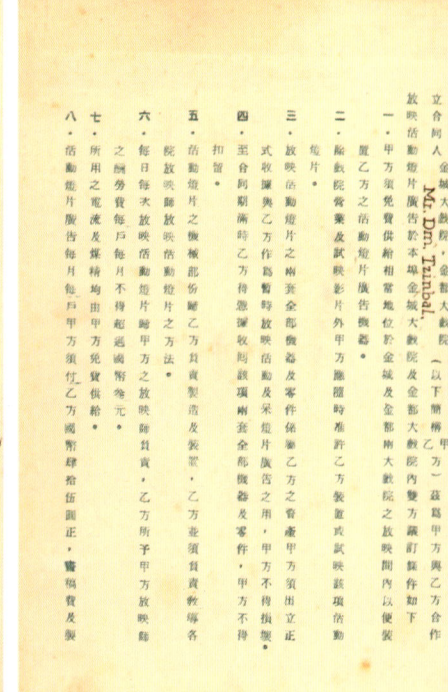

金城、金都大戏院对外签订的合同

金城、金都大戏院对外签订的合同

金都大戏院位于福煦路同孚路口（大概位于今延安中路与石门一路西北转角处，已无迹可寻），由柳中亮、柳中浩兄弟投资，于1940年12月建成开业，专映电影。开幕典礼上，虞洽卿揭幕、周璇剪彩，首映影片为国华影业公司出品的《西厢记》。日伪时期，电影营业不佳，改演戏剧。1943年后改演话剧。抗战胜利后，恢复电影放映。1951年起，成为戚雅仙、毕春芳领衔的合作越剧团（后更名静安越剧团）基本演出场所。1955年，改名"瑞金剧场"，除越剧外，沪剧、话剧、滑稽戏亦常在此演出。1981年改建，扩建舞台，辟演员宿舍，观众厅2层连包厢共1104座。1998年，因市政建设修建延安路高架，剧场部分被拆除。

该件档案为金城、金都大戏院作为甲方与乙方Mr.Dm.Tzinbal就合作放映活动灯片广告所签订的合同，合同签订于1942年3月15日，盖有金城大戏院印章。

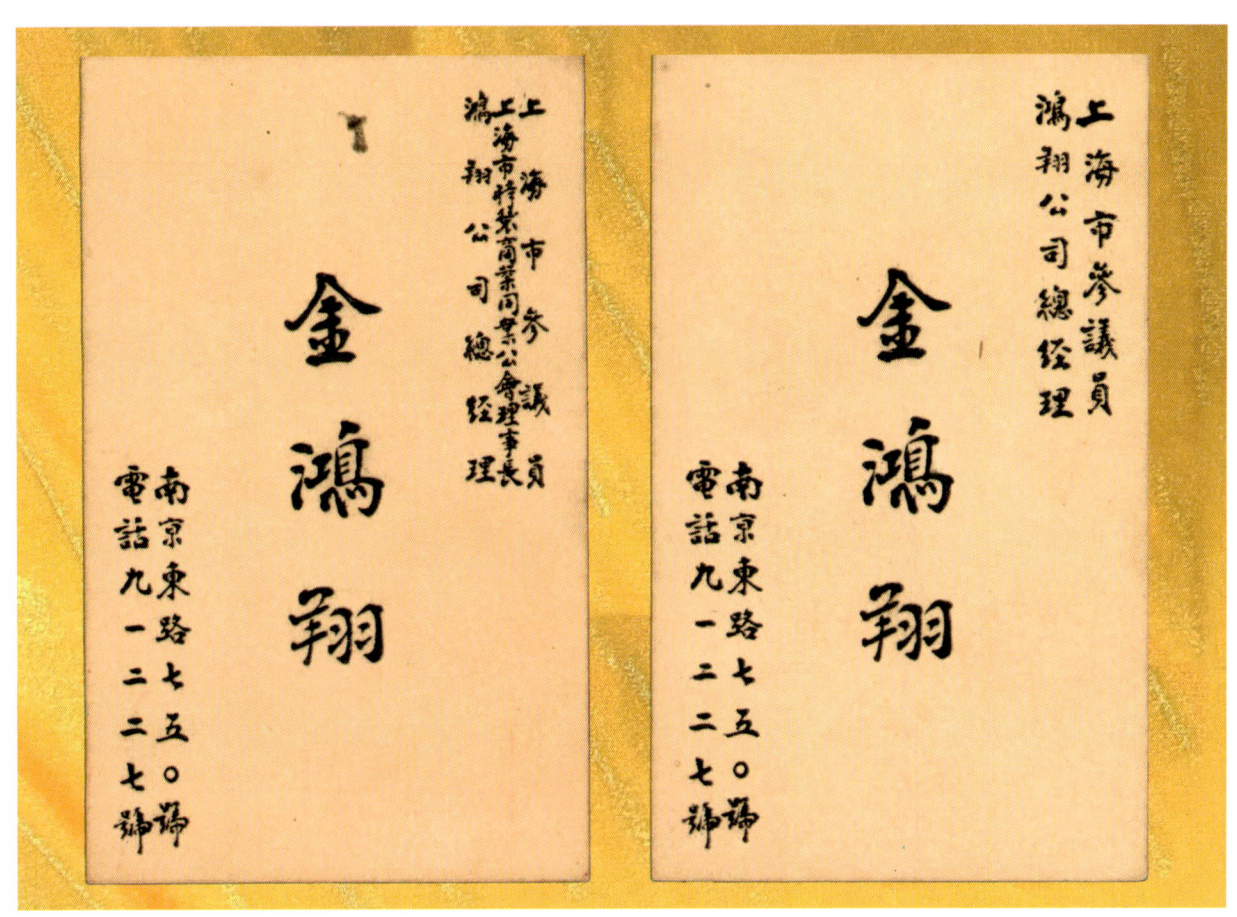

鸿翔公司总经理金鸿翔名片

鸿翔公司总经理金鸿翔名片

金鸿翔(1895～1969)上海川沙人。鸿翔公司创始人。自幼家境贫寒,13岁在中式成衣铺当学徒,后改学西式裁缝。1914年初,赴俄国海参崴,在其舅父开设的缝衣铺做工。翌年返回上海,在悦兴祥西式裁缝店当技工,裁剪手艺精湛,擅长服装设计。1917年,筹资在静安寺路(今南京西路)863号鸿翔开设上海第一家西式女子时装店。1927年,金鸿翔倡议成立上海市时装业同业公会,并任理事长。次年,将原房翻建成6开间2层楼的新式市房,成立鸿翔公司。1932年,在南京路(今南京东路)开设鸿翔公司分店(简称东鸿翔)。为了适应时代,他以高价订购法国、美国时装月刊,并聘请外国设计师,引进国外流行新款式,使鸿翔女装不断推陈出新。他还创造立体裁剪法,成衣贴体不走样,有"天衣无缝"的美称。1933年,在美国芝加哥世界博览会上,"鸿翔"旗袍获大会银质奖。1952年,金鸿翔因病在家休养。1956年起担任上海市服装鞋帽公司顾问。

该件档案为民国时期(约20世纪40年代中期)金鸿翔的名片,显示其当时的身份为上海市参议员、鸿翔公司总经理。文字排列上为竖排,右上方标明官衔或身份,中间为姓名,左下方为商号地址或其他,符合民国时期西式名片的特征。

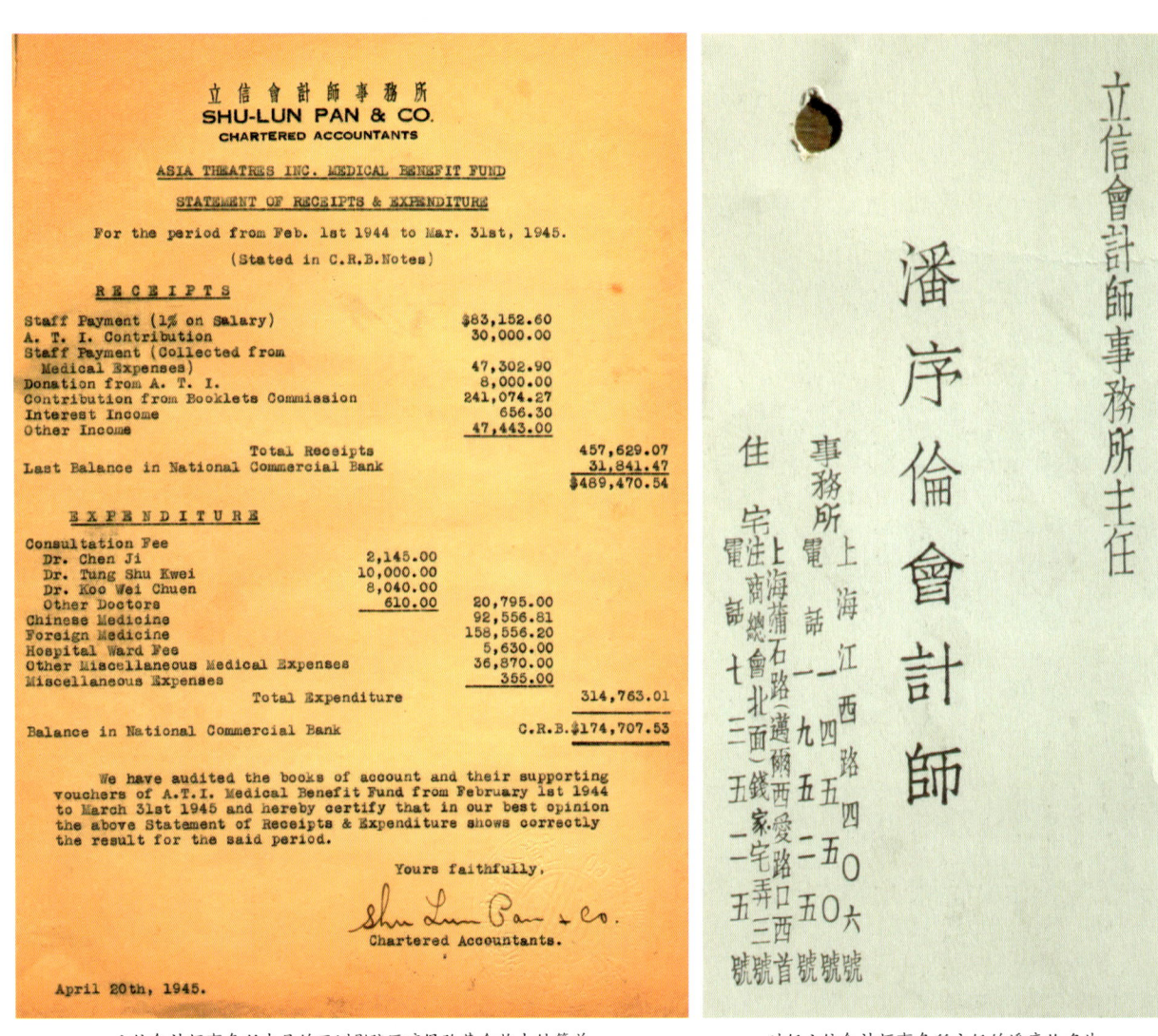

立信会计师事务所出具的亚洲影院医疗保险基金收支结算单　　时任立信会计师事务所主任的潘序伦名片

立信会计师事务所相关档案

1927年，立信会计师事务所由潘序伦创办于上海。初名"潘序伦会计师事务所"，翌年改为"立信会计师事务所"。主要为工商企业建立会计制度、指导会计核算工作、检查账目、出具证明等，信誉卓著。1949年后继续经营，1957年结束业务。1986年复业。

潘序伦（1893～1985）字秩四，江苏宜兴人。会计学家、会计教育家、会计实务专家和会计实业家，被誉为"中国现代会计之父"。早年就读于上海圣约翰大学。1921年赴美留学，1924年学成回国，在国立东南大学附设

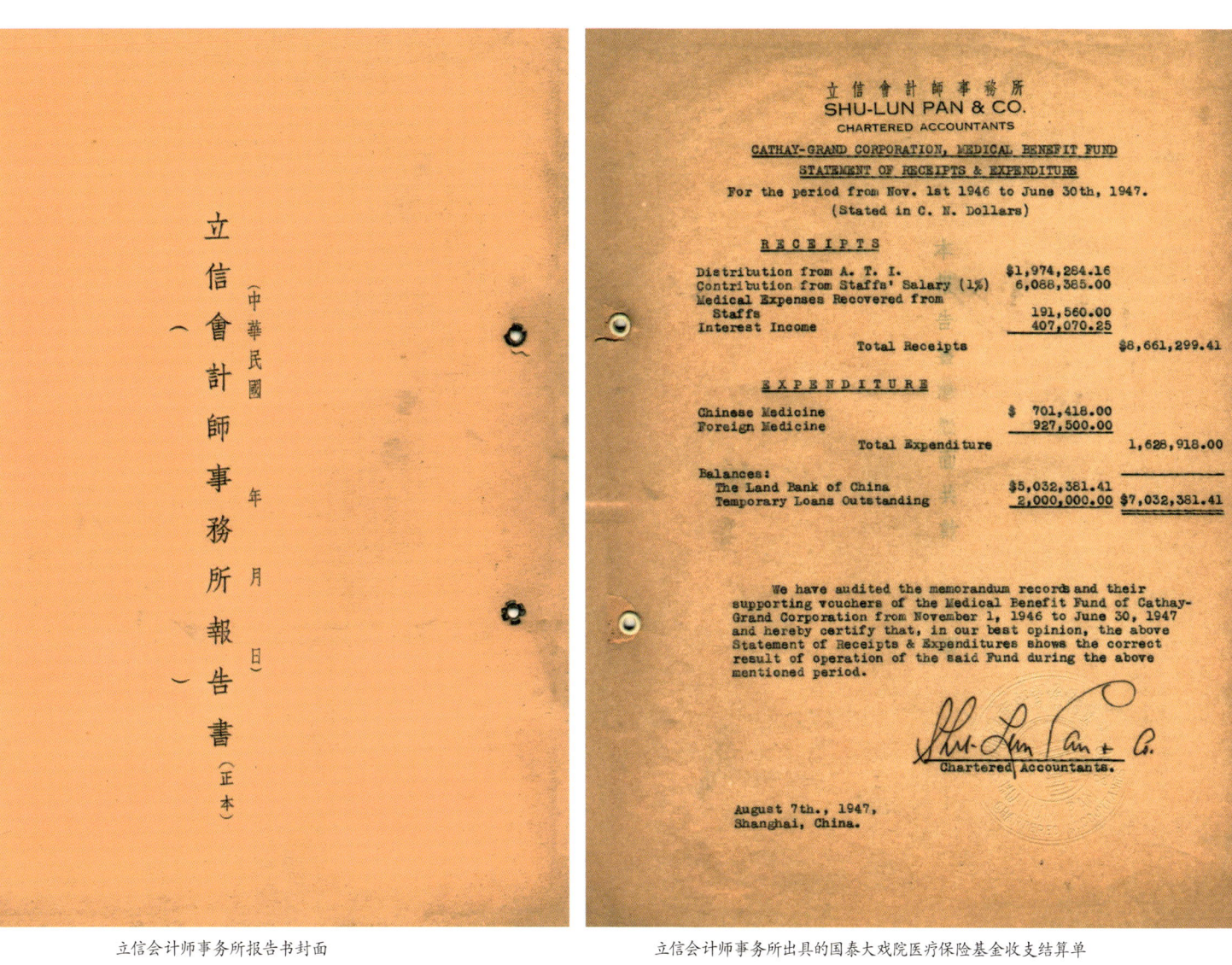

立信会计师事务所报告书封面　　　　　　　立信会计师事务所出具的国泰大戏院医疗保险基金收支结算单

商科大学、国立暨南大学商学院等校任教。1927年,创办立信会计师事务所,缔造了以会计师业务、会计教育及会计出版为一体的立信会计事业。历任中国会计学会顾问、中国审计学会顾问。1956年加入中国民主同盟,次年被推选为上海市政协委员。

该组档案为立信会计师事务所在运营过程中出具的报告书、结算单等,对于研究民国时期会计师等方面的业务具有一定参考价值。

1945年6月至1946年一些团契组织编辑的刊物

团契组织刊物

团契原为基督教新教名词(Fellowship)，指教徒间的团结契合。有些教会用作教徒组织的名称，如妇女团契、青年团契等。战争时期，中共地下组织通过团契、读书会等灵活多样的组织形式和工作方法，团结积极分子，发展党员，充实党组织力量，广泛而深入地开展群众工作。在这些组织中集聚了一批积极分子，他们研读马列主义和进步书籍，创作文艺作品，探讨人生道路，逐步地受到教育，改变思想，走上革命道路。

该组档案为1945年6月至1946年一些团契组织所编辑的刊物，其中《溪流之歌》《风铃草》《风雨夜城狂想曲》内载的小说、诗歌等闪烁着进步的思想。编辑部设址于嘉善路226号的《风铃草》发行于1945年6月，内容以诗歌为主；《溪流之歌》创刊于1946年4月；《风雨夜城狂想曲》刊印于1946年5月，内容以进步小说为主。而《读者团契通讯》创刊于1946年1月，读者团契设有文艺研究组、语文研究组、交谊股、游艺股等不同组别，他们利用《读者团契通讯》发布各组的工作情况、契友动态、费用收支情况及契友的优秀文章等，成为一群兴趣相同的朋友沟通交流的平台。

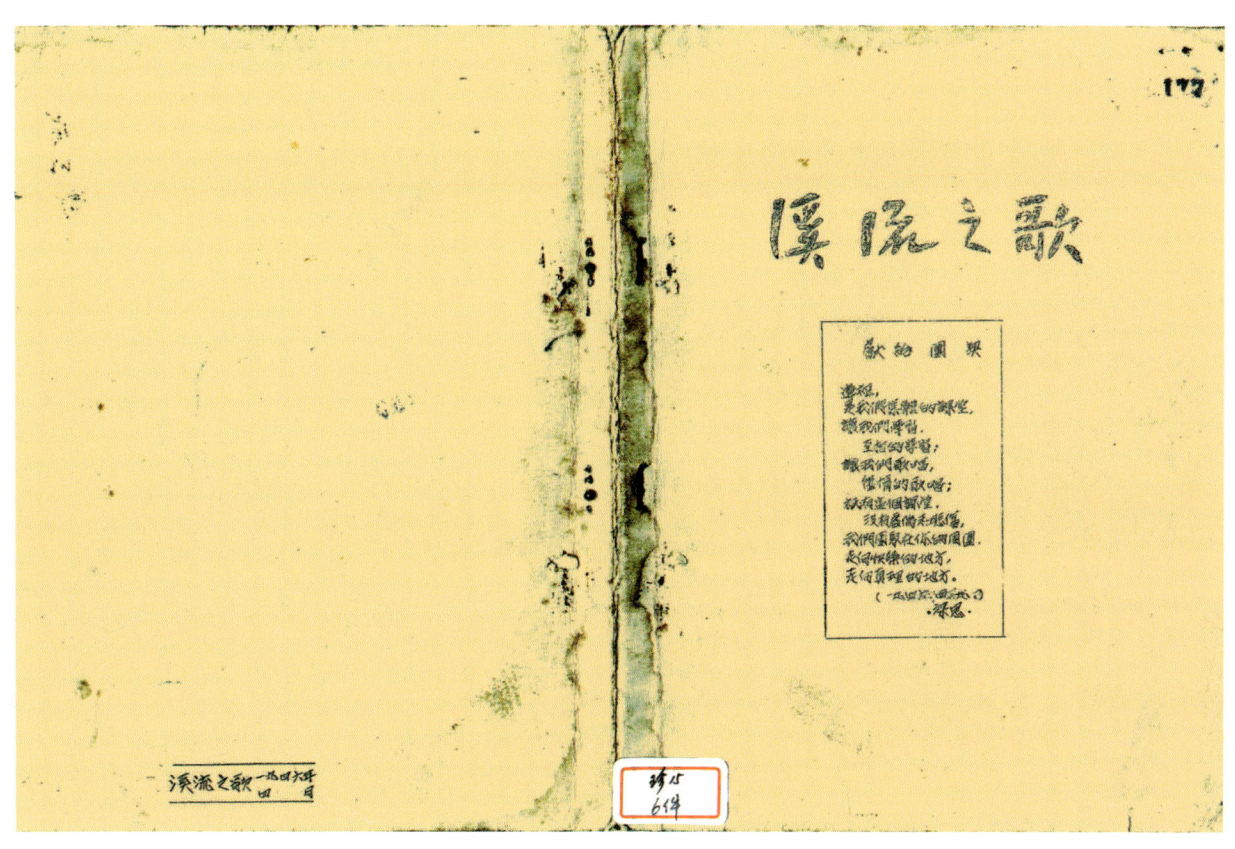

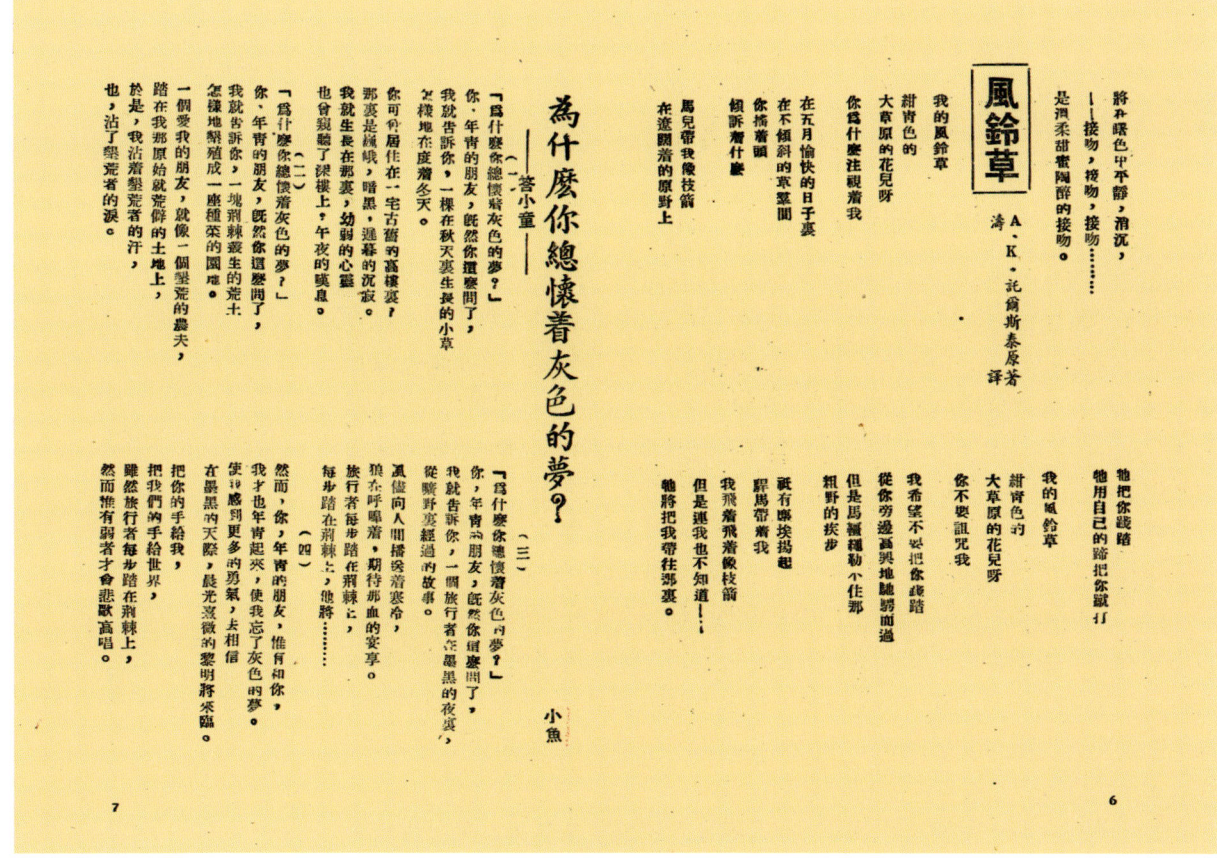

刊物内页

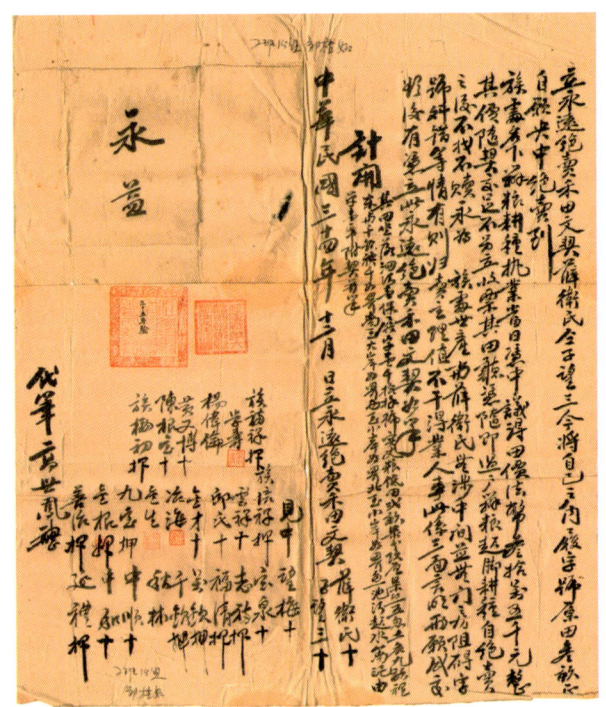
1945年12月土地契约（绝卖禾田文契）

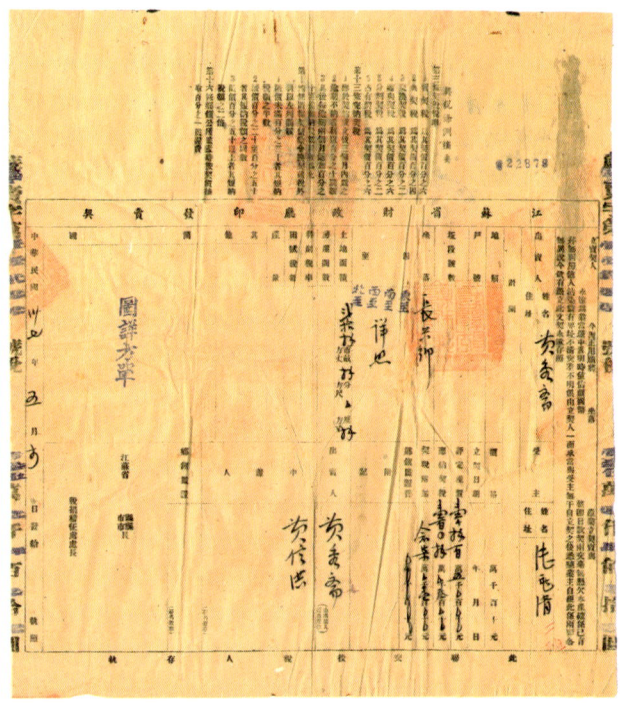
1948年土地买卖契约（公定契纸）

1945年、1948年土地契约

民国时期对土地契证的管理基本沿用了清政府的各项制度，结构、内容变化不大，形制较为稳定。

左上图所示档案为1945年产生的一份经官验的民写地契。契文通常是出卖方出让权利的承诺书。此卖契为毛笔手写文书，主要表述了该契约性质（永远绝卖）、卖方姓名、田产基本状况、约定价格、卖方所作承诺、立契时间及契末称谓等。契文中有县政府朱文印。

契税是百姓的不动产所有权发生转移时，将契约呈交政府验明盖印，取得法律保障而向政府缴纳的税款。民国时期的契税条例几经修订。根据1940年12月18日国民政府公布施行的《契税条例》的规定，不动产之买卖、承典、交换、赠与、分割或因占有而取得所有权者，均应购用公定契纸，申报缴纳契税。契纸一般分为三联，由契税机关在接合处加盖印信。右上图所示档案即为公定契纸，规定格式，载明了出卖人、受主、土地面积、简图、评定产价、应缴契税等内容，此页为投税人存执的一联。

该组档案对于研究民国时期不动产制度及民间交易活动具有基础资料查考价值。

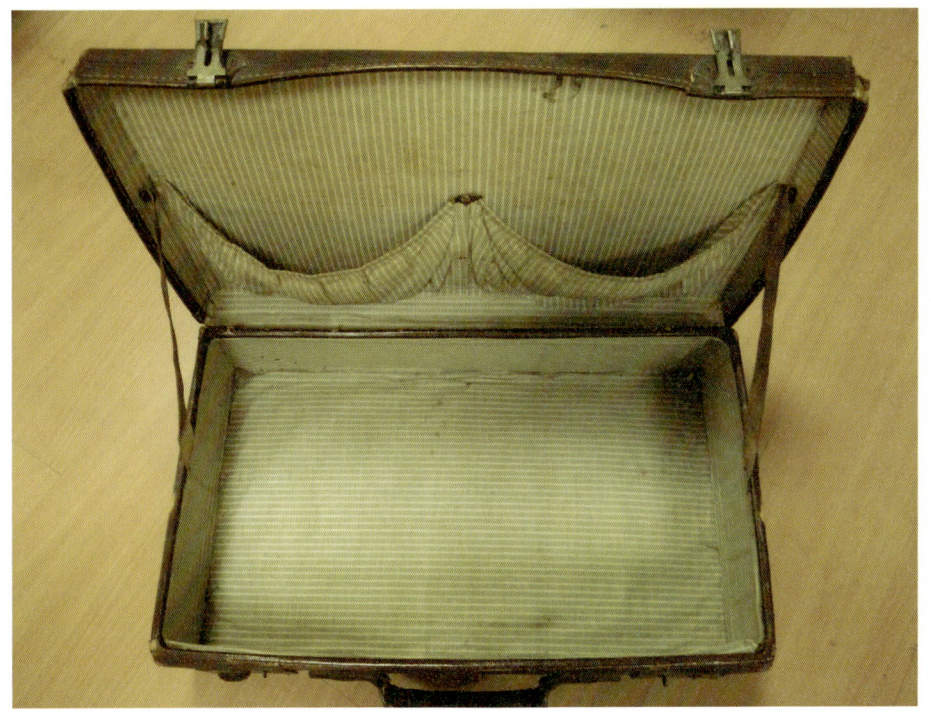

1946年邓国军电台存放收发报机用的皮箱

邓国军电台存放收发报机用的皮箱

1946年4月，邓国军、林影夫妇受组织委派来上海建立秘密电台为党中央提供情报，电台设在贝勒路(今黄陂南路)148号3楼。邓国军任报务员，林影任译电员。每天通报时间为0点至5点，直接与延安中央电台联系。次年春，国共谈判破裂，邓国军、林影夫妇随中共代表团驻沪办事处撤回解放区。

该件档案为邓国军当时存放收发报机用的皮箱，1988年从邓国军处征集进馆。

中華民國三十五年七月 □民代表會成立留念

1946年上海市第二区区民代表会成立留念合影

上海市第二区区民代表会成立留影

1945年抗战胜利后，国民政府重建上海市政府，将全市分设30个区（一说法作31个区），以序数字依次排列。次年，因序数字不易记忆和区分，遂仿效原租界的警区重新以地名命名，其中第一区更名为黄浦区，第二区即为老闸区（中华人民共和国成立后并入黄浦区）。根据1946年1月通过的区公所组织规则，各区下设区民代表会，由本区各保之保民大会选举代表2人组成。代表任期为2年，具备审议区规约及区与区相互间之公约、议决区长交议及本区内公民建议事项、选举或罢免区长副区长、听取区公所报告及向区公所提出询问事项、听取其他有关本区重要兴革事项等职权。

该件档案为1946年上海市第二区区民代表会成立时代表合影留念。

1946年7月出版的上海明细地图（新旧路名对照）

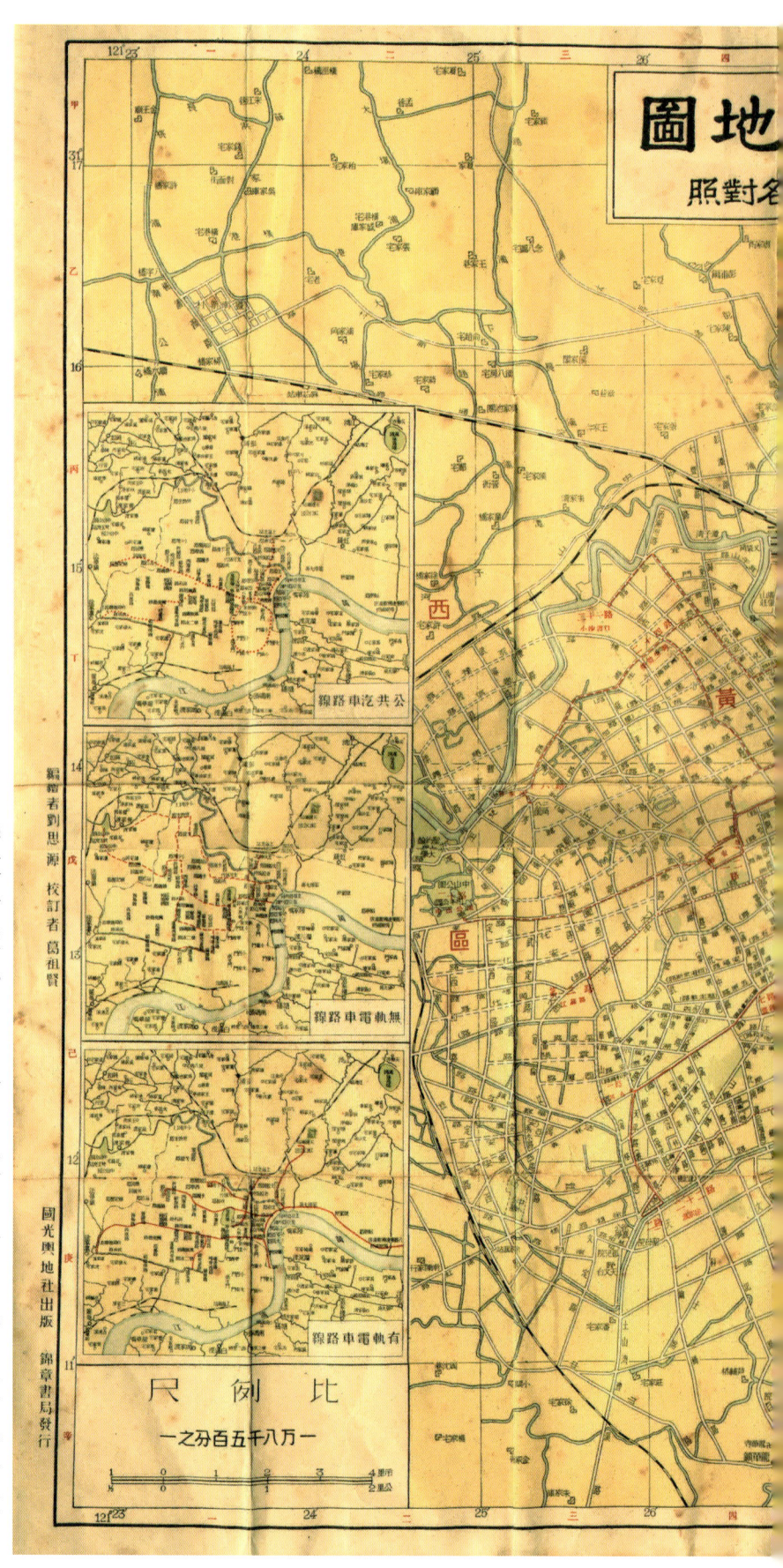

上海地图（新旧路名对照）

民国成立后，以孙中山为首的民国临时政府提出了"五族共和"等政治主张，这些政治主张在路名上充分体现。1929年，上海特别市政府决定在上海东北建设新市区。新市区与外界相连的主干道多用辛亥革命领袖名命名，如中山路、其美路、黄兴路等；东西向干道命名三民路、五权路，南北向干道命名世界路等，反映三民、五权、世界大同的政治主张。其他道路分别以"中、华、民、国、上、海、市、政、府"九个字为首的词组命名。1937年11月，日军攻陷上海后，曾一度改成具有浓厚殖民地色彩的地名。1943年10月，汪伪政府公布了对原公共租界、法租界和越界筑路区域240条路名的更名，大规模更改以西方国家人名等命名的道路，如戈登路改江宁路、哈同路改铜仁路、文监师路改塘沽路等。新的路名，多以中

1947年4月出版的上海明细地图（新旧路名对照）

国各级政区名命名。1945年11月和12月，上海市政府先后两次公布更改路名公告。基本上仍采用以中国各省地名命名的方法，同时又以"复兴""建国"等词组和"中正""林森"等国民党要人姓名命名一批道路。

该组档案的两份地图均为新旧路名对照版，可以阶段性反映上海路名的变迁情况。两份地图都附有上海黄浦区地名检查表及公共汽车、无轨电车、有轨电车线路图等，校订者均为葛祖贤。编绘者、发行机构略有不同，1946年7月出版的编绘者为刘思源，由国光舆地社出版、锦章书局发行；1947年4月出版的编绘者为刘天民，发行方为上海国光舆地社。

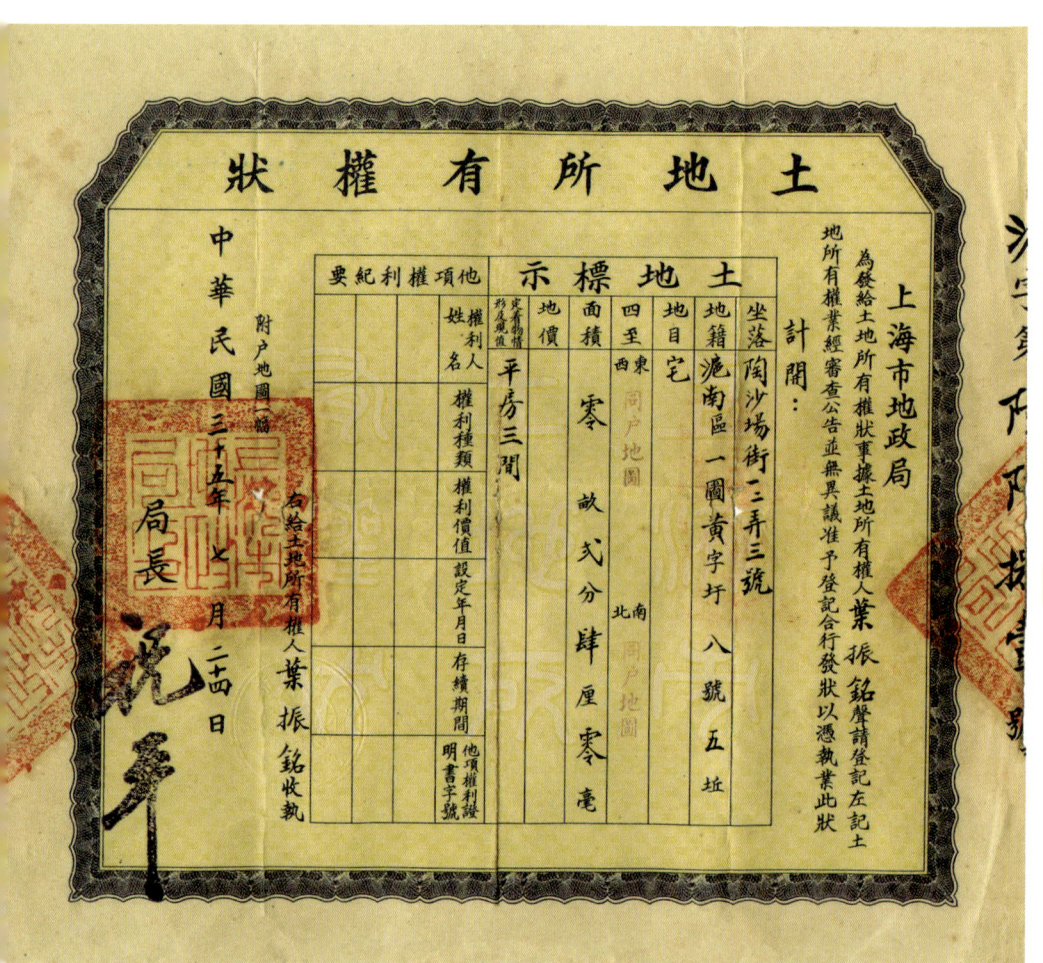

1946年7月24日上海市地政局颁发的土地所有权状（地址：沪南区陶沙场街一二弄三号）

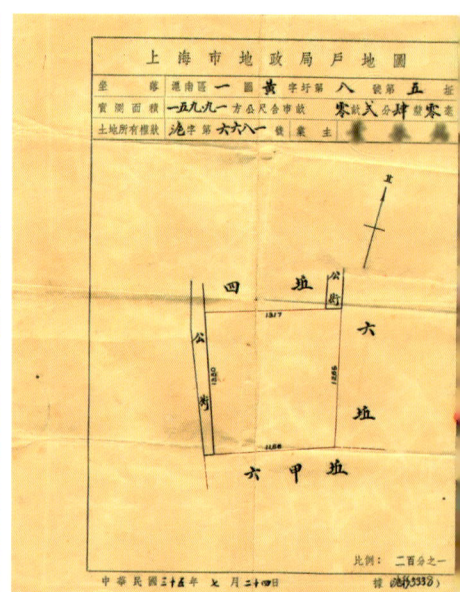

1946年7月24日上海市地政局颁发的沪南区陶沙场街一二弄三号户地图

民国时期土地所有权状及户地图

土地所有权状为民国政府发给土地所有人的土地所有权凭证。地籍整理完成地区，对在地政机关登记后的土地，发给土地所有权状。土地所有权状上一般载明：所有权人姓名，土地所在区段、面积、坐落、地号、地目、四至、地价、定着物情形及现值，收件年月日及号数，他项权利记要等。主管机关长官要在土地所有权状上签名，加盖官印。土地所有权状一般附有户地图。抗战胜利后，国民政府上海市政府根据行政院《收复区土地权利清理办法》和《上海市土地登记施行细则》，规定敌伪组织对于公私土地所为之处分及其所发土地权利证书一律无效，同时在黄浦、闸北、引翔、沪南、法华、漕泾、塘桥和洋泾8区开办土地所有权登记和公地嘱托登记。

户地图亦称"分户地籍图"，用以表示分户土地的座落、方位、面积、地名、四邻关系以及地上附属物与权属人名称等。图中标明测图比例尺及土地边长，常用于房屋产权证和土地使用权证的附图。

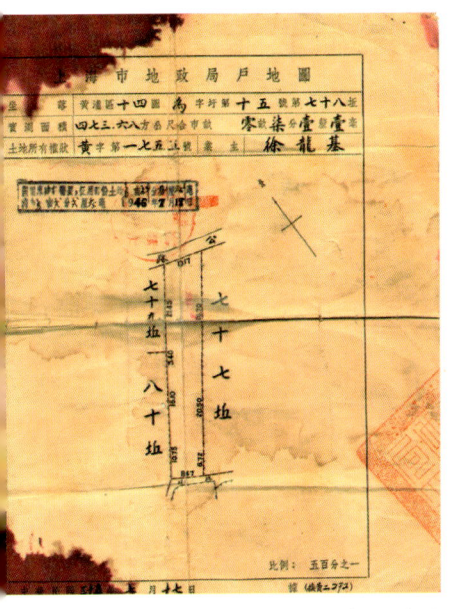

1946年7月17日上海市地政局须发的户地图（黄浦区十四图为字圩第十五号第七十八坵）

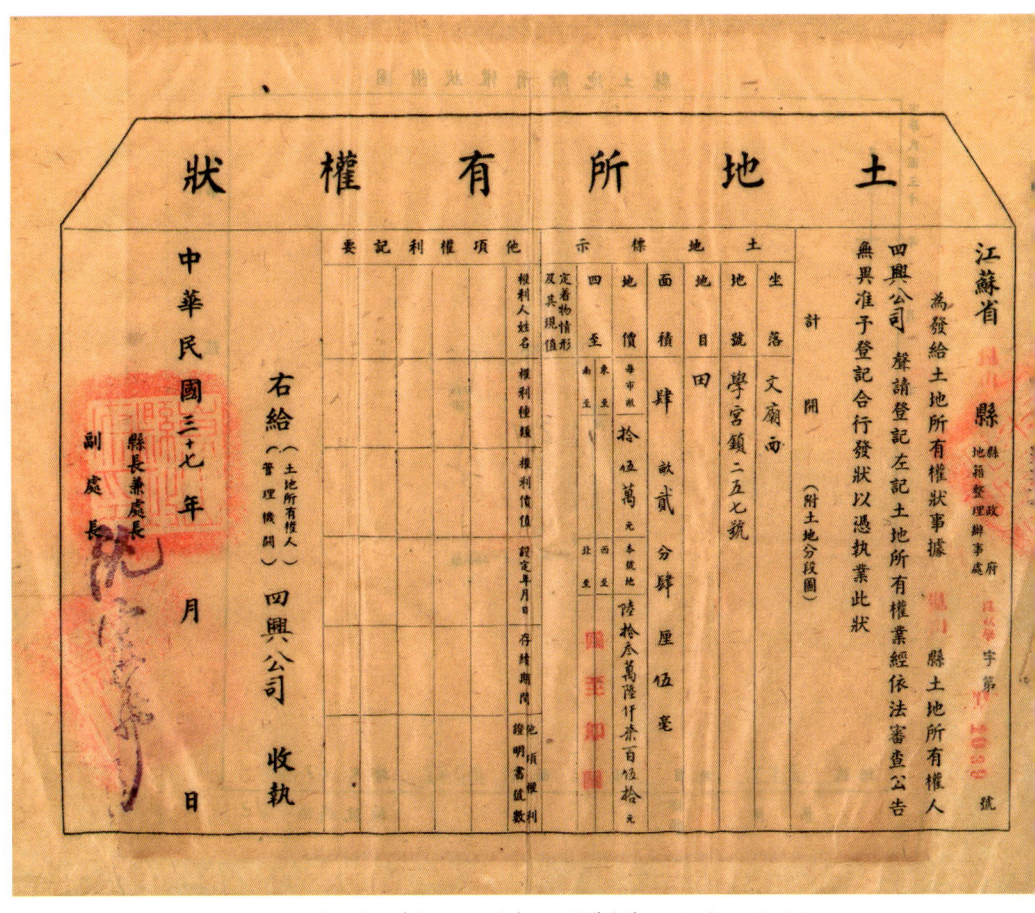

1948年土地所有权状（江苏省昆山县学宫镇二五七号四兴公司）

该组档案中前两副图为一套完整的土地所有权状，编号为沪字第六六八一号，由上海市地政局于1946年7月24日颁出，土地所有权人为叶振铭，户地坐落于陶沙场街一二弄三号，地籍为沪南区一图黄字圩八号五坵，地目为"宅"，面积为零亩贰分肆厘零毫，定着物为平房三间，土地所有权状由时任地政局局长签名，并加盖公章。所附户地图载有户地示意图，标明了户地四至。

本页左图所示户地图颁发于1946年，户地位于黄浦区，户地图标明了户地坐落位置、实测面积、土地所有权状、户主、户地示意图、日期及户地图编号。示意图比例与沪南区户地图略有不同。右图所有权状颁发于1948年，由江苏省昆山县政府地籍整理办事处颁出，有官员签字及官印。土地所有权人为四兴公司，坐落于文庙西，地号为学宫镇二五七号，地目为"田"，面积为肆亩贰分肆厘伍毫。

109

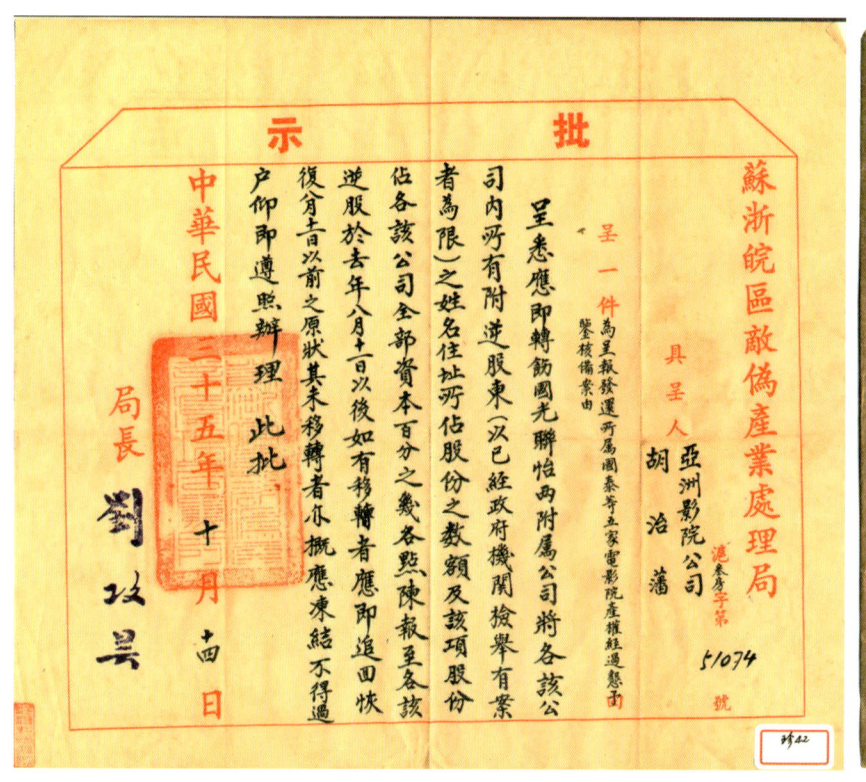
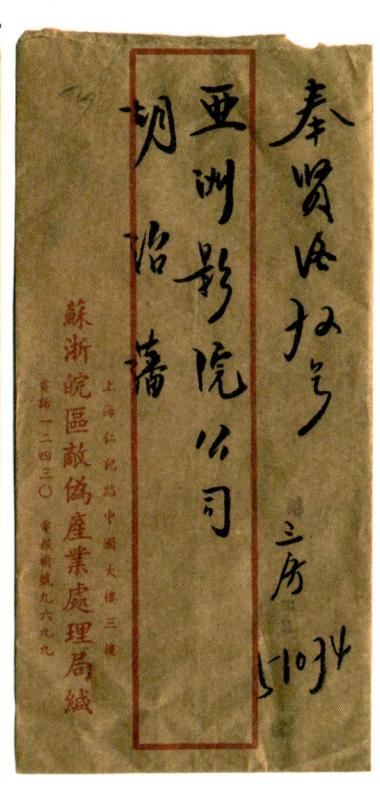

苏浙皖区敌伪产业处理局关于亚洲影院公司有关附属公司股份转移问题的批示　　苏浙皖区敌伪产业处理局关于亚洲影院公司有关附属公司股份转移问题的批示（信封）

苏浙皖区敌伪产业处理局批示

　　1945年日本宣布无条件投降后，国民政府迅速接收全国各大城市。其行政院曾明令颁布《收复区敌伪产业处理办法》，规定以全国性事业委员会为接收、处理产业的中心机关，并在重要区域设敌伪产业处理局，办理各区包括德侨产业在内的敌伪产业处理事宜。10月，上海区处理敌伪产业审议委员会（1946年奉令扩充为"苏浙皖区处理敌伪产业审议委员会"）和上海区敌伪产业处理局（1946年亦扩充处理范围，改称"苏浙皖区敌伪产业处理局"）成立。1947年1月，苏浙皖区敌伪产业处理局合并于中央信托局。

　　该件档案为1946年10月，苏浙皖区敌伪产业处理局关于亚洲影院公司需陈报其附属公司附逆股东情况且追回恢复已移转股份、冻结未移转部分的批示。亚洲影院公司于1941年由国光公司（下属大光明大戏院、国泰大戏院）与联怡公司（下属南京大戏院、大上海大戏院、丽都大戏院）联营而成。1942年该公司一度被日军管制。

《电影先驱报》英文版内页　　　　　　　　《电影先驱报》英文版封面

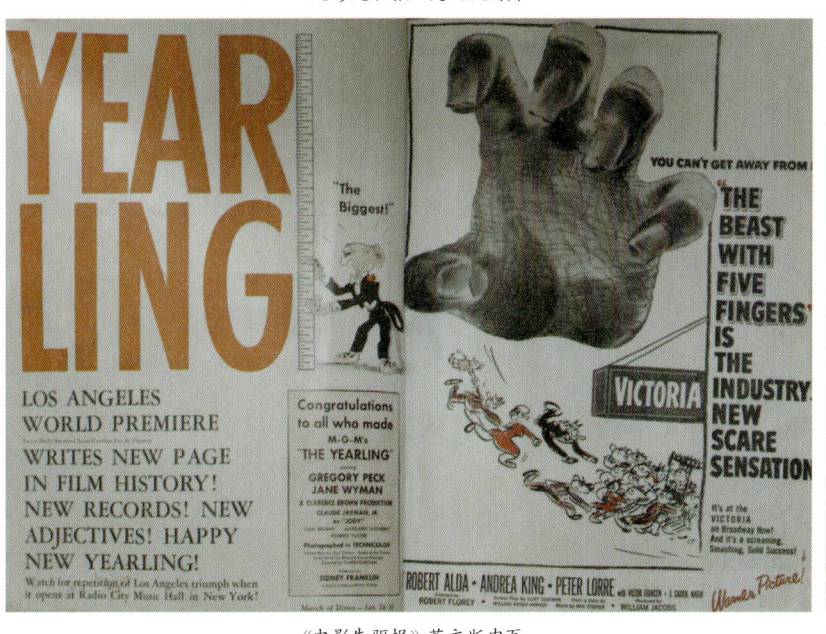 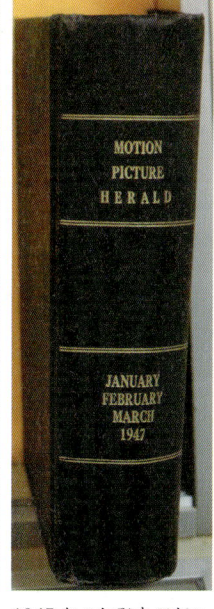

《电影先驱报》英文版内页　　　　1947年《电影先驱报》1~3月合订本背脊

《电影先驱报》合订本

《电影先驱报》(*Motion Picture Herald*)由美国电影协会的电影制作和发行人马丁·奎格利(Martin Quigley)出版发行，为美国电影界的专业刊物，在业界极具影响力。

该件档案为1947年1~3月的《电影先驱报》合订本，对于研究当时电影业的发展具有一定参考价值。

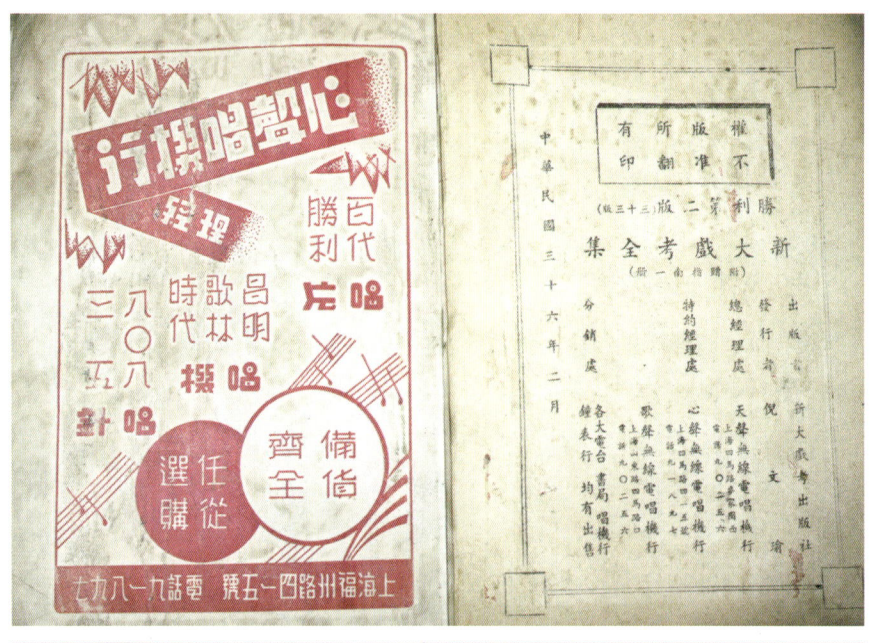

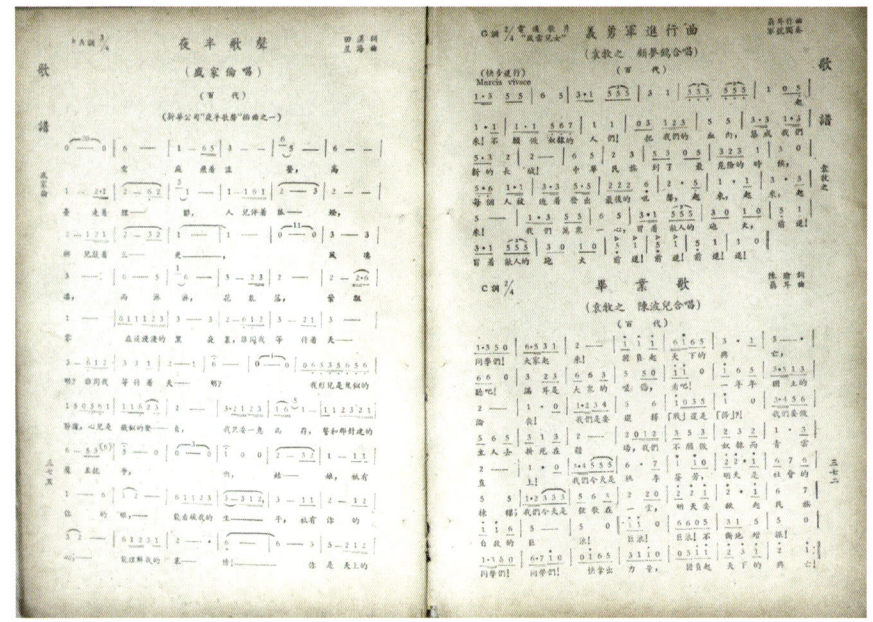

《新大戏考指南》内页（含《义勇军进行曲》）

1947 年版《新大戏考指南》

唱片目录的结集是伴随着上海音乐工业的发展而产生的。最初还只是薄薄的小册子，1926 年起唱词被印了出来。1928 年前后，上海开始对业已灌录的戏曲录音进行系统的文字整理，这项工作始于百代唱片公司。1929 年 11 月，《唱片剧词汇编目录》编辑出版。1931 年，《唱片剧词汇编目录》以《大戏考》之名重新出版，后来作为戏曲手册不断再版，直至民国末年。"大戏考"原意即"戏曲考证"，其含义后来得到扩展，为迎合时代精神，目录发展成年轻人的唱歌指南，流行和爱国电影歌曲均被收录。

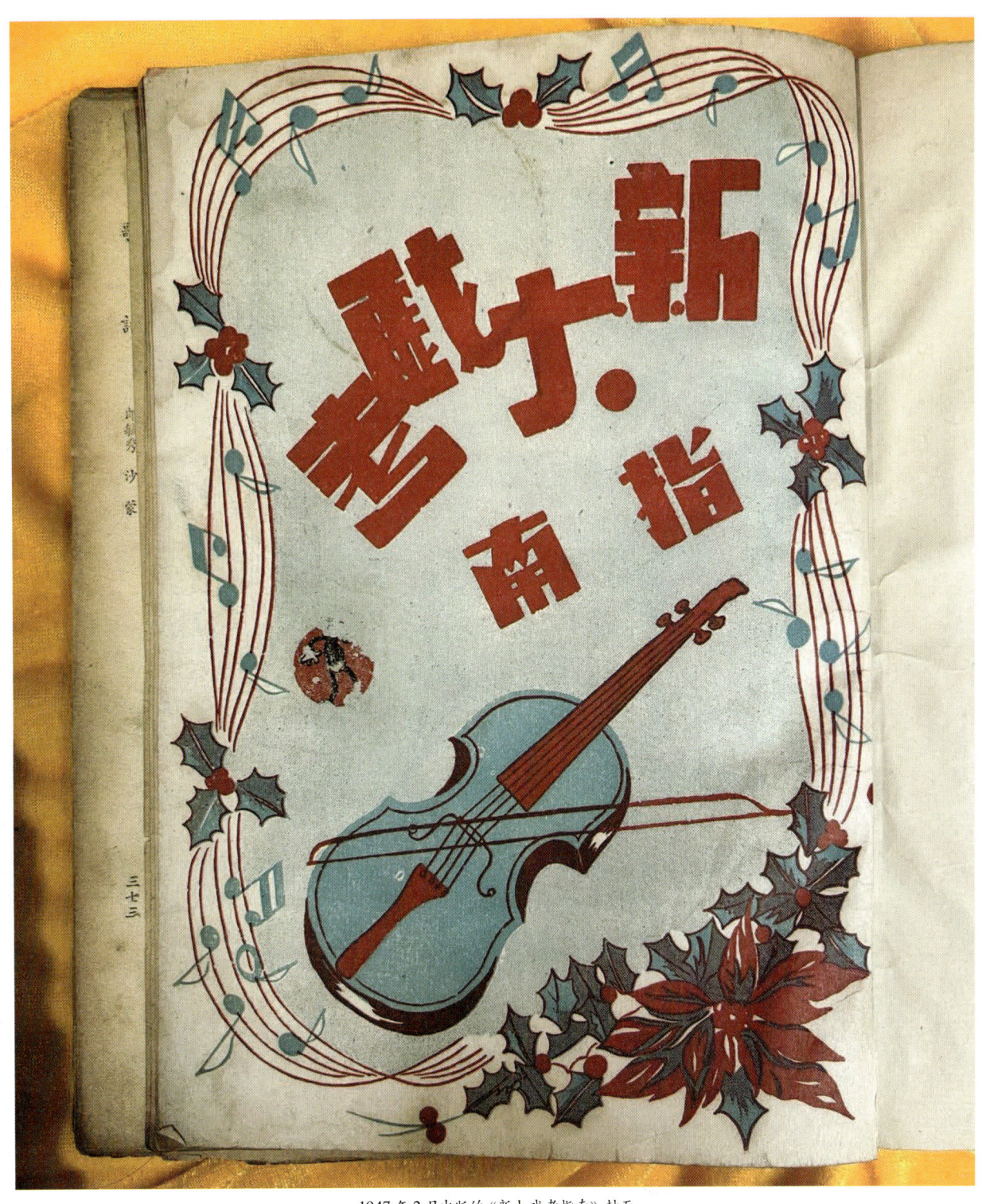

1947年2月出版的《新大戏考指南》封面

  该件档案为1947年出版的《新大戏考指南》，内附插图，既包含中华民国国歌，也包含爱国电影歌曲如聂耳创作的《义勇军进行曲》，同时还有流行歌曲如周璇演唱的《玫瑰玫瑰我爱你》《何日君再来》等，将不同爱好者群体中流传的音乐集中在一起，对了解当时社会的流行文化具有一定参考价值。

上海市沪南区救火联合会首届理监事合影（一排居中者为杜月笙）

上海市沪南区救火联合会老照片

民国时期，上海救火联合会扩充、重组了组织，具有明文章程，选举产生领导层，活动和财务的内容通过报告册向社会公开，制度完备。利用民间资金购置近代消防设备，顺应了城市快速近代化的形势。1928年11月1日，上海救火联合会遵奉上海特别市政府训令，改为上海特别市沪南区救火联合会。会所设于中华路旧小南门，分设东、南、西、北四个救火区，规定地段实施工作。1947年5月11日，沪南区救火联合会选举姚慕莲、姚鑫之、黄金荣、毛子坚、奚玉书、夏国梁为常务理事，杜月笙为理事长。在旧中国历史上，上海华界的消防成为民间力量承担公领域事务的最为成功的案例之一。

该组档案为两张老照片，均摄于1947年，分别为沪南区救火联合会首届理监事合影、沪南区东区救火会全体职会员于重建会所落成后留影，为研究上海华界消防的发展提供了一定的史实依据。

員於重建會所落成後留影 三六年十月七日

上海市沪南区东区救火会全体职会员于重建会所落成后留影

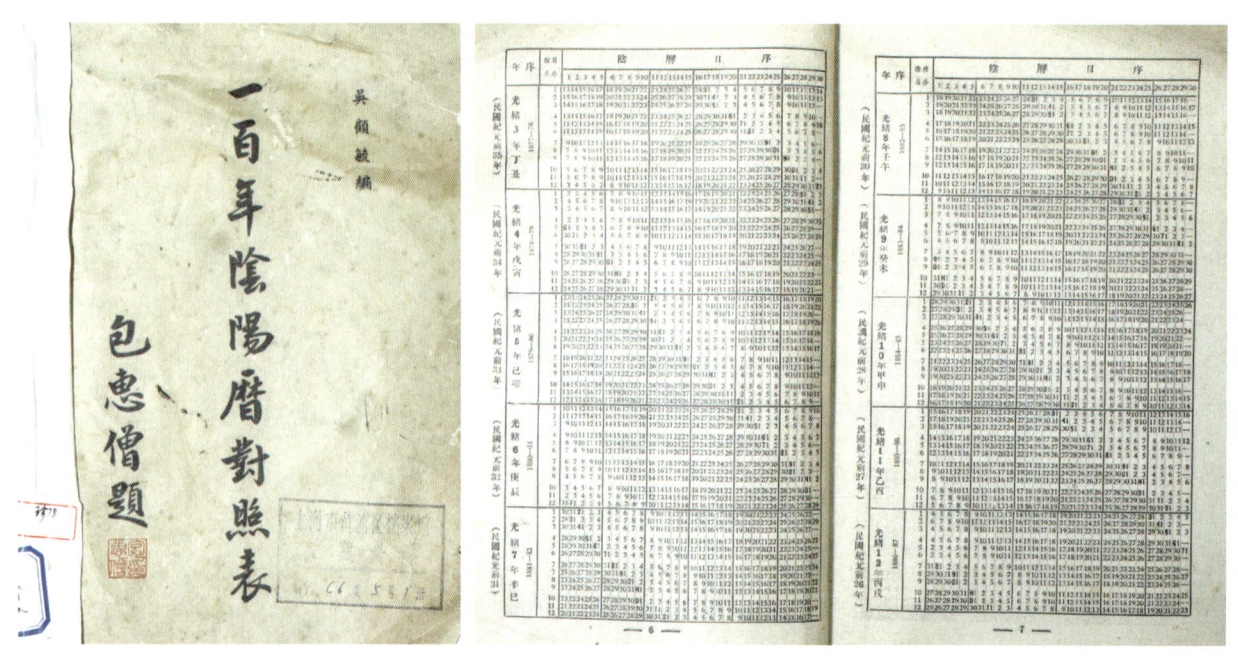

1947年8月版《一百年阴阳历对照表》封面及内页

《一百年阴阳历对照表》

《一百年阴阳历对照表》由吴顾毓所编。本表自清同治元年（1862）（壬戌）至1961年（辛丑）止，以阴历为主，横列年序、月序、日序。直列1—12即阴历的月份，纵横交叉处即为阳历的日期。本书还有出生年份对照表，与阴历元旦、除夕相应的阳历日期（附注阳历元旦、除夕相应的阴历日期）等。

本馆所藏为1947年8月初版《一百年阴阳历对照表》，由南京中华印书馆（南京洪武路209号）出版，书名由包惠僧题写。

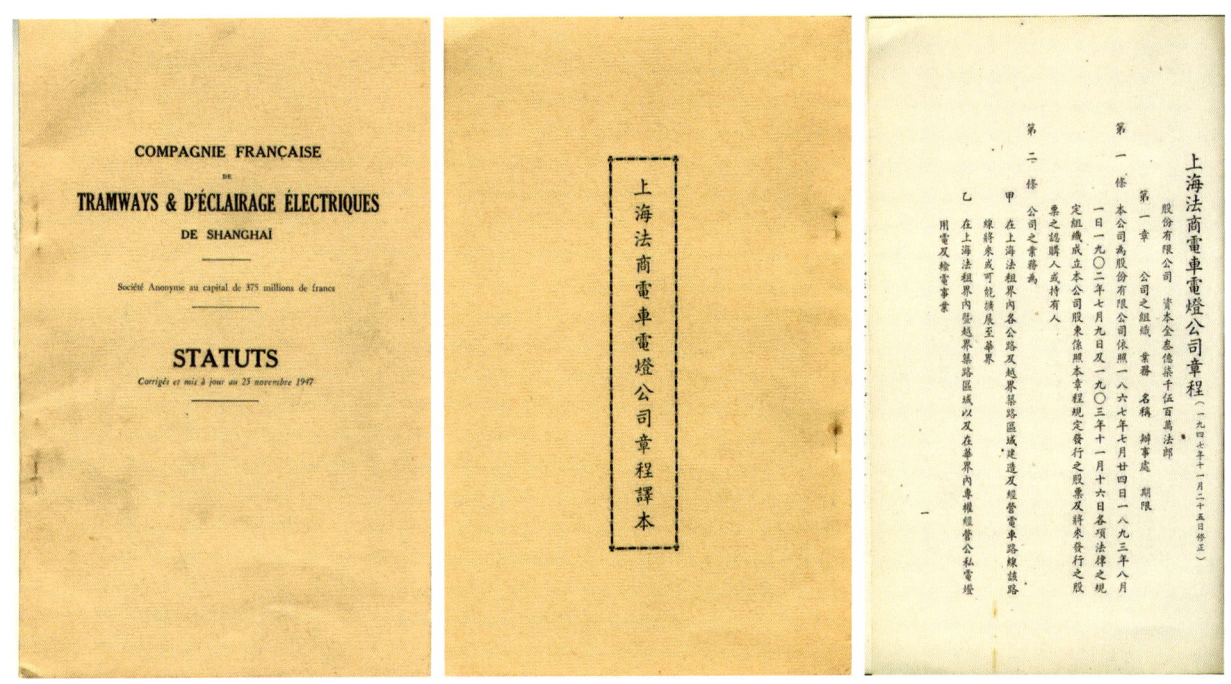

1947年11月25日修正的上海法商电车电灯公司章程（封面）

1947年11月25日修正的上海法商电车电灯公司章程中文译本（封面及内页）

上海法商电车电灯公司章程

　　上海法商电车电灯公司（简称"法电"）筹办于清光绪三十一年（1905）。次年五月初五，以25万法郎从比商东方万国公司转让到在法租界经营电车电灯、电力运送事业的专营权。7月，在法国巴黎登记。10月，开始在法租界内架线铺轨，建设电车工程。光绪三十二年11月17日，法电以22.5万法郎向法租界公董局购买洋泾浜电气厂及设备。光绪三十三年11月28日电车铺轨告竣，停车场、修理厂于卢家湾建成。次年4月，有轨电车开始行驶。同月，法电又获办理给水专营权。1925年12月，取得无轨电车与公共汽车专营权。次年，无轨电车运营，再一年公共汽车运营。法商电车电灯公司一度发展为法租界最大的公用事业企业。1941年太平洋战争后，日军对该公司未予接管，但加以控制，部分物资车辆被劫走，轨道被拆，有些路线停驶。抗战胜利后，公司虽有发展，但无太大改观。1953年11月上海市人民政府将该公司收归公营，成立沪南水电交通公司。1955年3月，沪南水电交通公司撤销，内部按电力、自来水、交通三个部分分别予以归并。

　　该组档案为上海法商电车电灯公司于1947年修正的公司章程，有外文版和中文版两个版本。章程显示，公司资本金达叁亿柒仟伍佰万法郎，较其成立时资本总额仅有300万法郎，40年间增加资本达100多倍，除去法郎贬值因素外，可以看出其资本扩张是极为迅速的。该组档案对于研究上海法商电车电灯公司的发展提供了一定的史实佐证。

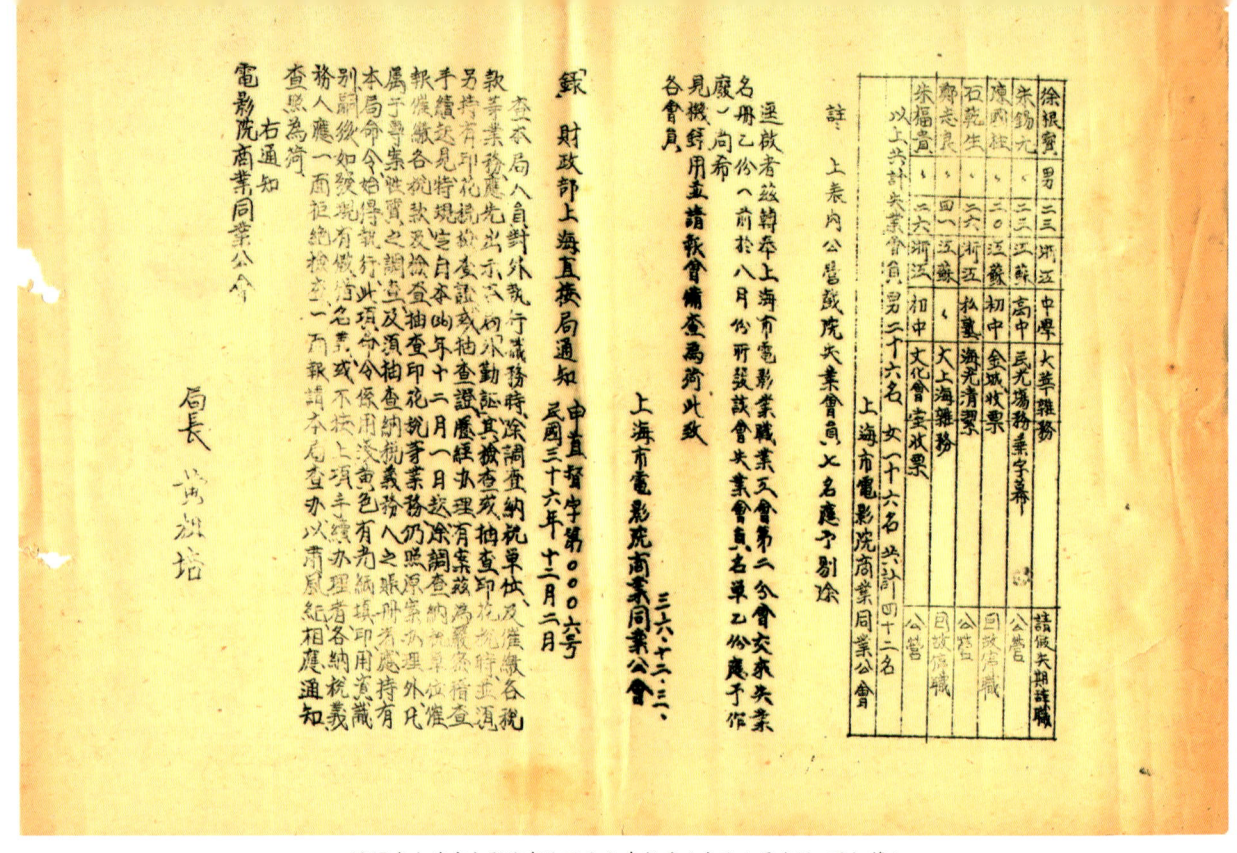

1947年上海市电影院商业同业公会档案（失业人员名册、通知等）

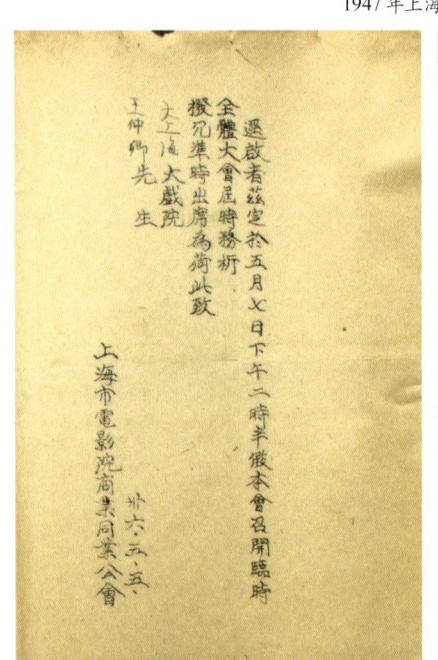
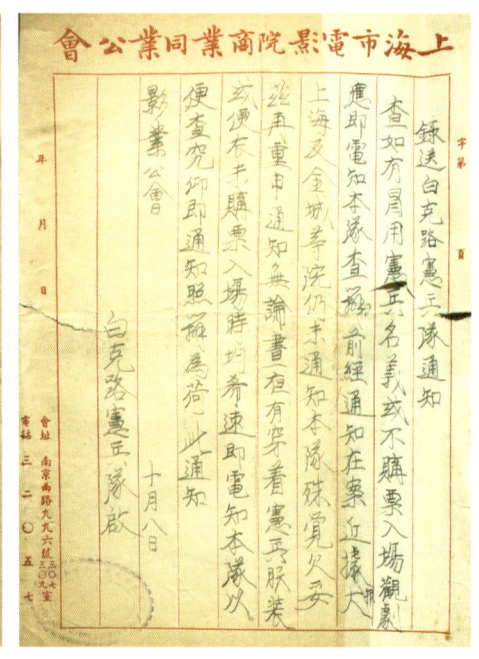

1947年上海市电影院商业同业公会档案（录送白克路上海宪兵队通知）

上海市电影院商业同业公会档案

　　影院云集的上海，影院同业公会的成立却相对较晚，直到 1946 年初，上海影业才开始着手筹建。根据国民政府上海市社会局的批文，李迪云、梁其田、匡尘莹、史廷磐、史宝康被推选为筹备委员，5 人均为当时上海多年从事影院经营的资深人士或行业翘楚，对上海影院业的发展经营情况颇为熟稔。影院业组织的名称，最初拟定为"上海市电影院协会"，后改为"上海市电影院商业同业公会"。会址定于南京西路 996 号。在完成各项筹备工作并呈请社

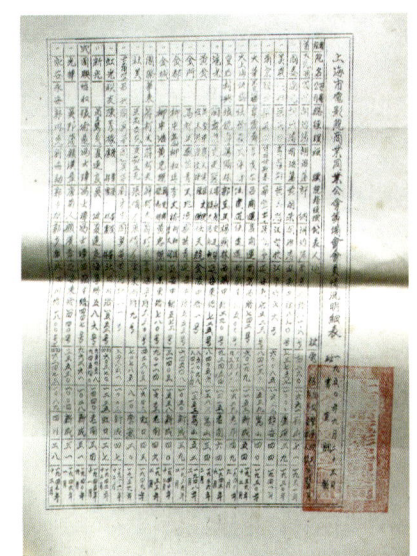

1950年上海市电影院商业同业公会档案（会员情况明细表）

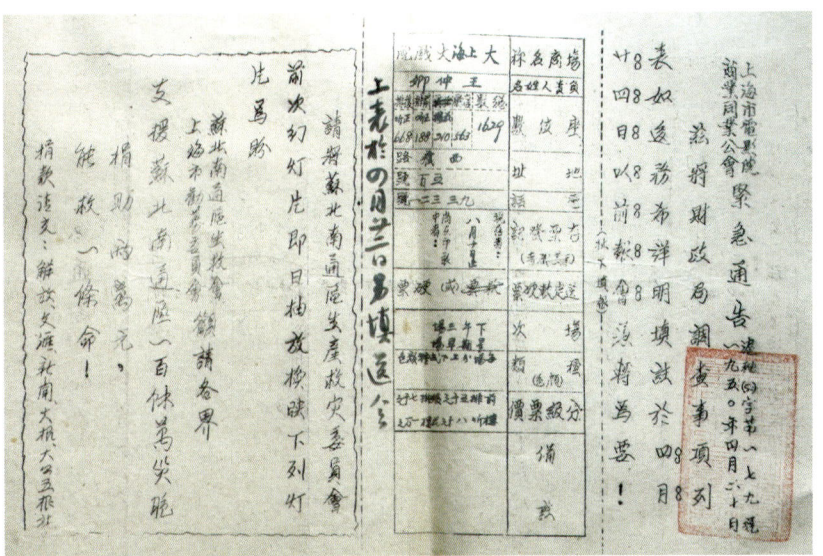

1950年上海市电影院商业同业公会档案（1950年4月20日紧急通告）

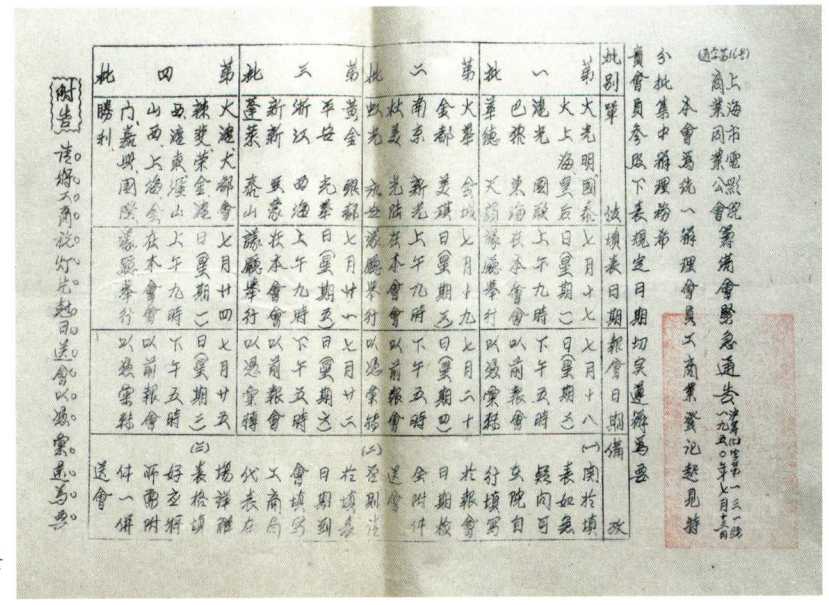

1950年上海市电影院商业同业公会筹备会紧急通告

会局核准登记后，3月17日召开大会，在社会局代表的监督下无记名投票选举出理监事及候补理监事，随后宣告上海市电影院商业同业公会成立。从公会成立到中华人民共和国成立前，上海市电影院同业公会不断完善组织结构和内部治理机制，逐步从经济、政治、社会文化及公益活动等方面展开会务活动，发挥着中间组织的桥梁作用。1949年后，社会制度发生深层变革，上海市电影院商业同业公会除部分延续原有机构功能外，实行改组。1951年初影院公会完成改组，在新指导方针下展开工作。1956年后，影院公会的功能渐衰弱，直至取消。

该组档案为1947、1950年上海市电影院商业同业公会的通知、名册等，记录了上海市电影院商业同业公会运行及筹备改组期间的一些会务活动及会员情况，对于研究上海市电影院商业同行及业公会的发展具有一定参考价值。

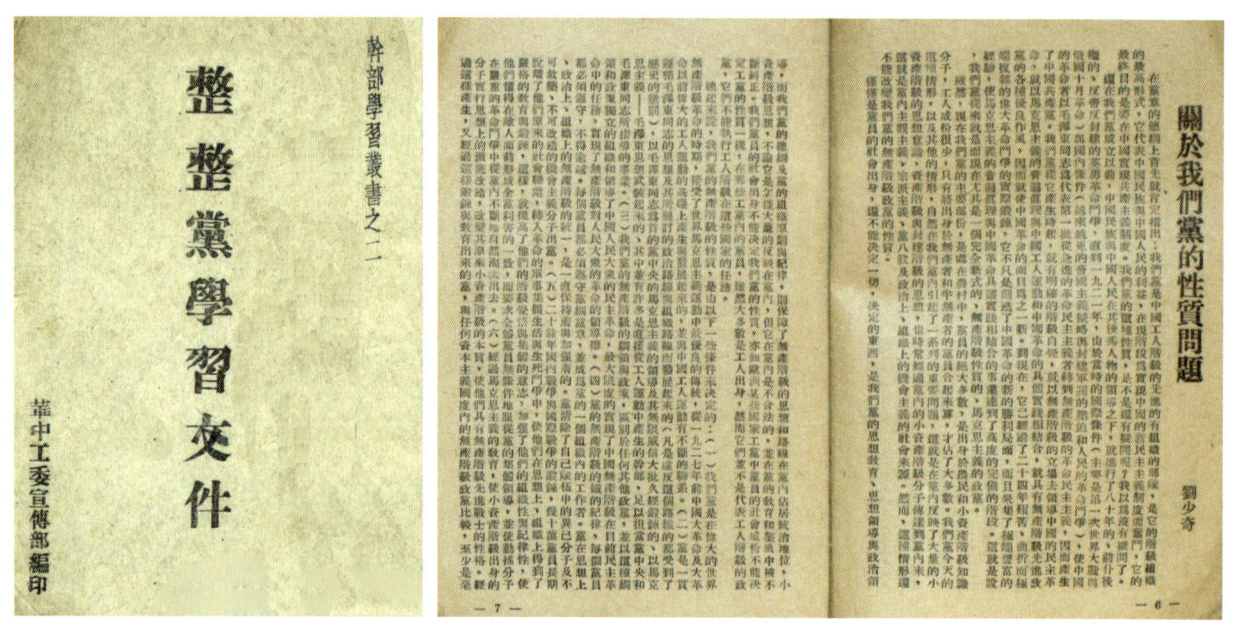

20世纪40年代末华中工委颁布的整党学习文件封面和内页

华中工委颁布的整党学习文件

  在解放战争由战略防御转入战略进攻的形势下，1947年11月10日，华中工委正式组建，属华东局领导，陈丕显任书记。工作机构设组织、宣传、民运、联络等部及财政经济委员会，1948年增设政策研究室。工委机关先后驻射阳、泰州等地。原隶属苏中、苏北区委的党组织随苏中、苏北区委的撤销而统归华中工委领导。11月24日，华中工委决定开办华中党校，培训县团以上党、政、军和群众团体干部，华中党校于1948年3月正式开学。同时开办华中公学，大规模训练知识青年和区、乡干部。结合平分土地，华中各级党组织还广泛开展整党。1947年12月28日，华中工委发出《关于继续开展反地主富农思想斗争彻底完成平分土地与整党任务的决定》，指出"整顿党的组织，是贯彻平分土地，贯彻土改的重要关键"。通过以"查阶级、查思想、查作风、查立场"为内容的整党，提高广大党员干部思想觉悟，纯洁革命队伍，壮大党的组织。经过淮海战役和京（宁）沪杭战役，江苏全境解放。1949年4月，经中共中央与华东局批准，江苏境内分别建立中共苏北区委和中共苏南区委，均属华东局领导，华中工委即行撤销。

  该件档案为华中工委整党学习的文件材料。其中载有刘少奇《关于我们党的性质问题》的论述，节选自1945年5月14日，刘少奇在中国共产党第七次全国代表大会上所作的关于修改党章的报告。此次报告第一次较充分地专门阐述了"关于我们党的性质问题"。

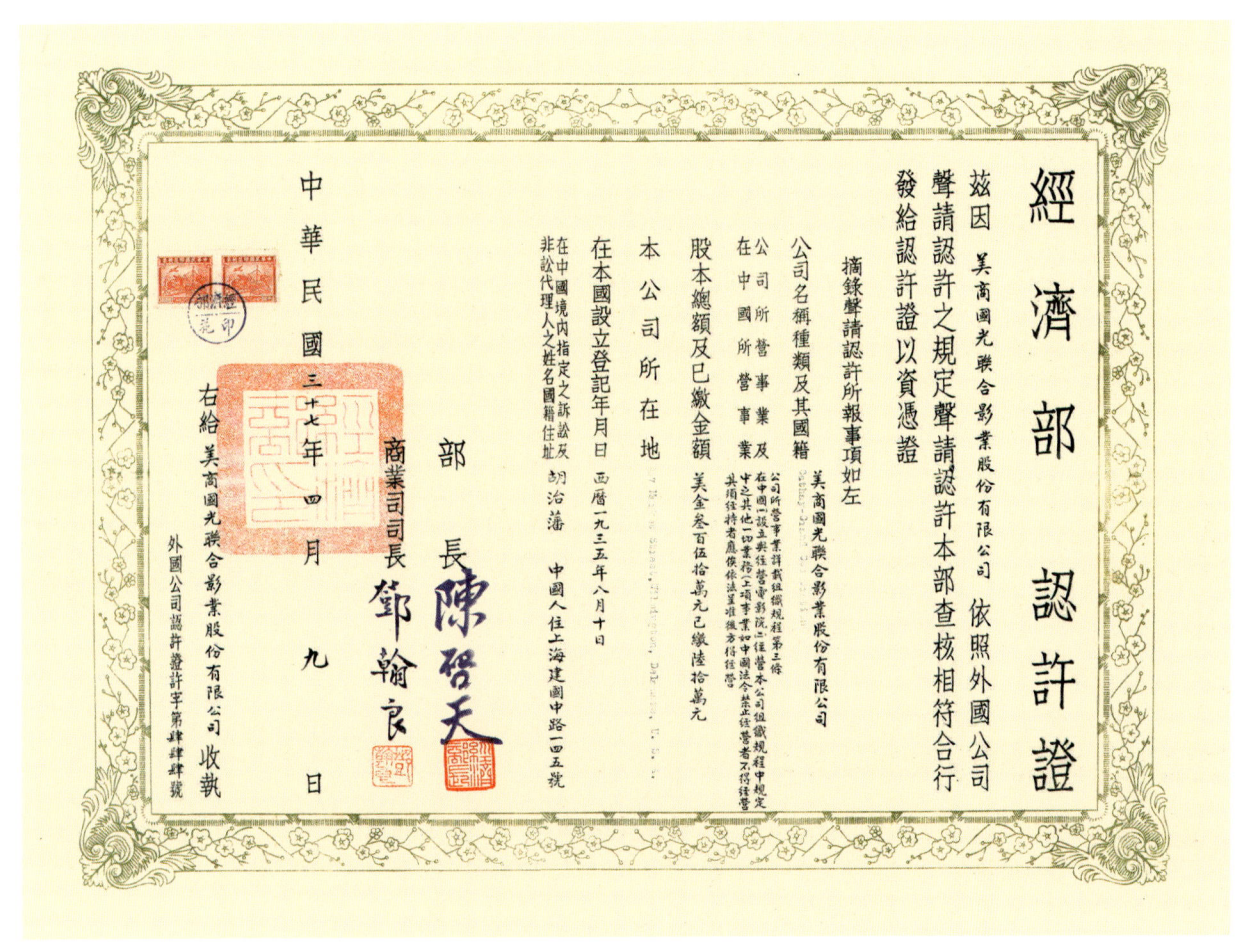

国民政府经济部颁发的美国国光联合影业股份有限公司认许证

美国国光联合影业股份有限公司认许证

1946年,国民政府对《公司法》进行了全面修订,吸收了英美法的一些规定。其中,对以营利为目的,依据外国法律或经外国政府特许组织登记的外国公司,规定在经过中国政府认许后方可在中国境内营业。认许是指由主管官署依照法定程序审查承认外国公司法人资格,并同意其在中国境内经营或设立分公司的法律制度。经认许后,还需进行登记,登记程序与国内公司相同。

该件档案为1948年由国民政府经济部颁发给国光联合有限公司(属美资)的认许证,其中载明公司名称种类及其国籍、经营范围、股本总额及已缴金额、公司地址、设立登记日期、在中国境内指定诉讼及非诉代理人姓名、国籍、住址、认许证编号等,并有时任经济部部长、商业司司长签章,加盖经济部公章。

中国纺织建设股份有限公司发行的股票

中国纺织建设股份有限公司股票

中国纺织建设股份有限公司最初为达丰染织厂,位于上海延平路,专营纺纱、织布。八一三事变后曾停工。复工后,由英商担任经理,改名"信昌染织厂",其间曾改名"中纺纱厂",后由日军接管,1944年5月发还,改组为"中国纺织建设股份有限公司"。

该件档案为发行于1948年9月的中国纺织建设股份有限公司股票。计金圆券伍佰元,股份伍股。内容上载明公司名称、设立登记日期、资本总额、股份总数、每股金额及股票编号,并有董事长、董事签章。对于研究中国纺织建设股份有限公司的发展变迁具有一定佐证价值。

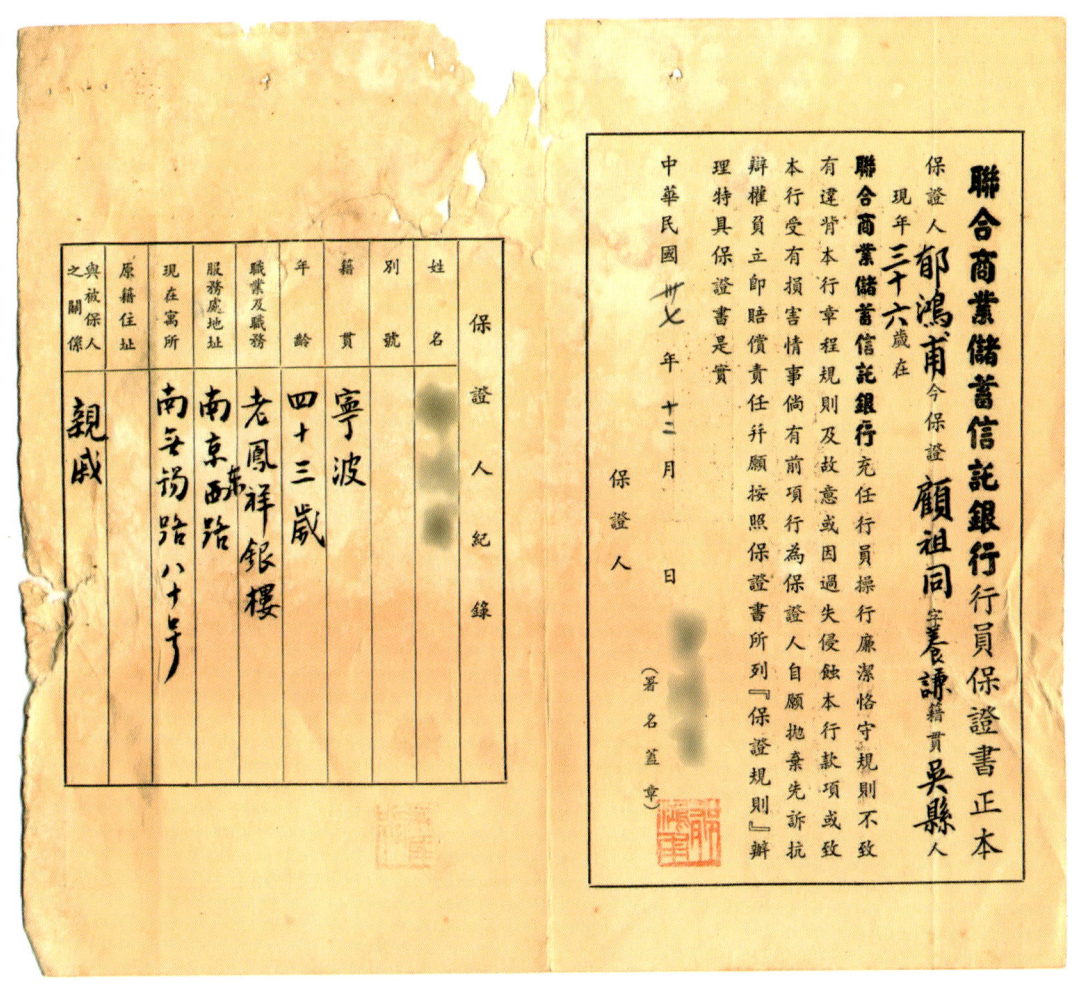

联合商业储蓄信托银行行员保证书

联合商业储蓄信托银行行员保证书

在四行储蓄会和四行信托部的基础上改组而成的联合商业储蓄信托银行简称"联合银行",成立于1948年8月1日总行设于上海。资本总额法币120亿元(当时已严重通货膨胀),均来自四行储蓄会历年盈余积累,"北四行"(盐业、金城、中南、大陆四大银行)对该行掌握支配权。原各地的储蓄会分会、信托部部分亦随之改为该行的分行。该行成立后不到20天,法币崩溃,国民政府实行币制改革,发行金圆券代替法币。不久,金圆券继续恶性膨胀,该行的正常银行业务难以开展,仅靠变卖一些外汇资金以应付日常开支。由于它的成立,久被人们通称的"北四行"改称为"北五行"。1951年9月,它与"北四行"一起组成"北五行"联合管理处,申请公私合营获得批准。1952年12月参加金融业全行业公私合营,与其他银行、钱庄一起组成统一的公私合营银行。

该件档案为联合商业储蓄信托银行行员保证书正本。页面左侧为保证人记录,载有保证人姓名、别号、籍贯、年龄、职业及职务、服务处地址、现在寓所、原籍住址及与被保人之关系等事项;右侧对保证事项作详细说明,载明保证书签署时间及保证人签章。

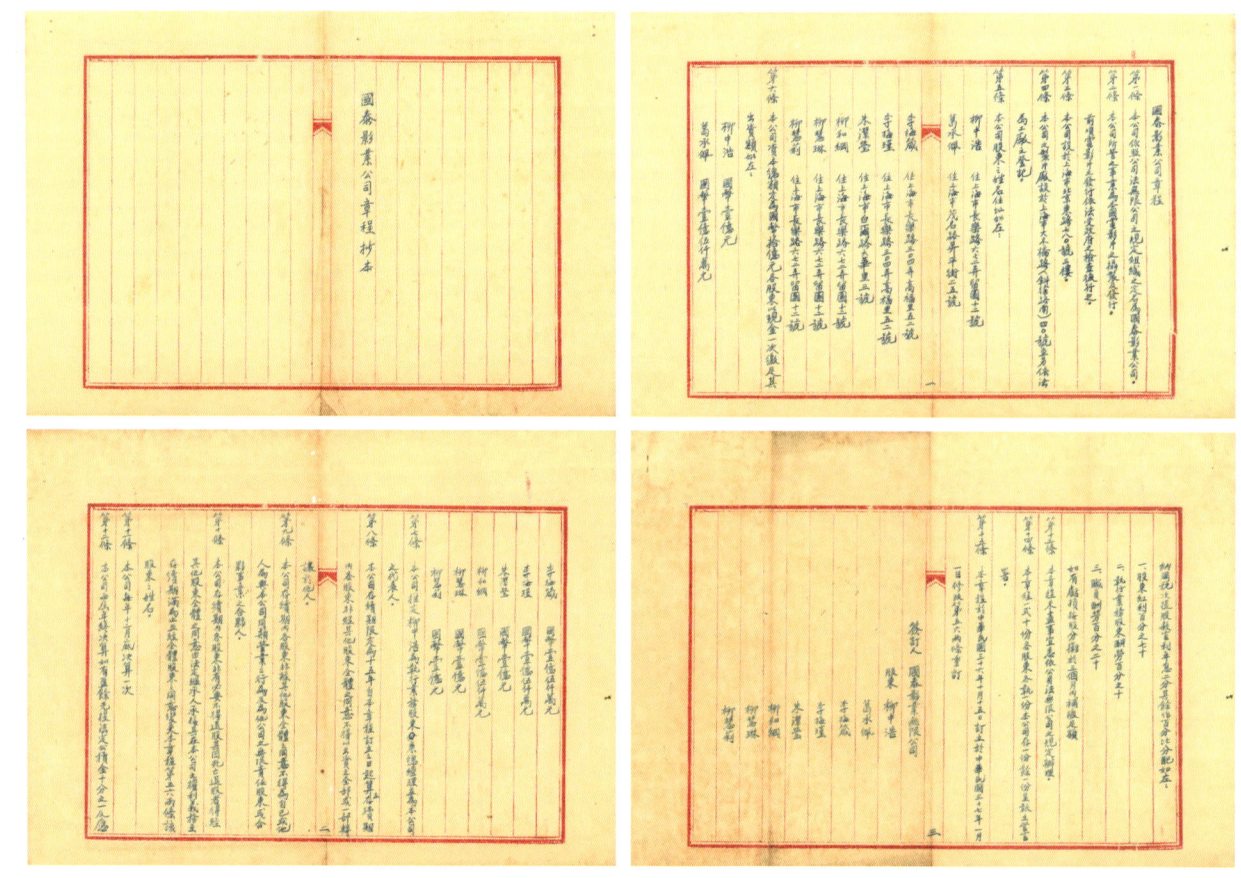

1940年代末国泰影业公司章程抄本

国泰影业公司章程抄本

国泰影业公司由柳中亮、柳中浩于1946年7月创办，是解放战争时期一家较有规模的民营公司。柳中亮任董事长，柳中浩任总经理。田汉、于伶、洪深等均参加编写剧本。1948年1月，柳氏兄弟把资本分拆，国泰公司由柳中浩继续经营。公司摄制了《民族的火花》《无名氏》《忆江南》《裙带风》《残冬》《粉红色的炸弹》《月黑风高》等影片30部。1949年后继续拍摄《红楼二尤》等8部影片。1952年1月并入国营性质的上海联合电影制片厂。

该件档案为国泰影业公司章程，章程中载明了公司性质（无限公司）、公司地址（北京东路780号三楼）、制片厂地址（大木桥路40号）、股东组成、公司运营等事项。此时柳中亮已退出股东行列。该档案对研究国泰影业公司的历史沿革具有一定佐证价值。

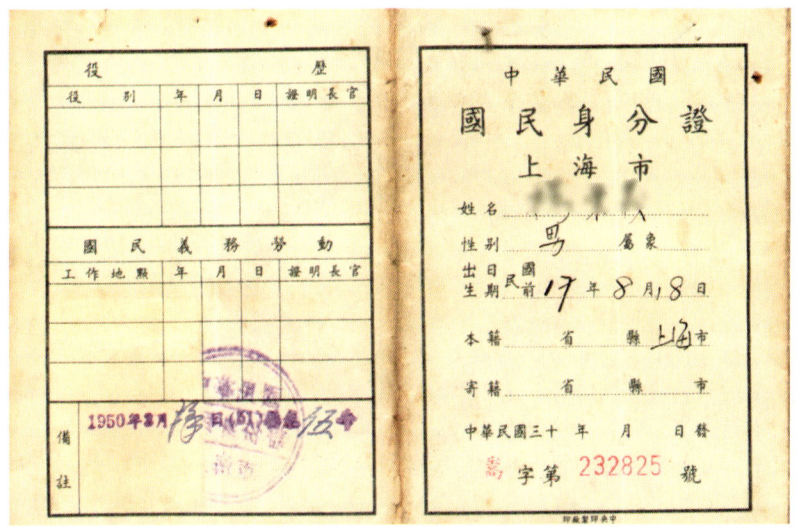

1948年国民政府颁发的中华民国国民身份证（外页）

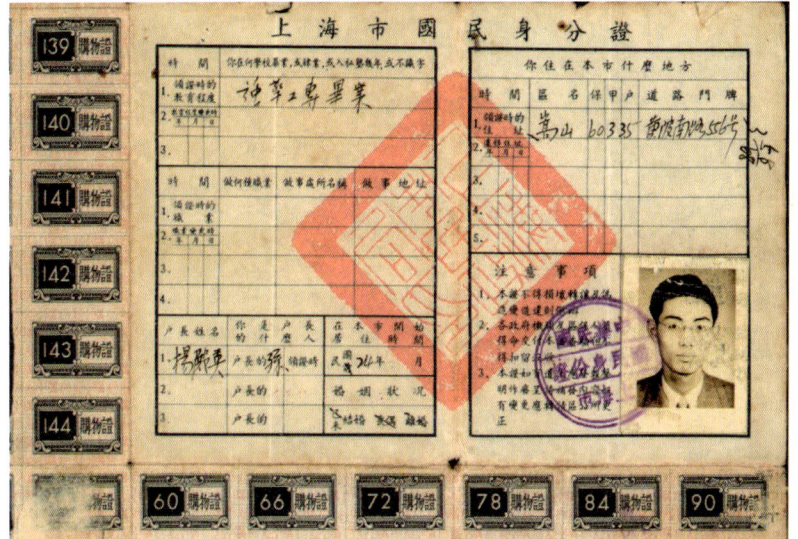

1948年国民政府颁发的中华民国国民身份证（内页）

中华民国国民身份证

1946年，国民政府向年满14岁的市民颁发"国民身份证"。1948年11月，为了挽救摇摇欲坠的政权、已经崩溃的经济以稳定民心，国民政府颁发新的《中华民国国民身份证》，随证附印144枚购物证。"国民身份证"正面印有姓名、性别、属相、出生日期、本籍、寄籍、发证日期、编号及役历、国民义务劳动记录等。在"注意"项下注有"本证附有购物证144枚其使用方法由主管机关随时公告之市民应妥为保存不得涂改或转让"的字样。但形势发展很快，"国民身份证"上的144枚购物证尚未来得及使用，上海已告解放。中华人民共和国成立后，"国民身份证"被废止。

该件档案为居住于嵩山路一普通市民的身份证。封面内容包括证号、姓名、性别、出生日期、本籍、寄籍、发证时间等，加盖警务总监印章，下方印制了使用规则及注意事项；内页内容包括教育程度、职业情况、户口状况、居住地址、本人照片及注意事项等，并附有具有时代特点的144枚购物证；封底内容包括从役情况、义务劳动情况及备注栏。

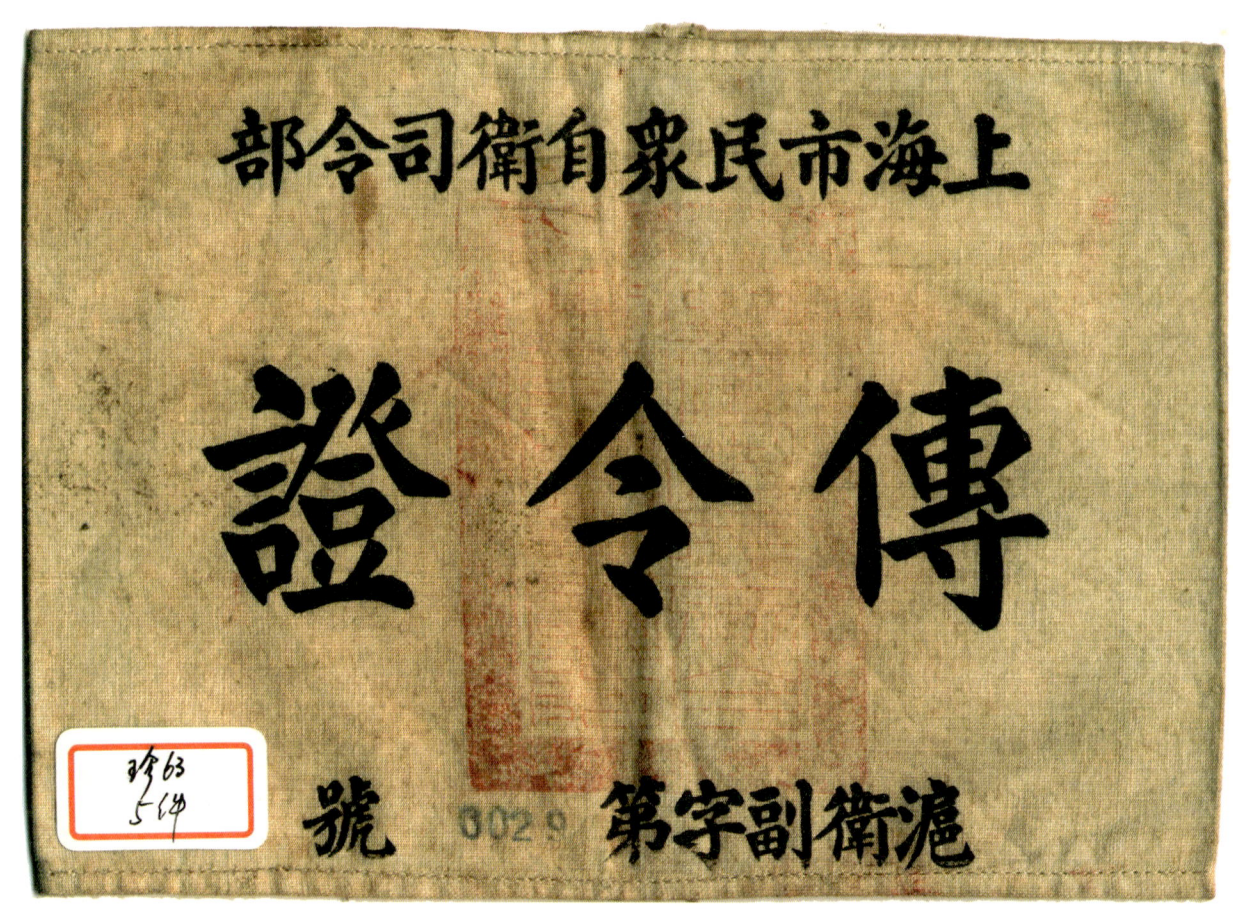

1948年上海市民众自卫司令部传令证

上海市民众自卫司令部传令证

　　1948年11月，国民政府国防部电令上海市政府，扩大全市民众自卫总队组织，改称"上海市民众自卫司令部"。

　　该件档案为上海市民众自卫司令部的传令证，为传送公文所专用，布料制品，除印有"上海市民众自卫司令部""传令证"字样外，还印制了传令证编号。

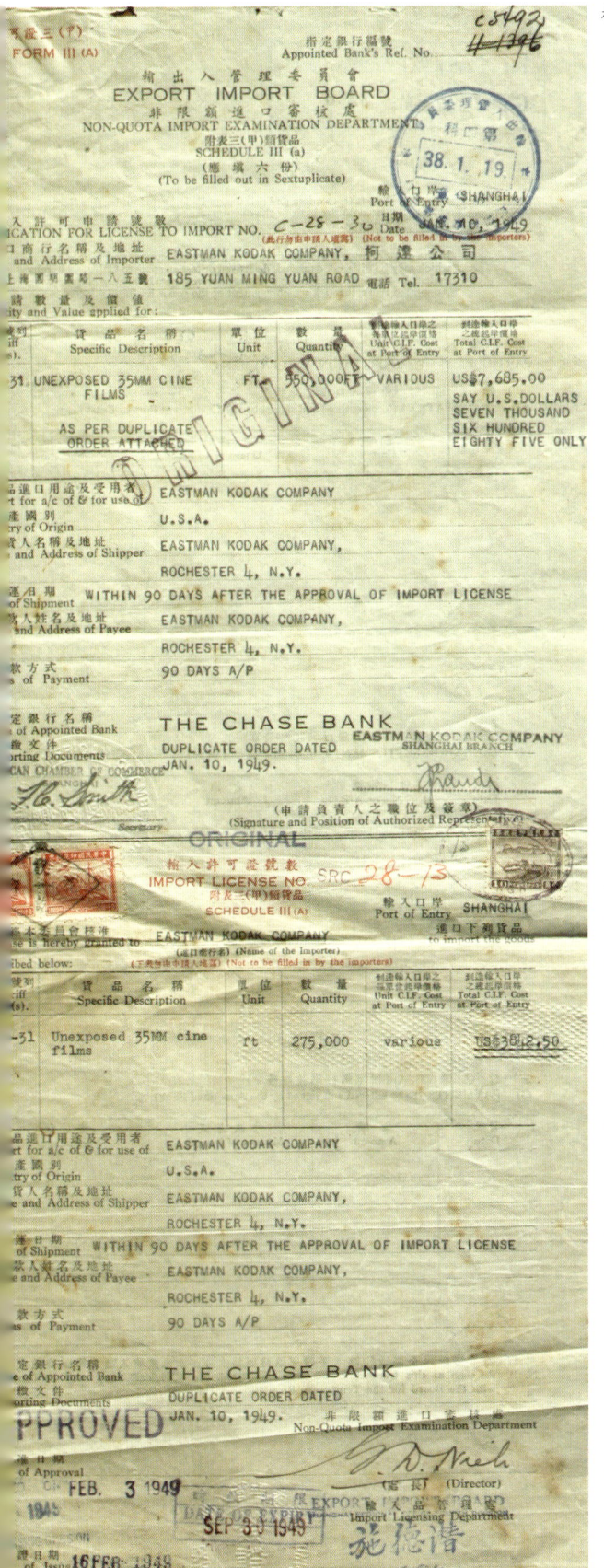

柯达公司的进出口申请许可证

柯达公司进出口申请许可证

  1945年抗战胜利后，国民政府废止了战时对外贸易统制政策，解除对进出口商品的管制，恢复私营对外贸易活动。但随着政治经济局势的恶化，从1946年11月开始，国民政府通过"许可证""进口限额"等制度加强对外贸易的控制。1947年8月，颁布了《新贸易及外汇管理办法》，将"输入临时委员会"和"输出推广委员会"合并为"输出入管理委员会"，全权管理贸易及外汇，负责对"进口许可证"及"进口限额"的分配；外汇审批、外汇限额的分配以及调整汇率促进出口等。但由于经济状况急速恶化，很多管理措施调整滞后，该委员会未能发挥预期作用。

  该件档案为1949年位于上海圆明圆路185号柯达公司的进出口申请许可证——附表三（甲）类货品。许可证为上下两联，标明了输入口岸（上海）、输入许可申请号数、进口商行名称及地址、申请数量及价值（货品名称、单位、数量、到达输入口岸每单位起岸价格、到达输入口岸之总起岸价格）、货品进口用途及受用者、生产国别、发货人名称及地址、起运日期、收款人姓名及地址、付款方式、指定银行名称、附缴文件等信息，上联有申请负责人签章，下联有"APPROVED"批准字样，并由输出入管理委员会非限类进口审核处处长签章。其中进口商行Eastman Kodak Company 即伊士曼柯达公司（简称"柯达公司"），其前身为乔治·伊士曼于1881年创立的"伊士曼干版公司"，总部位于美国纽约州罗切斯特市。1927年，柯达公司在上海设立了第一家办事处。

 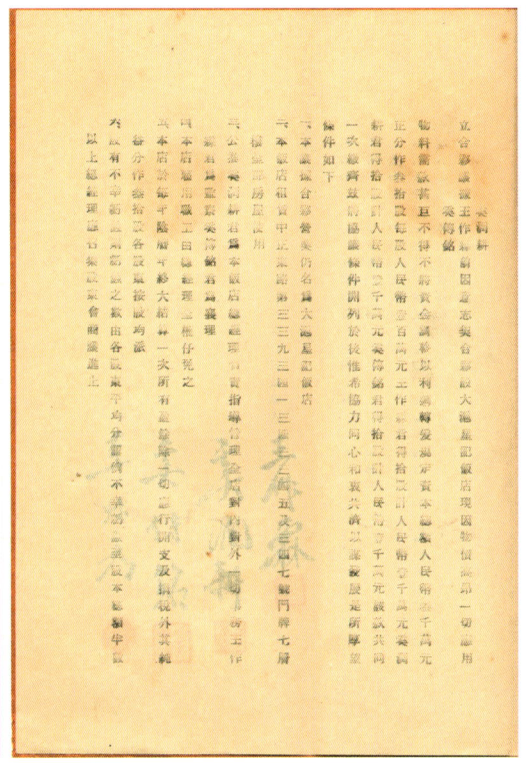 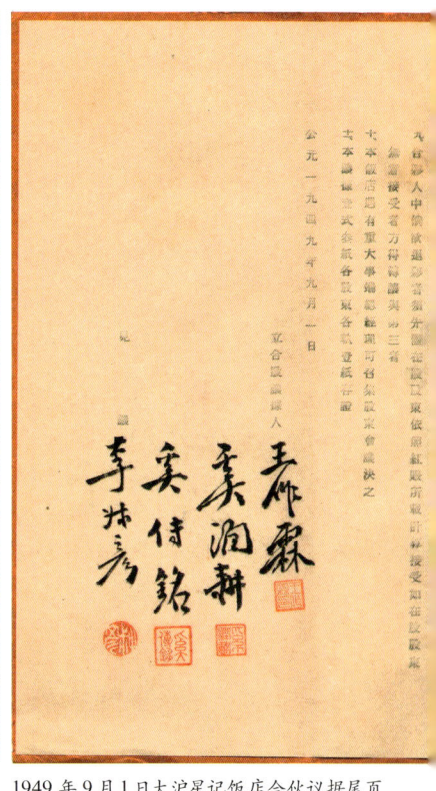

1949年9月1日大沪星记饭店合伙议据封面　　1949年9月1日大沪星记饭店合伙议据首页　　1949年9月1日大沪星记饭店合伙议据尾页

大沪星记饭店合伙议据

民国时期的合伙企业由2人或2人以上共同出资设立，企业的规模通常很小，但一般而言比独资企业稍大。组织合伙企业的合伙人多数都是相互信赖的亲戚、朋友，他们共同订有合伙契约。按照契约的规定，合伙人是企业财产的所有者，共同监督和管理企业，共享盈利的分配。合伙人对企业的债务负无限清偿责任。

该件档案为1949年9月1日订立的合伙议据，议据对大沪星记饭店（租用中正东路第339号、341号、342号、345号及347号门牌7层楼全部房屋）资本总额、股额分配、经营管理、收益分配等都作了明确规定。合伙人为王作霖、奚润耕、奚传铭，均在议据上签章，设见议人1名。

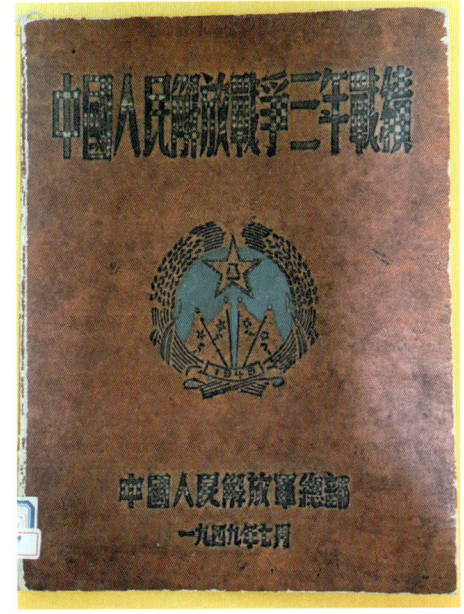

1949年7月出版的《中国人民解放战争三年战绩》封面及内页

《中国人民解放战争三年战绩》

1949年6月30日，为公布1946年7月1日至1949年6月30日解放战争所取得的战绩，人民解放军总部发表了解放战争战绩公报。7月，《中国人民解放战争三年战绩》一书出版。该书从全年战绩、解放区面积、人口与城市、敌我兵力损失比较、投诚与俘毙敌高级军官名单等方面收录了中国人民解放军总部发表的人民解放战争第一年、第二年、第三年及三年战绩总结，附有"中国人民解放军三年战绩地图"。毛泽东为该书题词："人民的胜利。"

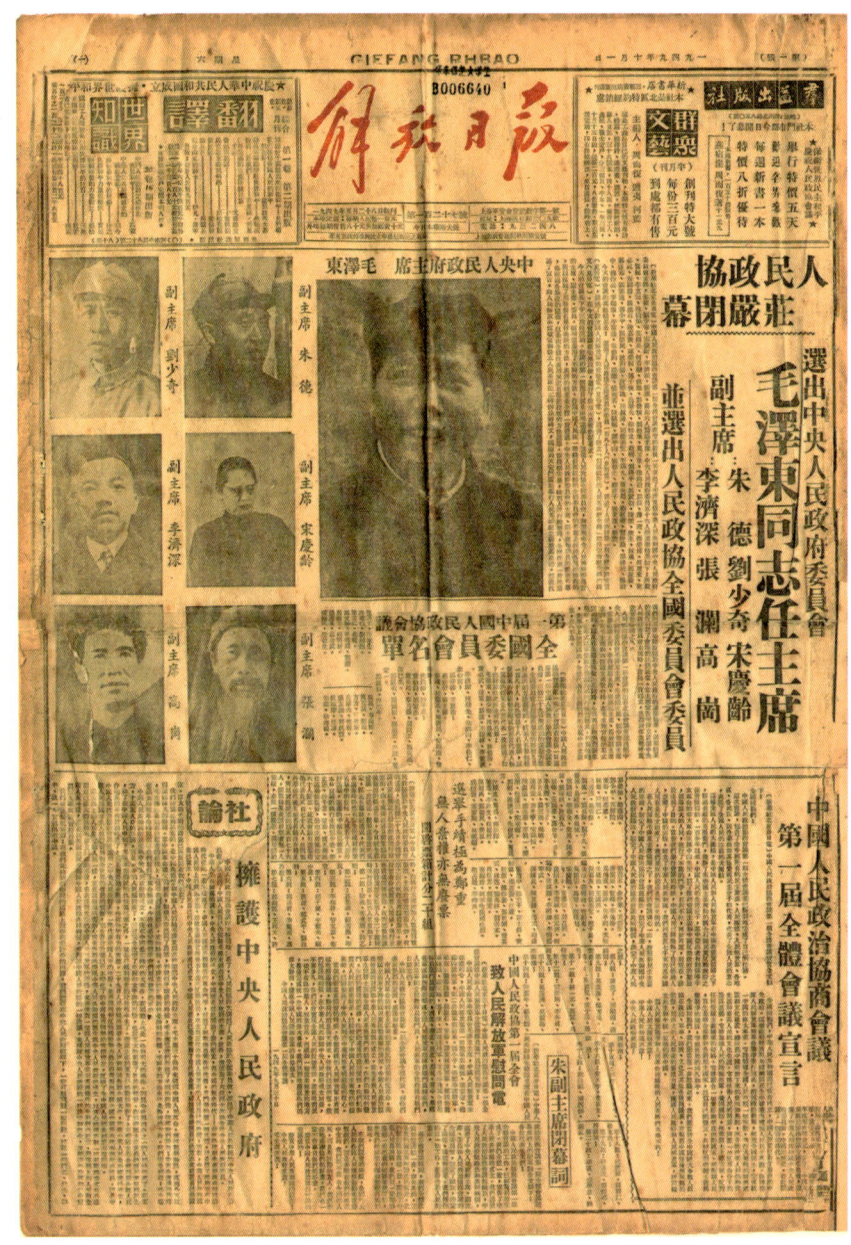

1949年10月1日《解放日报》头版刊登中央人民政府委员会成员名单

《解放日报》头版刊登中央人民政府委员会成员名单

　　1949年9月27日，中国人民政治协商会议第一届全体会议在北京举行。会议制定了《中华人民共和国中央人民政府组织法》，并于9月30日选举产生中央人民政府委员会，共56人；选举毛泽东为中央人民政府主席；选举朱德、刘少奇、宋庆龄、李济深、张澜、高岗为副主席。中央人民政府委员会是中华人民共和国成立至1954年9月第一届全国人民代表大会召开前的国家最高权力机关。1954年9月，根据《中华人民共和国宪法》的规定，中央人民政府不再存在，中央人民政府主席一职随之撤销，由中华人民共和国国家主席代之。

　　该件档案为1949年10月1日《解放日报》头版，向社会公布了中央人民政府委员会主席及副主席、第一届中国人民政治协商会议全国委员会名单及中国人民政治协商会议第一届全体会议宣言等。

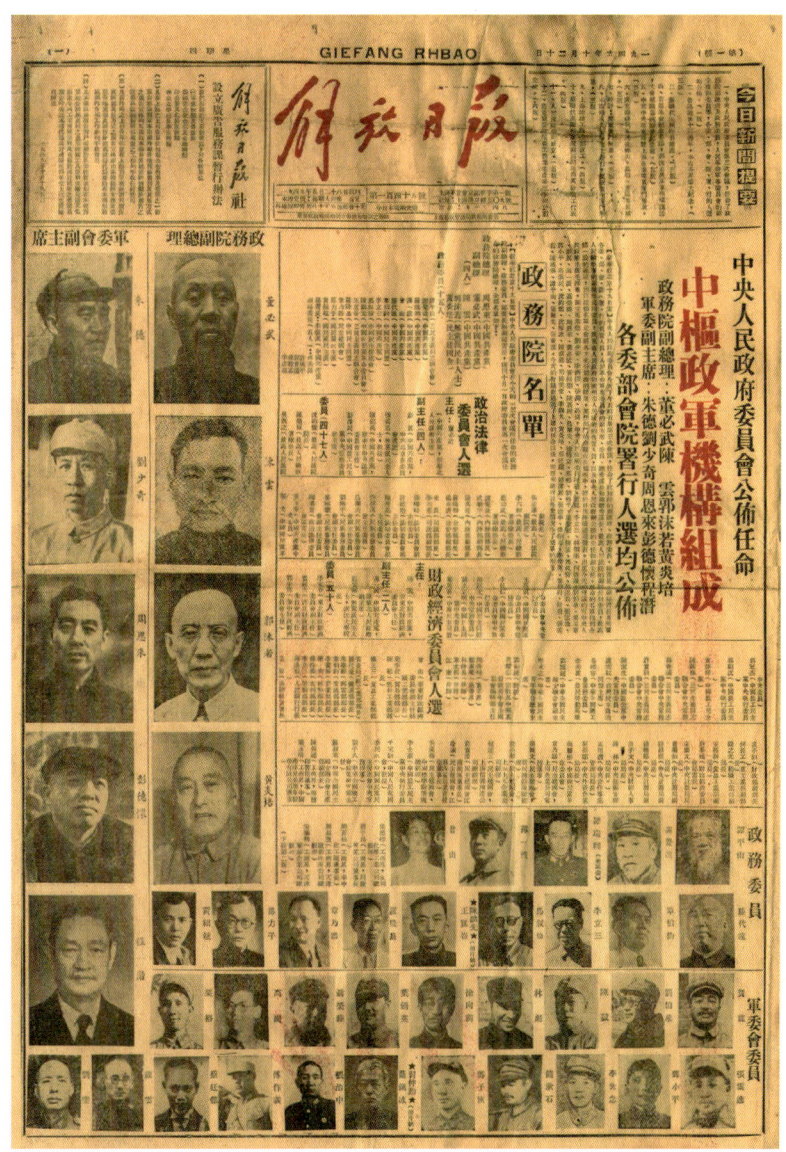

1949年10月20日《解放日报》头版刊登中央人民政府委员会任命的中枢政军机构人员名单及肖像照

《解放日报》头版刊登国家中枢政军机构人员名单

中央人民政府政务院是1949年10月至1954年9月国家政务的最高执行机关。由中央人民政府委员会任命，下设政治法律委员会、财政经济委员会、文化教育委员会、人民监察委员会以及各部、会、院署、行等机构。10月1日，中央人民政府委员会第一次会议任命周恩来为政务院总理；10月19日，中央人民政府委员会第三次会议任命董必武、陈云、郭沫若、黄炎培为政务院副总理。政务院于1954年9月第一届全国人民代表大会第一次会议后改称国务院。

1949年10月19日，根据中央人民政府委员会的命令，中央人民政府人民革命军事委员会同时组成。毛泽东为主席，朱德、刘少奇、周恩来、彭德怀、程潜为副主席，委员22人。同时，中央人民政府委员会任命徐向前为总参谋长，聂荣臻为副总参谋长。

该件档案为1949年10月20日《解放日报》头版，向社会公布了中央人民政府委员会任命的国家中枢政军机构人员名单及肖像照。

1931～1942年上海大世界人员名册封面

1931～1942年上海大世界人员名册内页

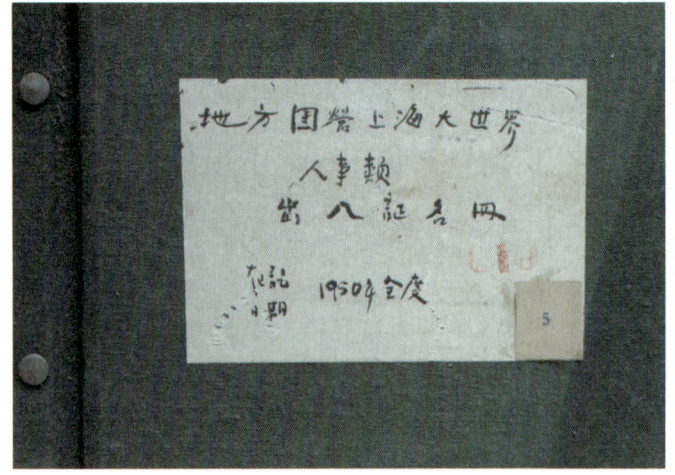
1950年地方国营上海大世界人事类出入证名册封面

1950年地方国营上海大世界人事类出入证名册内页

上海大世界档案

　　1917年，位于敏体尼荫路（今西藏南路）1号的大世界游乐场破土动工，同年7月14日（法兰西国庆日）剪彩开幕，同时发行《大世界》报。"大世界"最初为曲尺形砖木结构两层楼，大门设在爱多亚路（今延安东路）。楼上有杂耍台、评弹台，楼下开设剧场，屋顶平台可放映电影、演奏丝竹。除游园登高、看戏外，"大世界"还备有哈哈镜、西洋镜等新奇玩意儿和高空飞船、高空缆车及机器跑马等各种机械游艺项目。刚开业时虽然整体建筑简陋，但因地理位置比较好，经营的办法和游戏项目比较多，很快名声大噪。1918年，"大京班"所在的新大剧场改名为"乾坤大剧场"，邀请京剧名角前来演出，声誉更盛。1927年，因扩大营业的需要，"大世界"被翻建成四层钢筋混凝土结构新屋，1928年建成，大门移至爱多亚路敏体尼荫路口，原大门处改建为齐天舞台，从游乐场划出独立经营。重建后的"大世界"营业面积扩大，各楼中分设共和亭、共和台、共和楼、共和阁及共和厅，加上原有的乾坤大剧场、文明新剧场、髦儿戏场等12个场子，成为当时全国最大的综合性游乐场。入门即见的12面从国外引进的哈哈镜成为一大特色。每天中午12时开放（星期日上午9时开放），游客买门票进场即可任意去各剧场和活动室观赏游玩，不受时间、场子限制，可一直玩至夜场结束。1931年创办人黄楚九病故后，先由顾无为等人接盘经营，不久归黄金荣独资经营，加"荣记"二字以示区别。1937年淞沪会战爆发，"大世界"停业，一度成为难民收容所，共收容难民1万余人。1954年，上海市人民政府委托市文化局接管。1955年，更名"上海人民游乐场"。是年7月，市文化局安排下属

20 世纪 60 年代大世界宣传页

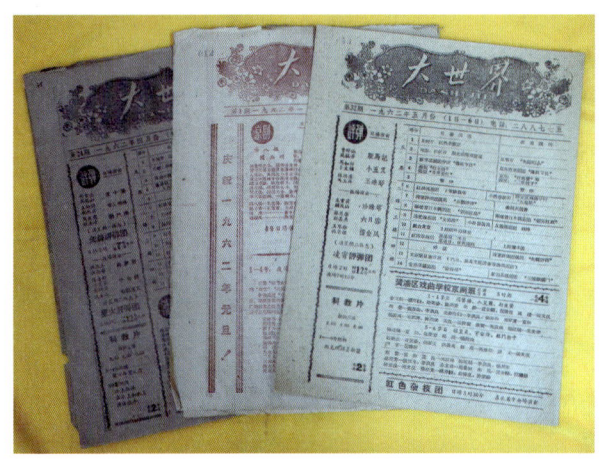

《大世界》宣传小报

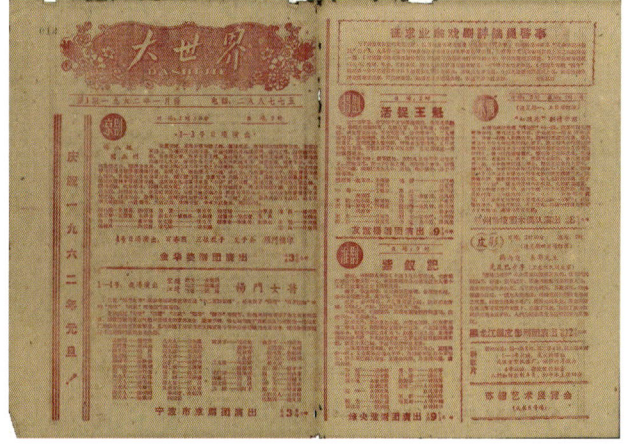

1962 年第 1 期《大世界》宣传小报

各剧团轮流进入人民游乐场演出,上海京剧团、红旗歌舞剧团、人民杂技团、上海交响乐团、上海民族乐团、人民艺术剧院、上影演员剧团先后在此登台亮相。1958 年 1 月,恢复"大世界"原名。1966 年改为"东方红剧场",后停业做外贸仓库之用。1974 年 10 月,更名为"上海市青年宫"对外开放,由共青团上海市委管理,成为上海各界青年文化、娱乐、进修、社交的活动中心。1987 年 1 月,再次恢复"大世界"原名,并举行了复名仪式。此后"大世界"经常演出杂技、魔术和戏曲,放映电影、录像或举办音乐会,开展各种竞技性活动。2003 年,"大世界"内部修缮,闭门谢客。2017 年 3 月 31 日,"大世界"以中国乃至国际重要的非物质文化遗产活态传承平台的崭新姿态重新回归。

本馆所藏两组档案分别为 20 世纪 30 年代初至 50 年代中期"大世界"人员名册及历年出入证名册、20 世纪 60 年代"大世界"的宣传页及宣传小报。据名册可了解当时"大世界"各剧场、活动室等的设置情况。宣传小报登载了演出节目单、不同剧种的代表剧目简介等,1962 年首刊印有"庆祝一九六二年元旦!"字样,并以红色字体刊印。由宣传页及小报可看出,当时的"大世界"节目丰富,好戏连台,各地剧团轮番演出,不同剧种精彩荟萃。

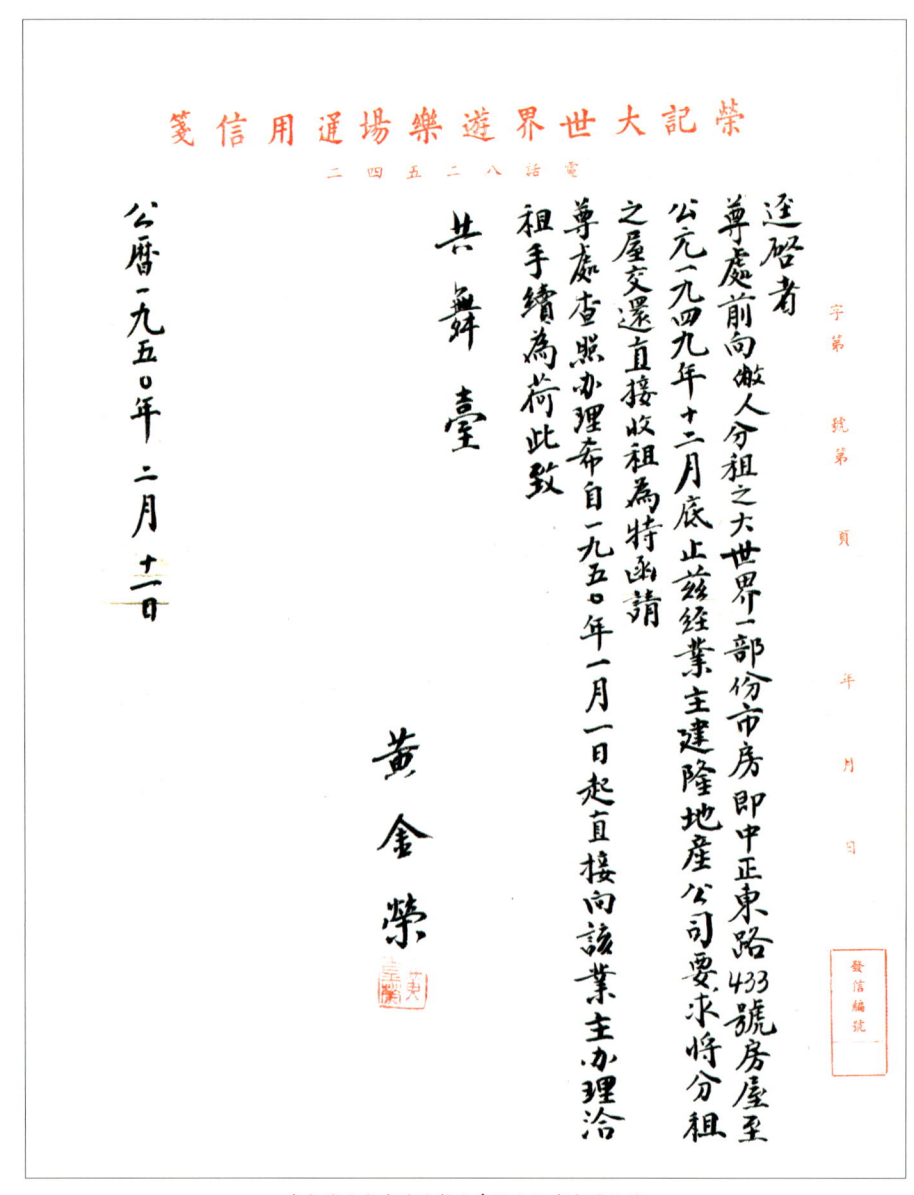

黄金荣手书有关共舞台房屋分租事宜的信笺

黄金荣手书信笺

　　黄金荣(1868～1953)字锦镛，绰号"麻皮金荣"，浙江余姚人，生于江苏苏州。青帮头目。清光绪十八年(1892年)，进入法租界巡捕房充当"包探"(警察，俗称"包打听")，并借此身份培植和掌握了下层社会组织"三十六股党""八股党"，既利用他们侦查破案，又充当他们从事各种非法活动的保护人。黄金荣依靠手下充作眼线，或制造种种事端再加以解决，不断扩大其影响，取得法租界公董局的重用，从包探、探目、督察员升任为法租界警备处唯一的华人督察长，直到1927年退休，被公董局誉为"法租界治安长城"。黄金荣最初并未正式加入青帮，但按青帮规矩、以帮会仪式广收门徒，扩展权势，正宗的青帮分子称其为"空子"(未正式加入帮会的冒牌货)。1925年，黄金荣迫于情势，拜青帮大字辈张仁奎为师，列通字辈。黄金荣在青帮中声

1950年黄金荣在大世界底层扫地

势显赫,收徒逾万,组有忠信社等社团。他设烟馆,摆赌台,走私军火,开办三鑫公司、利生赌场、荣记大舞台、黄金大戏院等。长期居住于龙门路钧培里。1927年4月与杜月笙、张啸林等组织中华共进会,参与蒋介石发动的四一二反革命政变,指挥暴徒进攻工人纠察队,后被蒋介石任命为军事委员会少将参议和行政院参议,并授予勋章。抗日战争期间参与难民救助等活动,拒绝出任维持会会长等伪职。1945年,为聚集势力成立荣社。上海解放前夕未遵从蒋介石之令出逃。1951年5月20日,在《文汇报》刊出"自白书",检讨一生罪行,得到人民政府宽大处理。

该件档案为1950年黄金荣手书信笺,所用信纸为"荣记大世界游乐场通用信笺",主要内容为要求分租中正东路433号(即共舞台,创办人黄楚九病逝后,于1933年由黄金荣接管,改名"荣记共舞台")的租客自1950年1月1日起直接向业主建隆地产公司办理洽租手续。有黄金荣签名及印章。

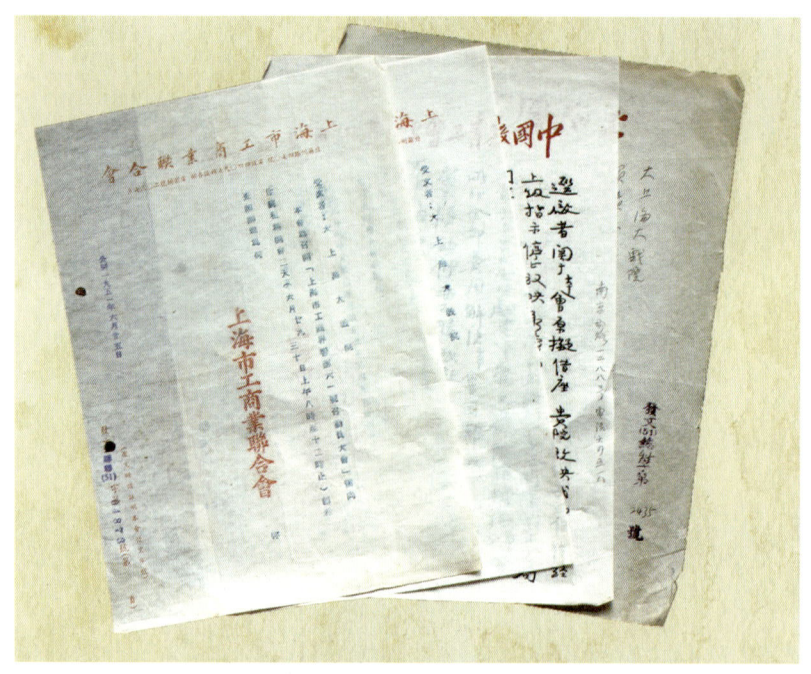
20世纪50年代初各单位向大上海大戏院租借场地的函件

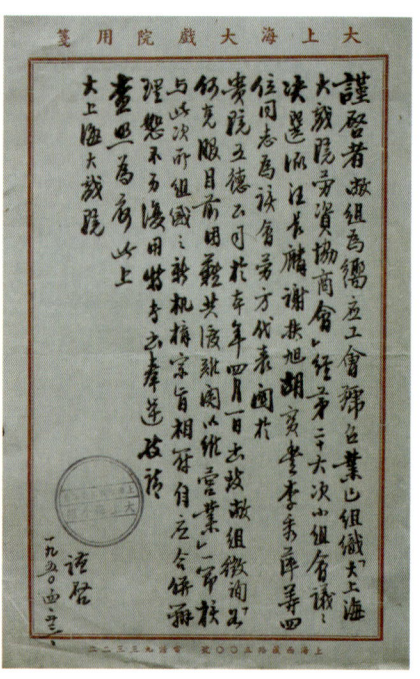
上海市电影业工会大上海小组发与的公函

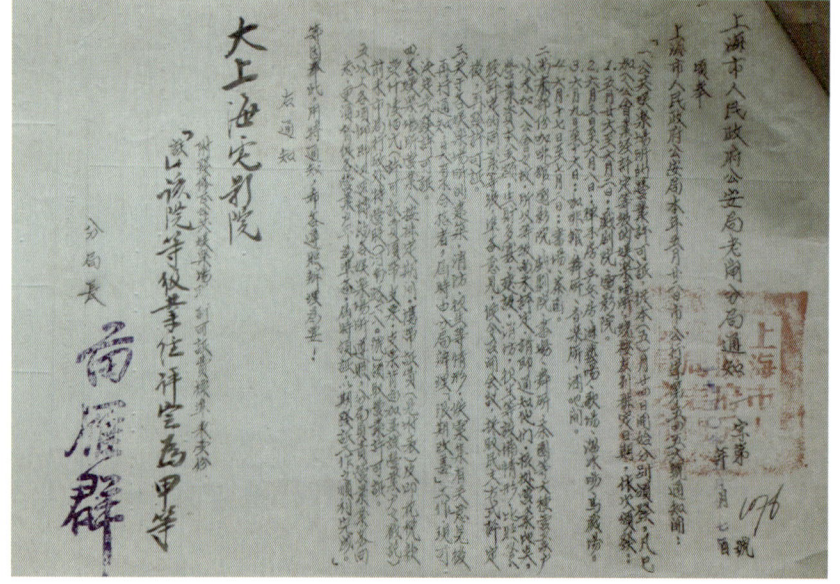
1950年5月27日上海市人民政府公安局老闸分局关于等级评定的通知等

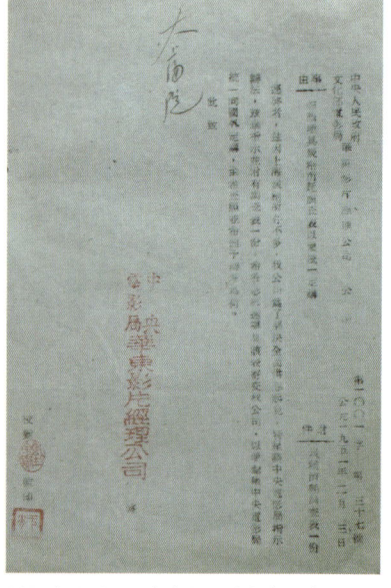
1951年2月3日中央电影局华东影片经理公司致大上海大戏院有关填写炭精消耗调查表的公函

大上海大戏院档案

　　大上海大戏院位于西藏中路500号(今上海第一百货商店扩建楼所在地)，1933年12月6日开幕。由融融公司李迪云创建，华盖建筑事务所承担设计，著名建筑设计师陈植主持设计。创办之初，以巨额现金从南京大戏院获得美国福克斯、雷电华公司的影片在上海的首映权。1934年7月1日起归南怡怡公司经营。该院的建筑和设备与"大光明"同为当时远东第一流。采用现代立体式建筑，外墙用墨色玻璃，呈现出整洁静穆的美感，门前间以浅蓝色玻璃柱八株，雄伟瑰丽，夜间光芒四射，蔚为壮观。院内地面用橡皮铺成，履

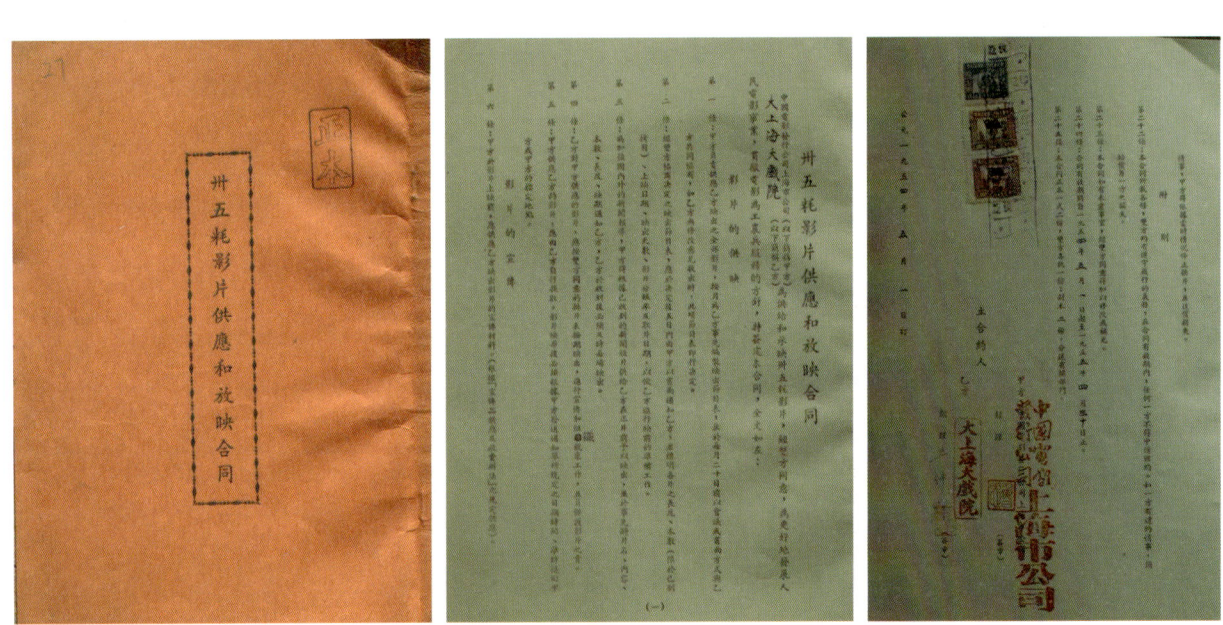

大上海大戏院与中国电影发行公司上海市公司签订的卅五毫米影片供应和放映合同封面及内页

之无声。放映机采用最新式的拍拉斯映片机,由孔雀影片公司承装,扩音机采用亚尔西爱巨型实音机,光线充足,声音清晰。场内拥有1700余豪华座椅,是上海最有气派的首轮影院之一。1956年,大上海大戏院实行公私合营后更名为"大上海电影院"。1966年起曾改名为"遵义电影院"。1972年恢复为"大上海电影院"。后原有建筑因上海第一百货商店拓展扩建被拆除。2008年2月,"世纪大上海电影院"在上海第一百货商店扩建楼的八楼开张营业,与原建筑相比只是外立面貌似。2013年,再次复名为"大上海电影院"。

该组档案为大上海大戏院于20世纪50年代初公私合营前的往来公函、通知、合同等文书材料,一定程度上反映了当时大上海大戏院的运营情况。

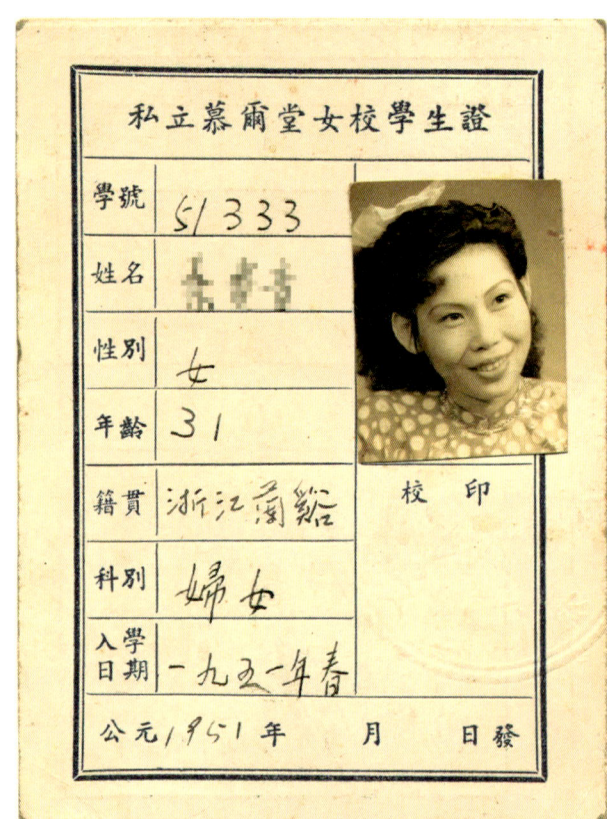

私立慕尔堂女校学生证正背面

私立慕尔堂女校学生证

  慕尔堂位于今西藏中路316号。清光绪十三年（1887）美国监理会传教士在今云南路汉口路转角处建监理会堂。后因名为慕尔的信徒捐款而改称慕尔堂（英文直译为慕尔氏纪念堂）。1929年中外信徒捐资迁现址建新堂，邬达克担任建筑设计，1931年落成。建筑宏伟，钟楼高耸，附设幼稚园、小学、夜校、女子学校、社会救济等，当时曾有"东亚最大的社交会堂"之称。1937年八一三事变后，曾临时收容难民。1941年底被日军占领，大礼拜堂一度作为马厩，损毁严重。抗战胜利后，教会收回教堂，于1946年修复。1953年，附设的学校由教育部门接办后迁出。1958年，黄浦区内基督教各派实行联合礼拜后改名沐恩堂。后房屋曾被学校使用。1979年9月，恢复宗教活动。学校使用房屋陆续归还教会，全部整修，钟楼顶部重建5米高的十字架。1981年，建立堂务委员会。1986年起，为满足各教派教徒的信仰习惯，先后恢复了圣公会议文式圣餐礼拜和潮语礼拜，并增加每周六举行的安息日礼拜。大厅内建浸礼池。该堂地处市中心，堂宇宽敞轩昂，上海基督教教务委员会按立牧师、祝圣主教、华东神学院历届毕业典礼以及全国、全市的基督教盛大活动等，常假座于此。

  该件档案为1951年私立慕尔堂女校所颁发的学生证，详细记载了学生的学号、姓名、性别、年龄、籍贯、科别、入学日期及注册年度等，附有持证须知，加盖校印。

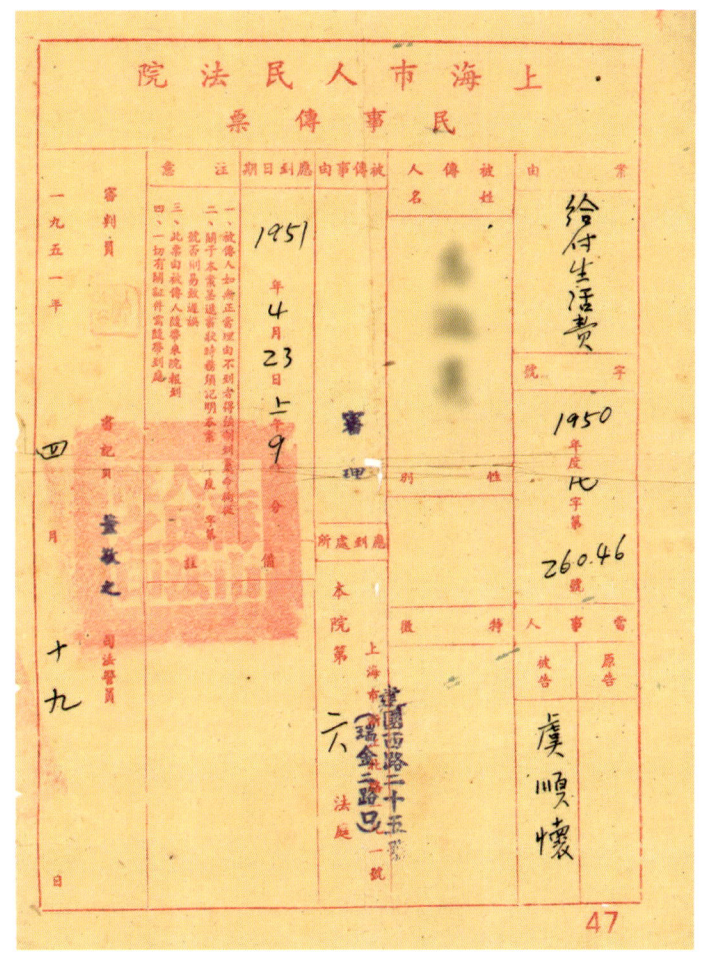

1951 年 4 月 19 日上海市人民法院出具的民事传票

上海市人民法院民事传票

经过不断探索与实践，最高人民法院在总结审判经验的基础上，于 1956 年 10 月制定了《关于各级人民法院民事案件审判程序总结》，内容包括接受、审理案件前的准备工作、审理、裁判、上诉、再审和执行七个部分。这是中华人民共和国成立后制定的第一个系统的有关民事诉讼的法律规范。党的十一届三中全会后，民事诉讼程序建设出现转型，保护公民和单位、组织的合法权益被强调。1991 年，以宪法为根据，结合我国民事审判工作的经验和实际情况制定的第一部《民事诉讼法》，在第七届全国人民代表大会第四次会议上通过，自公布之日起施行。民事诉讼程序现代化得到不断推动。

传票是司法机关为传唤诉讼当事人或其他特定人于指定时间到案所发的诉讼文件。传票上一般写明：受传唤人的姓名、性别、年龄、住址、工作单位，传唤理由，到案（庭）的时间、地点，以及其他应注意的事项。本馆所藏为 1951 年上海市人民法院民事传票。传票载明了事由、字号、当事人（被告）姓名、被传人姓名、特征、被传事由、应到处所、应到日期、注意项、审判员及书记员姓名、出具日期，加盖公章。一定程度上体现了中华人民共和国成立初期民事案件审判的程序性状况。

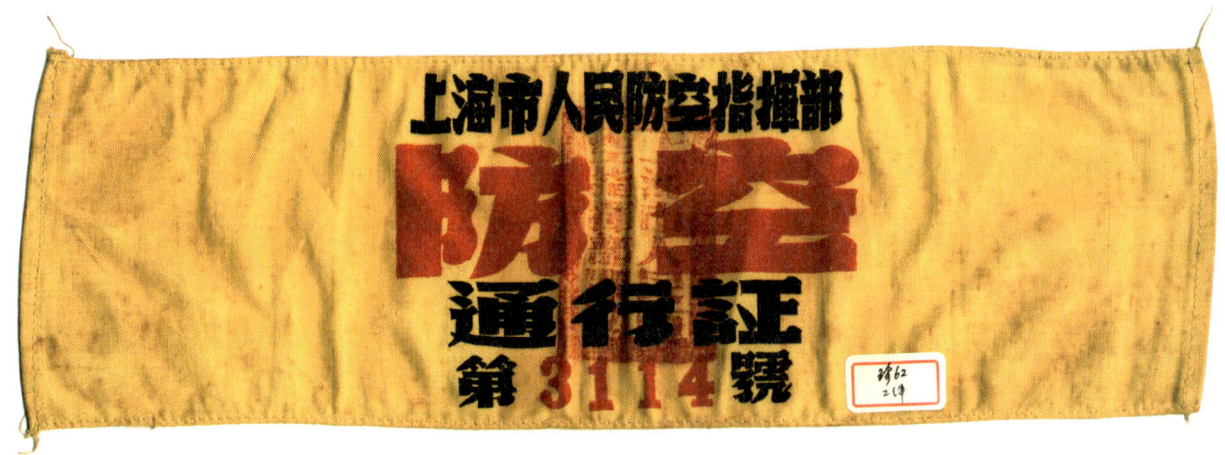

20世纪五六十年代，上海市人民防空指挥部防空通行证

上海市人民防空指挥部防空（车辆）通行证

1949年11月，中共上海市委决定成立上海市人民防空委员会。1950年2月，市人民防空委员会改为市人民防空治安委员会，统一领导全市防空治安工作。1951年4月，市人民防空治安委员会再次改为市人民防空委员会，6月开始下设人民防空指挥部。1959年1月，中共上海市委批准撤销市各级人民防空机构，人防工作由市公安局负责。1962年6月，恢复市人民防空委员会及市人民防空指挥部。1966年3月，市人民防空指挥部停止工作。1969年10月，市人民防空委员会更名为市人民防空领导小组。1981年11月，根据中央统一部署，市人民防空领导小组更名为市人民防空委员会，1986年中共上海市委决定调整市人防委为上海市人民防空（抗震）委员会。1995年10月，中共上海市委、市政府、上海警备区决定成立市国防动员委员会，下设与国家国防动员委员会相对应的4个办公室。其中市国防动员委员会人民防空办公室，设在市民防办公室。

该组档案为上海市人民防空指挥部所使用的防空通行证及车辆通行证，均为黄底黑字，印有编号，加盖"上海市人民防空指挥部关防"红印，"防空"二字用红色标注并加大字号，尤为醒目。

20世纪五六十年代，上海市人民防空指挥部防空车辆通行证

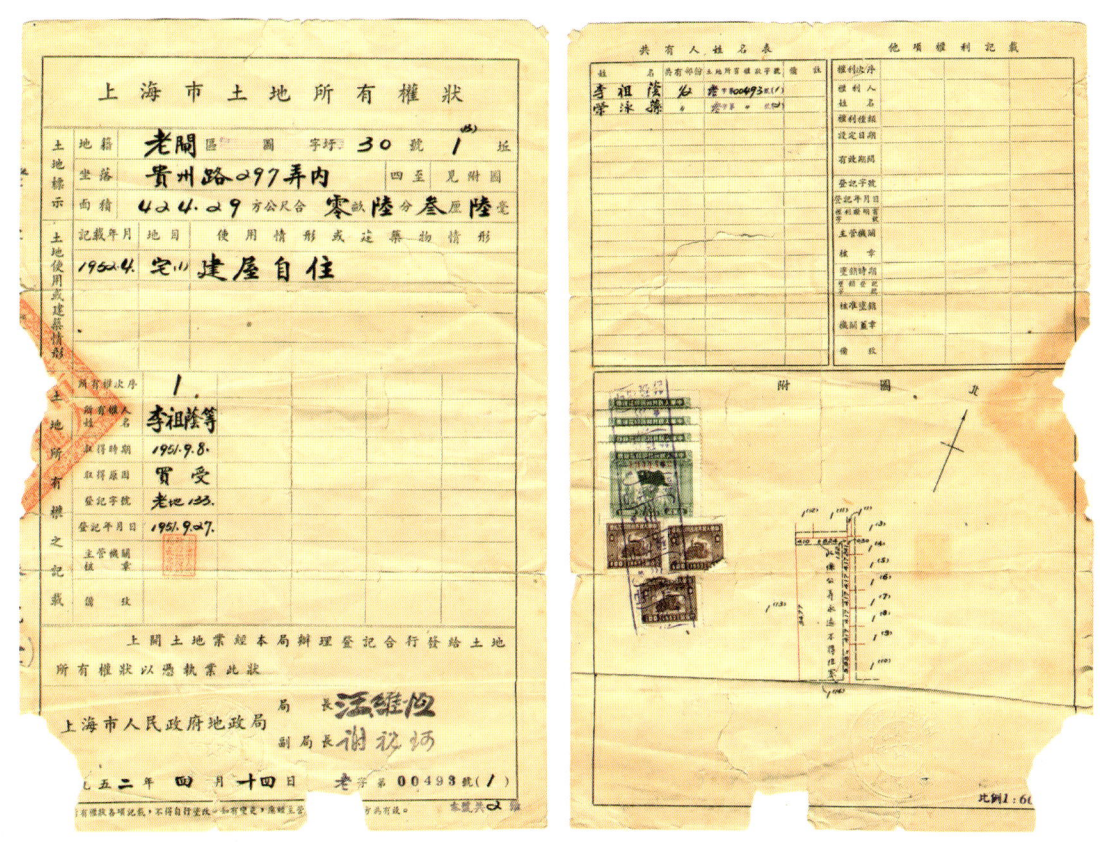

1952 年的上海市土地所有权状（老闸区 30 号 1 坵贵州路 297 弄内）正背面

中华人民共和国成立初期土地所有权状

  清代和民国时期，凡属私有土地都由当地政府核发土地凭证。房屋作为地上定着物，不再核发房屋产权凭证。上海解放后，上海市人民政府地政局接管大量图籍资料和未办结土地权利登记案件，情况复杂，资料分散，户地图比例不一。1950 年，地政局组成地籍地价调查工作队，对 20 个市区约 10 万丘土地资料加以整理，创制以丘为单位的土地草卡，区、图、圩、号、丘 5 级制地籍简化为区、号、丘 3 级制。草卡除记载土地的基本情况外，集中记载原来分散的登记号、产证号、请丈号、收文号等资料，补记各丘估定的地价基数及地上建筑物。此后对新的权状另立正卡，情况有变更随时加注，另外统一绘制市区 1／500 地形图 2305 幅。同年 6 月，市政府公布《上海市房地产登记规则》。地政局在市区分设 7 个办事处，清理未结案件，接受新的产权移转案件，核发《土地所有权状》，对公有土地发给《公地所有证》。至 1955 年 5 月，发权状 30013 份、公有证 1378 份。

  该件档案为 1952 年 4 月 14 日由上海市人民政府地政局颁发的土地所有权状，地址位于老闸区 30 号 1 坵贵州路 297 弄内。该土地所有权状标明了住宅地理位置、面积（零亩陆分叁厘陆毫）、土地使用及建筑情形（建屋自住）、土地所有权之记载、共有人情况等，附有户地图，标明户地四至。所有权状由时任地政局局长、副局长签署，并赋予所有权状编号。

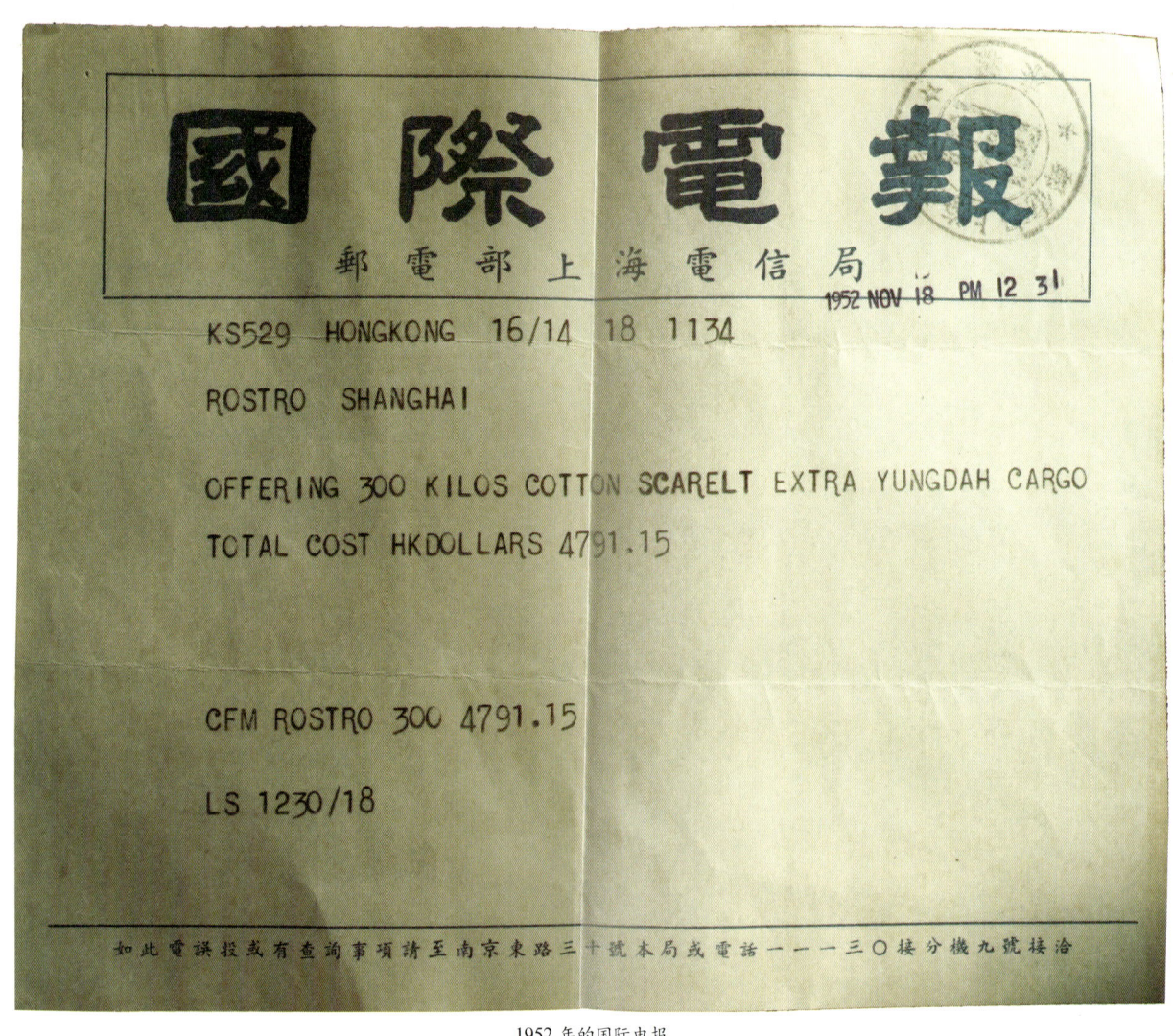

1952 年的国际电报

1952 年国际电报稿

　　国际电报是在我国最早开办的电信业务，1871 年丹麦大北电报公司、1883 年英国大东电报公司、1902 年美国太平洋电报公司先后架设水线（海底电缆），在上海设立电报局办理国际电报业务。20 世纪 50 年代初，面临恢复生产、发展经济等紧迫而繁重的任务，国家大力恢复与发展通信业务。随着我国国际关系的发展，国际电报作为国际交往和新闻报道的主要通信手段，发展很快。1972 年，国际电信联盟恢复中国理事国席位。1980 年代末，随着新的通信手段不断涌现，国际电报业务逐渐淡出。

　　该件档案为 1952 年上海与香港间的一份国际电报。电文内容简明扼要，多用电报缩写，有"邮电部上海电信局"字样。当时港澳电报的交发、来报投送、查询及电报挂号等业务处理均按照国际电报的有关规定办理。

1954年外交部颁发的中华人民共和国护照封面及内页

中华人民共和国早期护照

中华人民共和国护照是中国政府颁发给中国公民用于出入中国国境、在国外旅行或居留时证明其国籍和身份的证件。1950年3月之前，新中国出国人员没有统一印制的护照。1950年3月，时任政务院总理兼外长周恩来向全国各大行政区及特别市人民政府发出通告："以往各地人民政府制发之出国护照，应自收到本通告之日起，停止颁发。关于出国护照格式、颁发出国护照办法、指定国内发照机关等项，由本部另行拟订，呈请政务院批准后施行。"据此，由外交部设计并经政务院审批同意，中华人民共和国首批护照在北京市白纸坊印钞厂印制问世。该批护照分为外交、官员及普通三种。地方外事处经外交部授权，向申请出国的人员颁发全国统一的"中华人民共和国护照"。此后护照种类又经历了一些变化。1951年8月，公务护照开始启用；1956年8月，普通护照分为"因公"和"因私"两种；1964年10月，官员护照改版，并于1978年2月停止使用。

该件档案为1954年7月3日由外交部发出的护照，封面印有"中华人民共和国护照"字样，配有国徽，内页内容为中英文对照，载明颁发日期、有效期限、颁发机关等，印有编号，加盖"中华人民共和国外交部"钢印。

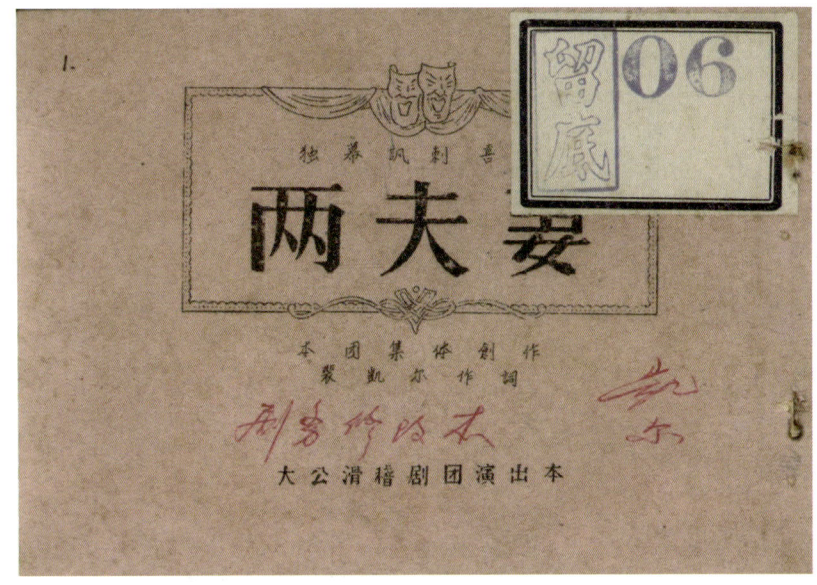

《两夫妻》剧本封面 (1954)　　　　　　　　《样样管》剧本封面

 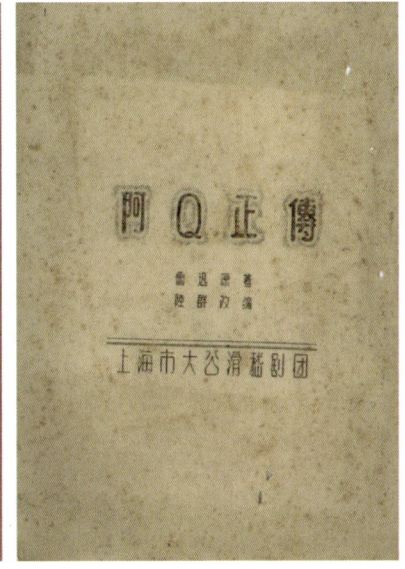 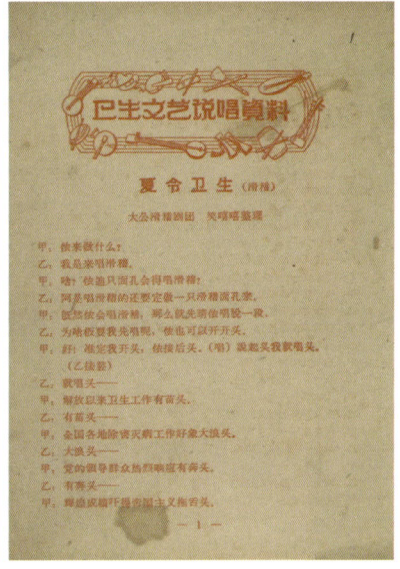

《七十二家房客》剧本封面　　《阿Q正传》剧本封面　　《夏令卫生》卫生文艺说唱资料封面 (1963)

大公滑稽剧团系列剧本及演出海报

　　滑稽戏诞生于上海，流行于江南一带。其前身为独脚戏，吸收了文明戏、电影、话剧及其他剧种中的喜剧因素，逐渐发展成具备独有表现形式和表演风格的喜剧戏种。其最大特色是在同一剧目的舞台语言中，根据剧情和人物性格需要结合演员特长，运用各地方言，唱各种地方戏曲和民歌小调。滑稽戏长于讽刺，兼能歌颂，作为一种喜剧表现形式，带给人们欢乐的同时也会发人深省，深受民众喜爱。经历了发展初期剧目内容内涵贫乏、表演粗糙及队伍不稳定等阶段，滑稽戏在1949年后得到健康发展，逐步建立了正规的编导制度，形成一批职业剧团。大公滑稽剧团建立于1952年2月。杨华生任团长，

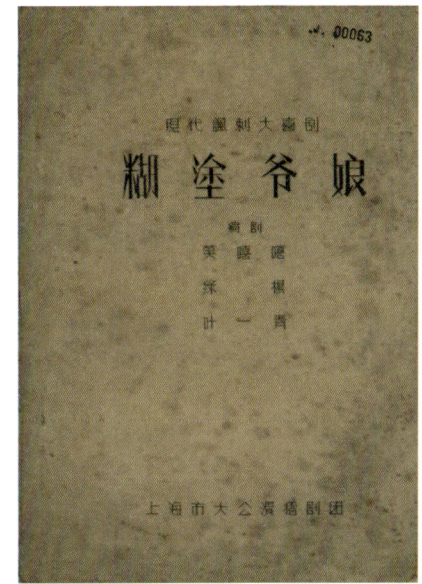
《糊涂爷娘》剧本封面

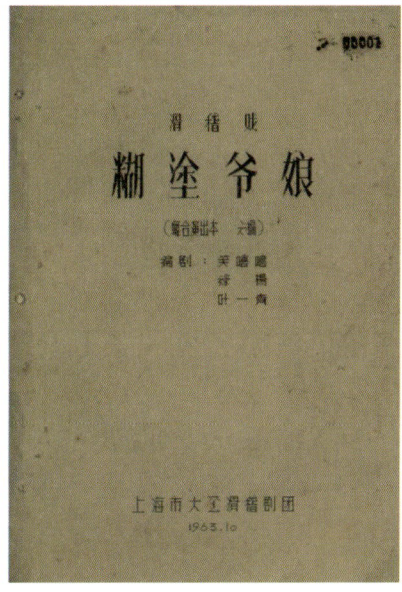
《糊涂爷娘》(舞台演出本 六稿) 封面

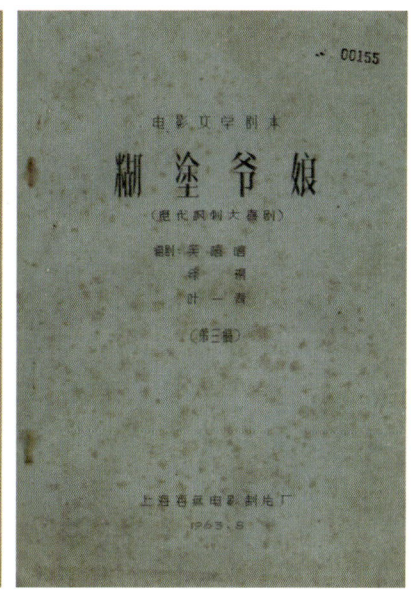
《糊涂爷娘》(电影文学剧本) 封面

《苏州二公差》演出海报 (东山大戏院)

《七十二家房客》演出海报 (大同戏院)

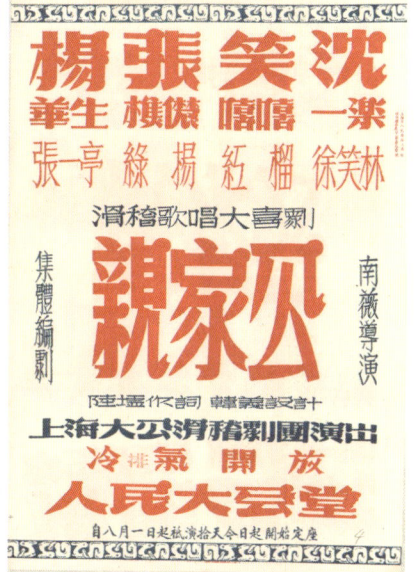
《亲家公》演出海报 (人民大会堂)

主要演员有杨华生、张樵侬、笑嘻嘻、沈一乐、绿杨、张利音等。1958年剧团整顿后，由笑嘻嘻任团长兼艺委会主任。创作、改编、整理、移植演出的主要剧目有《欢天喜地》《活捉》《王老板》《一贯道害人》《阿Q正传》《苏州二公差》《拉郎配》《七十二家房客》《样样管》《糊涂爷娘》《喜上加喜》《电闪雷鸣》等。其中《样样管》被选为上海解放10周年十大优秀剧目之一。剧团先后于1958年和1962年进行了为期半年的巡回演出，足迹遍及北京、沈阳、广州等十几个省市，较成功地向南北各地观众介绍了江南滑稽剧种。1966年曾更名工农兵喜剧团，1972年宣布解散。1979年5月，以原大公滑稽剧团主

《拉郎配》演出海报（光华戏院）

1956年永安公司公私合营时的郭琳爽

合营企业应当遵守国家计划。合营企业的盈余，在依法缴纳所得税后的余额，应当就企业公积金、企业奖励金和股东股息红利三个方面，加以合理分配。12月，中央提出统筹兼顾、归口安排、按行业改造的方针。各行业以大带小，以先进带落后，先对中小企业进行改组、合并，然后实行公私合营，把个别合营和按行业的改组、改造结合起来。1955年11月，中央政治局通过《中央关于资本主义工商业改造问题的决议草案》（1956年，中央政治局作了个别修改，追认为正式决议），确定把对私营工商业的社会主义改造从个别企业的公私合营推进到全行业公私合营阶段。1956年初，全国出现公私合营的高潮。到1956年1月底，全国大城市及50多个中等城市，先后实现了全部资本主义工商业的公私合营。该组档案为20世纪50年代私营棉布绸缎企业、经销店有关公私合营的协议书、信函，具有鲜明的时代特点。

郭琳爽（1896~1974）又名启棠，广东香山（今中山）人。其父郭泉、伯父郭乐都是澳洲华侨，永安资本集团创始人。1921年郭琳爽毕业于广州岭南大学，次年任香港永安公司监督。1929年调任上海永安公司副司理（即副总经理），1933年擢升总经理。在20世纪30年代全国范围的抵制日货运动中，

郭琳爽与夫人合影

他扩大国货销售比重，从而使永安公司成为全国最大的百货公司。抗战期间，郭琳爽支持公司职工参加抗日救亡运动，捐献现金和实物支持抗战。1948年国民党政府发行"金圆券"，强行限制物价，使永安公司损失了80%的流动资金。上海解放前夕，在中共地下党组织的帮助下，他留在上海同公司职工一起保卫企业，迎接解放。1954年后，郭琳爽当选为老闸区第一届人民代表、上海市第一届人民代表、市政协第三届委员和常务委员、全国政协委员、全国工商联执行委员及上海市工商联副主任委员。在社会主义改造高潮到来时，他主持召开永安公司的董、监事联席会议，讨论申请公私合营，当天即递交申请书。1956年1月14日，永安公司正式宣布公私合营，郭琳爽亲燃鞭炮，并在庆祝联欢会上演出两场粤剧折子戏。永安公司公私合营后，他继续担任总经理，为改善企业的经营管理发挥了积极作用。馆藏的一组照片档案为中华人民共和国成立后郭琳爽的两张老照片，其中一张记录了永安公司公私合营时郭琳爽的会议发言场景。

1956年魏伯桢自传手稿

魏伯桢自传、回忆手稿及口述代记稿

该组档案包括四件。第一件为1956年魏伯桢自传手稿,自传中简要介绍了自己经历的重大事件,表达了要求加入民革的意愿;第二件为魏伯桢回忆1915年在宁波参与招待已卸任的浙江省第一任都督汤寿潜的往事,由民革上海市委文史资料工作委员会代记。

第三件为魏伯桢《辛亥宁波光复的回忆》手稿。魏伯桢赴日留学归国后参加同盟会。在宁波法政学堂担任教习期间任民团总团长,参加辛亥宁波光复。宁波军政分府成立后,任民团团长。1961年,魏伯桢写成这篇回忆性文章,被收录于《浙江辛亥革命回忆录》第8册(文史资料出版社1981年出版)。

第四件为魏伯桢回忆陈布雷生前轶事的文章手稿。

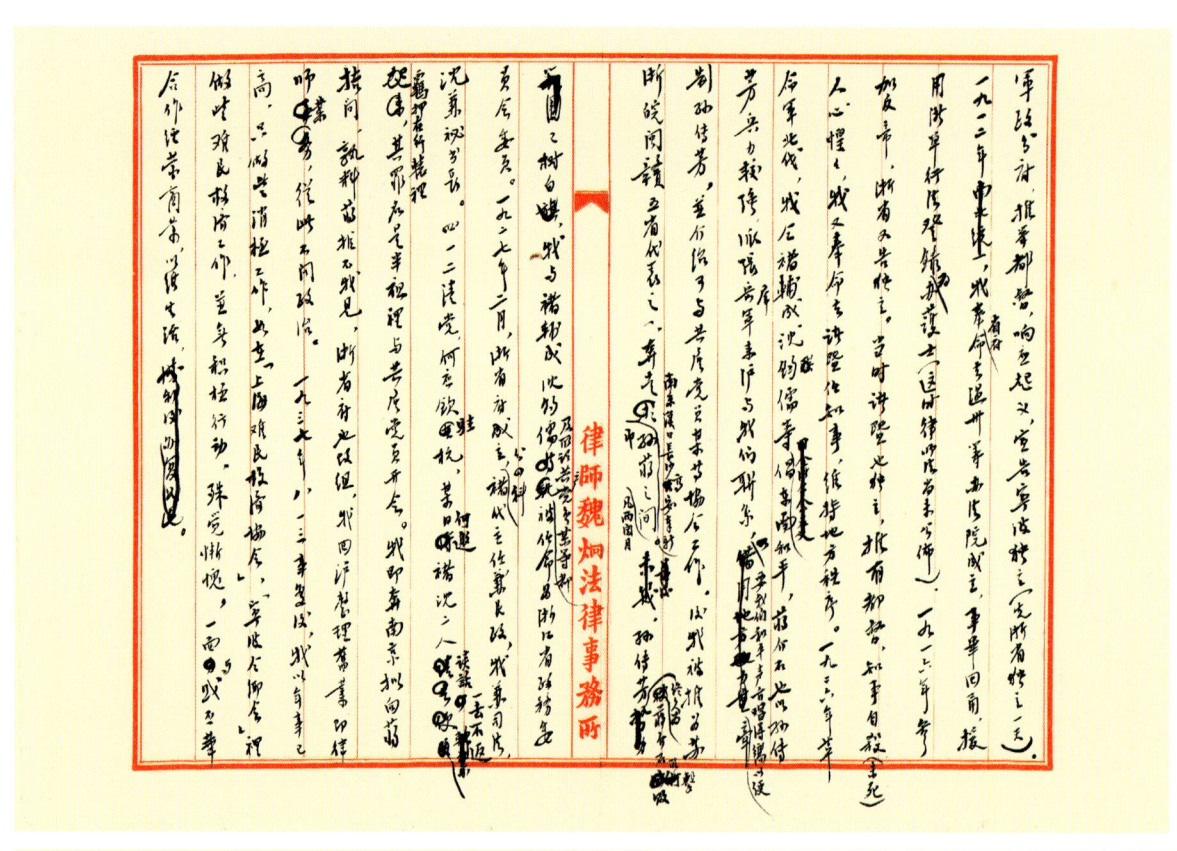

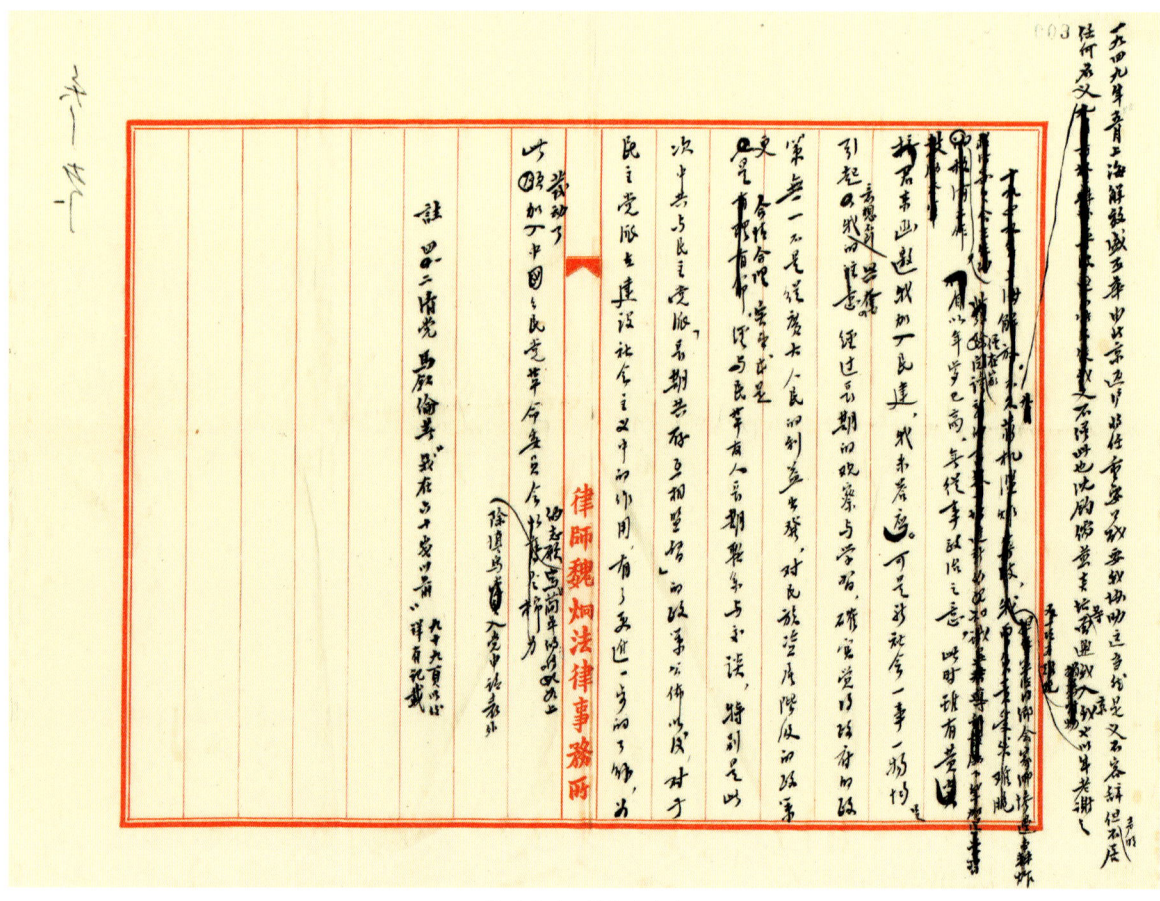

1956年魏伯桢自传手稿

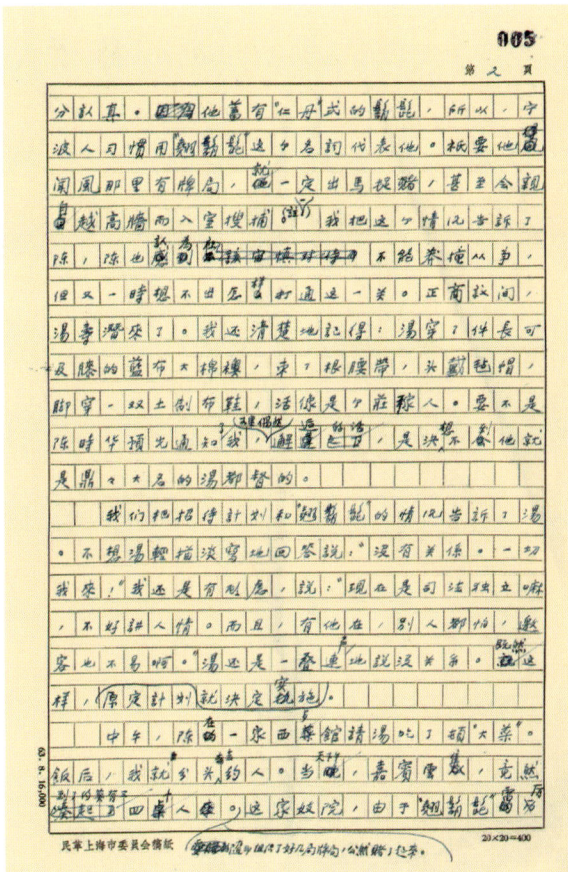
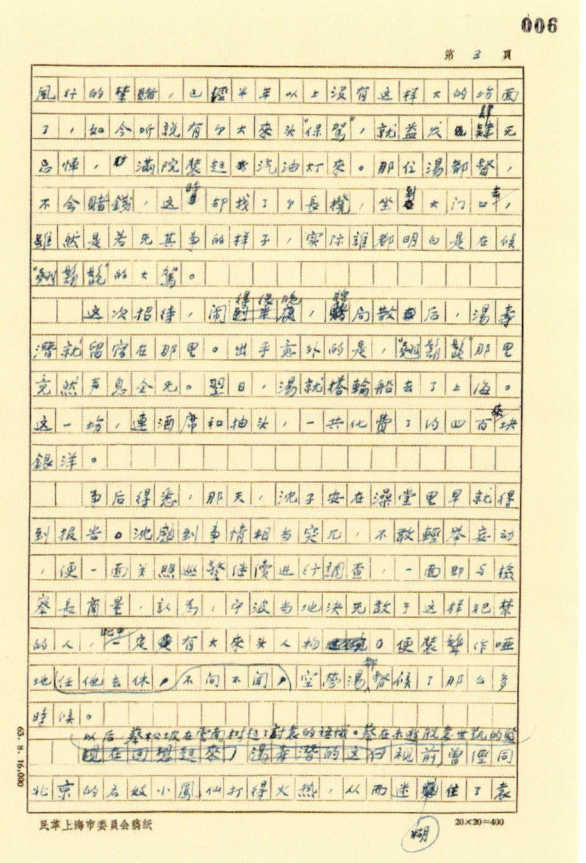

魏伯桢口述记录稿

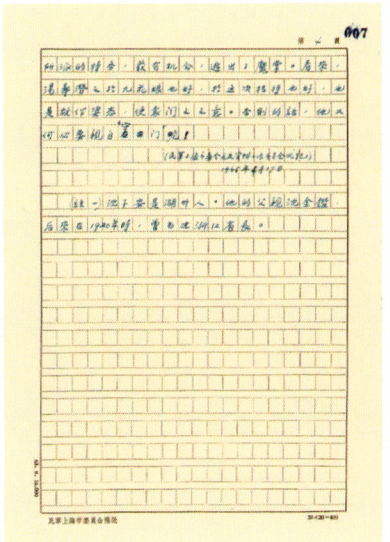

魏伯桢口述记录稿

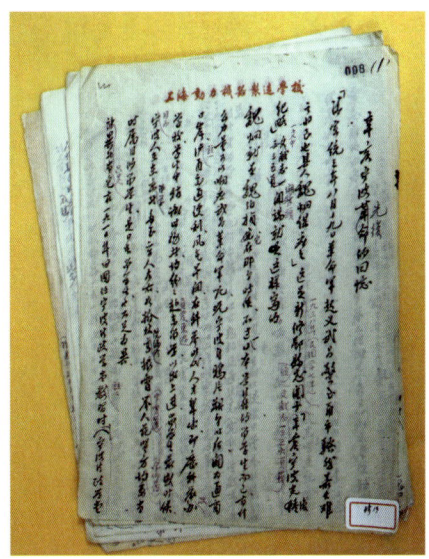

魏伯桢《辛亥宁波光复的回忆》手稿

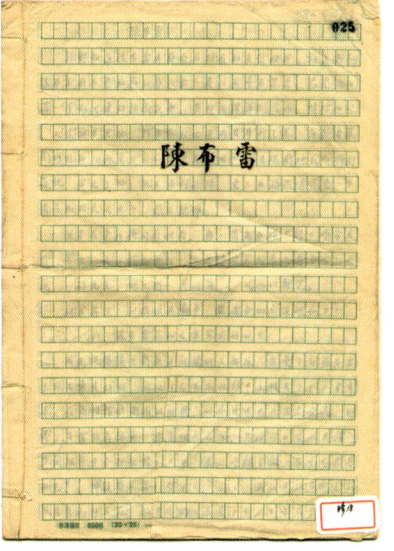

魏伯桢回忆陈布雷的文章手稿

陈布雷(1890～1948)名训恩,字彦及,浙江慈溪人。清宣统三年(1911),毕业于浙江高等学堂的陈布雷来到上海,在《天铎报》任记者。1920年,在商务印书馆参加编译《韦氏大学字典》。次年1月,《商报》在九江路上创刊,其任主笔,常署名"畏垒"撰写社论,立论颇有锋芒。1926年离职去南昌。

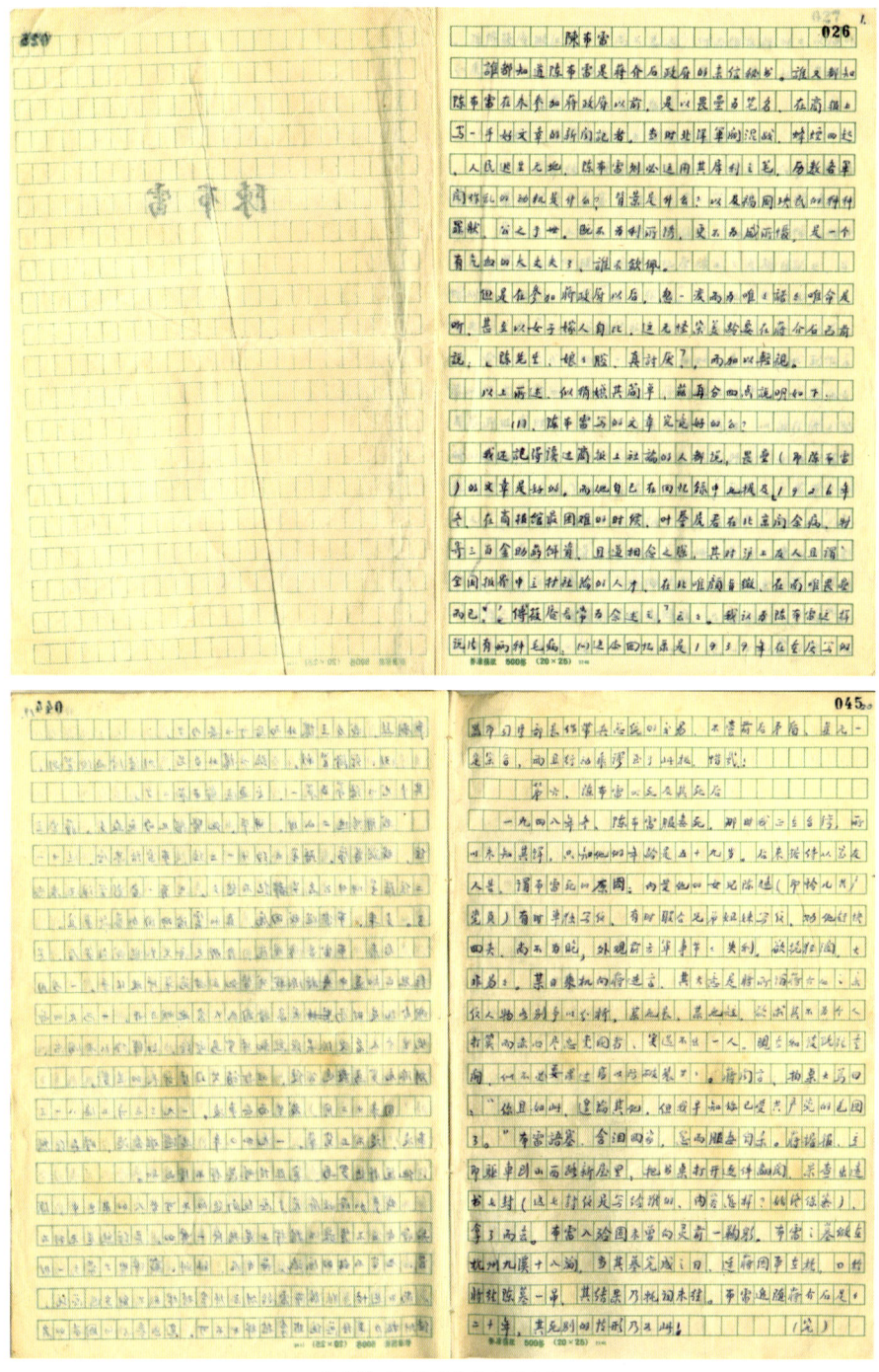

魏伯帧回忆陈布雷的文章手稿

自1926至1948年，成为蒋介石的心腹助手。历任浙江省政府秘书长、教育部次长、侍从室第二处主任、中央政治会议副秘书长、国民政府委员、总统府国策顾问等要职。该件档案中魏伯帧就陈布雷的文章是否真的好、其为何往南昌见蒋、参加蒋政府之后的行为等问题作了细节性的解答与描述，对于研究陈布雷生平具有参考价值。

赵如泉、许紫云、伍月华、郭圣与（右起）在赵如泉寓所切磋交流

京剧老艺人赵如泉照片

赵如泉（1881～1961）7岁学演京剧，初习老生，后改武生。12岁时作练习演出。后因演出致伤，改为文武老生、红生，兼演武净、武丑，艺术上颇受南方著名老生演员潘月樵影响，红生则师承有"活关公"之称的王鸿寿。清光绪二十年（1894）、光绪二十六年先后两次来沪，在黄浦境内戏院演出。光绪二十九年第三次来沪，在玉仙茶园（原址位于今湖北路）演出由王鸿寿根据同名小说改编的12本连台本戏《三门街》，引起轰动，声誉鹊起。从此驻足上海，长期编演连台本戏。至20世纪20年代，先后在春桂茶园（原址位于今湖北路汉口路）、文明大舞台（今人民大舞台）、福州路天蟾舞台、牛庄路三星舞台（今中国剧场）、共舞台（今ET聚场）等剧场搭班，以编演连台本戏和时装戏为主。其中，在文明大舞台演出连台本戏《狸猫换太子》达32本，历时9年之久，与剧场签约20年。20世纪30年代后，演出大量机关布景的连台本戏，有神话、公案、侠义等类。同时，根据社会新闻编演时事新戏，博采众长，聘请编剧、导演，特邀文明戏演员加入同台演出，唱腔除皮黄之外，还掺入苏州小调。赵如泉长期在上海演出，以连台本戏为主，

京剧老艺人会演时赵如泉摄于化妆室

京剧老艺人会演剧目《金玉奴》剧照，伍月华、黄玉麟出演

在表演、音乐、布景等多方面进行革新，在伶界有一定影响。1928年后，曾任上海伶界联合会副会长、会长。1956年被聘为上海市文史研究馆馆员。1956年12月10日，卢湾区政协在上海市政府大礼堂举办"京剧老艺人会演"，伍月华、产保福、陈富瑞、黄玉麟、魏莲芳、范叔年等20余位京剧老艺人参加演出，演出剧目为《武昭关》《金玉奴》《黄鹤楼》《拷打吉平》。75岁高龄的赵如泉演出了久已绝响的《拷打吉平》，这是其从艺生涯的最后一次演出，上海人民广播电台对此专门制作了录音，为京剧艺术资料库留下了一份极其珍贵的史料。1961年，赵如泉病逝于上海。

该组档案为赵如泉相关老照片。

1950年代末蓬莱区妇女炼钢场景

蓬莱区妇女炼钢场景照片

1958年8月，中共中央在北戴河召开政治局扩大会议，通过《全党全民为生产1070万吨钢而奋斗》的决议，要求1958年钢产量在1957年基础上翻一番，以早日在钢产量方面赶上和超过英国。一个空前规模的"全民"大炼钢铁运动由此掀起，各地方、各部门都把钢铁生产放在首位。在社会上全面动员实行"大洋群"为主，"小土群"为辅，洋土结合的生产方式，开展群众性大炼钢铁运动。据载，至10月下旬，上海共建立大小土炉6700多个，低温反射炉、铲炉等2万余座，其中187个大中学校所建土炉即达500多个，全市冶金系统以外被动员参加大炼钢铁的人数近40万，在出钢高产日有100万人投入炼钢；还有13万家庭妇女走出家门捡废钢，搞运输。如此广泛的社会动员，加上冶金企业的日夜奋战，使上海的钢产量直线上升。至年末，全市完成钢产量122.26万吨，比上年增长1.4倍，但其中包括高硫磷的土钢、土铁达26万余吨。

该件档案记录了当时蓬莱区妇女参与炼钢的场景，留下了特定时代的历史记忆。

命名"任弼时故居及团中央机关旧址"为"上海市文物保护单位"的勒石

任弼时故居及团中央旧址勒石

　　1925年1月26至30日，在上海召开青年团第三次代表大会。大会修改了团章，通过一项宣言，宣布中国社会主义青年团改名为中国共产主义青年团。大会选举张太雷、恽代英、任弼时、贺昌等为团中央委员，张太雷任书记。不久，张太雷调任广州，任弼时代理团中央总书记。当时，任弼时居住在爱多亚路福康里7号（今成都北路延安东路交叉口绿地），多次在这里召开团中央会议，与恽代英、贺昌等讨论工作，组织发动各界青年学生积极投入反帝斗争，大力推进青年团组织建设与发展。

　　该件档案为命名"任弼时故居及团中央机关旧址"为"上海市文物保护单位"的勒石，于1962年9月7日以上海市人民委员会名义公布，由上海市文物保管委员会勒立。爱多亚路福康里7号原为一幢单开间砖木结构，二层楼旧式石库门里弄住宅。1924年8月至1925年6月间，任弼时在此居住。团的三大后，曾为团中央机关所在地。原建筑在延安路高架道路工程中被拆除。

1982年丁玲（前左三）在厦门鼓浪屿与上海魔术团成员的合影

作家丁玲与上海魔术团成员合影

丁玲(1904～1986)原名蒋伟，字冰之，湖南临澧人。1922年起先后入上海平民女校、上海大学学习。1927年起发表《梦珂》《莎菲女士的日记》等作品，表现了五四运动后觉醒的知识青年的精神状态。1930年，参加中国左翼作家联盟，次年任左联机关刊物《北斗》主编。1932年加入中国共产党，任左联党团书记。先后创作《水》《母亲》等作品。1936年赴陕北，历任苏区中国文艺协会主任、中央警卫团政治部副主任、西北战地服务团团长、《解放日报》文艺副刊主编、陕甘宁边区文艺协会副主任。曾深入前线，用文艺形式反映八路军和人民群众的斗争生活，创作了《在医院里》《我在霞村的时候》等作品。1946年到晋察冀边区参加土改运动。1948年，创作长篇小说《太阳照在桑干河上》，描写中国农村的土地改革运动。中华人民共和国成立后，历任《文艺报》主编、中央文学研究所所长、中共中央宣传部文艺处处长、中国作协副主席、《人民文学》主编、中国文联党组副书记、第六届全国政协常委等。晚年创办并主编《中国》文学杂志。有《丁玲全集》行世。

该件档案记录了1982年8月7日，丁玲在厦门鼓浪屿与上海魔术团成员合影的场景。

雕刻家薛佛影在雕刻中

雕刻家薛佛影雕刻作品

薛佛影微雕作品

薛佛影(1905～1988)原名光照，江苏无锡人。幼受家训，能诗文，懂医道，苦读之余，勤攻篆刻。1925年来沪，历职大德堂、天伦丝厂。1931年，协助王蕴章创办正风文学院，任院务主任，与胡朴安、胡怀琛、吕思勉、钱基博等相交，学识大进；又得吴湖帆、张在园等名师指导，技艺愈精。久寓蒲柏路(今太仓路)146号。对古代陶器、甲骨、钟鼎、铜镜、玉石、砖瓦之刻纹，悉心钻研，精心摹练，并及宗教艺术、民族形式等，渐融会于象牙细刻之中，并进展至水晶、翡翠、白玉。善用圆刀，融指觉、视觉、心灵感觉为一，名传中外。中华人民共和国成立后，任上海工艺美术研究所雕刻工艺师，国家文化部授予特级工艺美术大师。

本馆所藏薛佛影微雕作品，雕刻转折灵活、线条流畅。

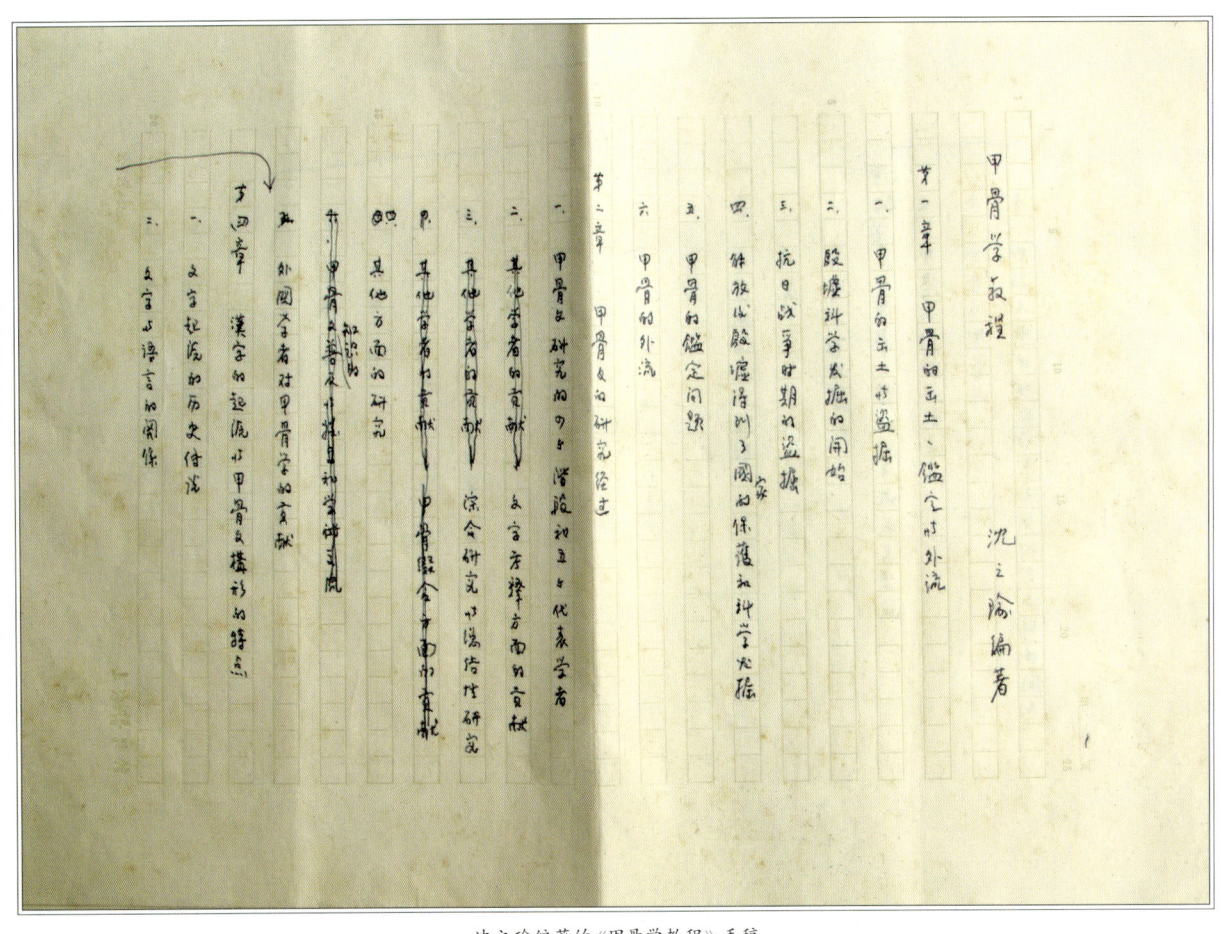

沈之瑜编著的《甲骨学教程》手稿

沈之瑜编著《甲骨学教程》手稿

沈之瑜 (1916～1990) 原名茹志成，曾用名鲁楷，浙江杭州人。1933年在"白鹅画社"学画，1935年毕业于上海美术专科学校西洋画系，师承刘海粟，留校当助教。1940年春投奔革命，在浙江遂昌参加中共地下党。参加革命后在部队从事文化工作。1949年上海解放后，为参加接管上海文化系统的军代表之一。历任上海军管会文艺处美术室主任、上海市文化局社文处处长、上海市文学艺术联合会委员、上海美术工作者协会党组副书记、上海新成区文化局局长、上海市文管会副主任兼上海美术专科学校副校长、中国人民对外友好协会上海分会副秘书长等职。曾主持筹建上海自然博物馆，参与查实中共一大会址，并负责纪念馆的恢复原状及修缮工作。1958年开始从事文物、博物馆工作，先后任上海博物馆副馆长、馆长。他对美术、考古和中国画理论及古文字、书法皆有研究，造诣颇深，有多篇论文和研究著作发表或出版，留下《中国博物馆学概论》《甲骨学教程》两本遗稿。

该件档案为沈之瑜编著《甲骨学教程》时的手稿。

筱月英、邵文娟剧照

魏梅照剧照

张小巧剧照

张云霞、刘丽华剧照

卢湾越剧团系列剧照

　　1978年底，以原少壮越剧团为基础，吸收原春泥、出新、青山越剧团的部分人员筹建上海卢湾区越剧演出队，1979年3月14日组建成卢湾越剧团，属国营性质。共有演职人员80名，张云霞（花旦）任团长，范迪声（编剧）、筱月英（花旦）任副团长。主要演员有小生邵文娟、刘丽华，老生魏梅照、俞少鹏，小丑张小巧、单林英。主要业务人员有编剧张光楣、徐丽金、乐秀琴，导演贝凡、谢文芳，作曲唐惠良，舞美设计仲美、熊发根。该团组建时的首

1984年赴港参加中国戏曲节剧目《真假太子》剧照,邵文娟、单林英、俞少鹏分饰太子、苗国舅、皇帝

演剧目是原"少壮"的保留剧目《碧玉簪》。到1992年底共上演42个大型剧目,其中有张云霞的代表作《春草》《貂蝉》《李翠英》《游龙飞凤》;筱月英等主演的《沉香扇》《孔雀东南飞》《女中郎》,还有徐派名剧《是我错》、范派的《红楼梦》以及以丑角为主的《双狮宝冈》等。该团经济上自负盈亏,创作态度严谨,注重社会效果。曾编演了反映书法家王羲之锐意进取、勤奋好学的古装戏《玉鹅恋》,歌颂生母养母一样亲的古装伦理剧《金殿让子》,描写台湾同胞渴望回归祖国的大型现代剧《相思曲》等。

1982年8月,筱月英、邵文娟应邀参加香港市政局举办的首届中国戏曲节,与香港越剧同仁同台演出《棒打薄情郎》。1984年8月,部分演职人员携剧目《沉香扇》《真假太子》,再次应邀赴港参加会演。最后一任正、副团长为文忠山、范迪声,张云霞、筱月英为名誉团长。1995年1月,该团并入国泰文化经济发展公司,更名为国泰越剧团。

该组档案为原卢湾越剧团演员剧照。

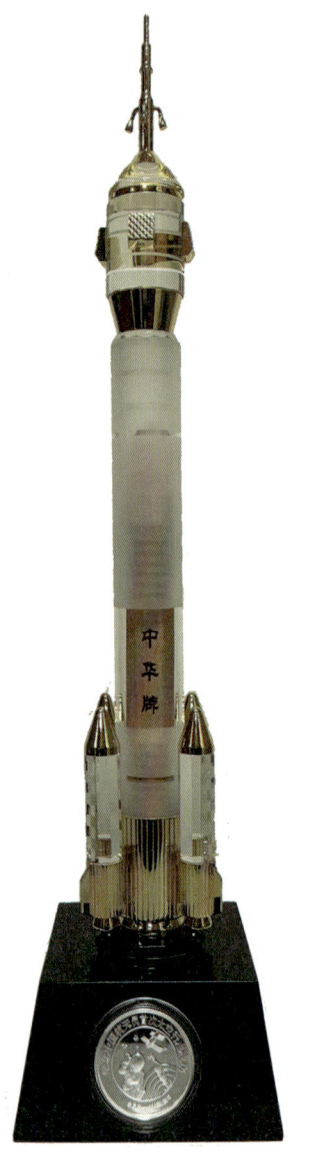 

中华神七太空笔

中华神七太空笔

太空书写笔是航天员出舱行走的重要配备品。2006年10月，中国航天员科研训练中心委托隶属老凤祥股份有限公司的独资企业——中国第一铅笔有限公司研制太空笔。中铅公司科研人员针对太空失重、环境温差大及航天员出舱书写等特殊要求，经过近两年的技术攻关，于2008年5月成功为"神舟七号"飞船研制出了"中华太空笔"并通过航天员科研训练中心验收，填补了国内航天技术装备的空白，并由中国航天员在太空行走时写下了神奇的一笔。

本馆所藏的一支中华神七太空笔，于2013年由中铅公司捐赠。

底谓油画画作《天上天》

底谓画作及上海老建筑钢笔画手稿

  底谓,原名李鸣,1957年生。画家、哲学家。擅长素描、水粉及油画。长期从事书稿文字编辑工作,开创"本体主义"油画艺术形式。代表作有《〈白毛女〉在延安》《两条垂直的视平线》(油画)《虚拟文明》(油画)《磁场》(油画)《三重生》(油画)《彼此穿越的时空》(油画)《梦里江山图》(油画)《做客于三千年前》(散文)《中国人是怎样的人》(散文)《俗大乃雅》(散文)

169

底谓《上海滩上的万国风情》钢笔画手稿

《等着你,回来的微笑》(抗疫歌曲)等,著有《禅话与商机》《蓝湖英雄》(动漫文学脚本)《上海滩上的万国风情》《万物中介律》等。

该组档案为2019年底谓捐赠的本体主义油画及其著作《上海滩上的万国风情》中上海老建筑钢笔画手稿,共156幅。作品主题鲜明,具有一定的收藏及史料价值。

名人题词、书画作品

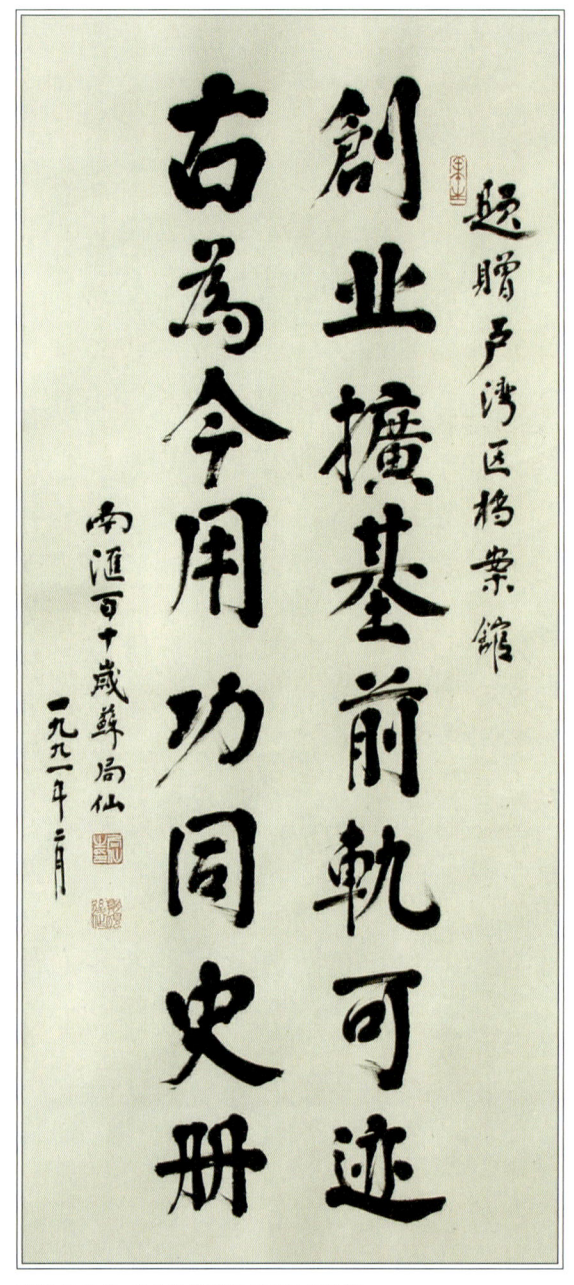

1991年2月，苏局仙题赠原卢湾区档案馆

苏局仙

苏局仙（1882～1991）字裕国，上海南汇人，书法家、诗人。书作苍劲质朴，清秀俊美，以所书《兰亭序》最有代表性。喜吟咏，工诗词。长期从事教育工作，曾被评为全国健康老人，有"上海第一老人"之称。曾任中国书法家协会会员、上海市书法家协会名誉理事、上海市文史研究馆馆员。出版有《蓼莪居诗存》《水石居诗抄》等。

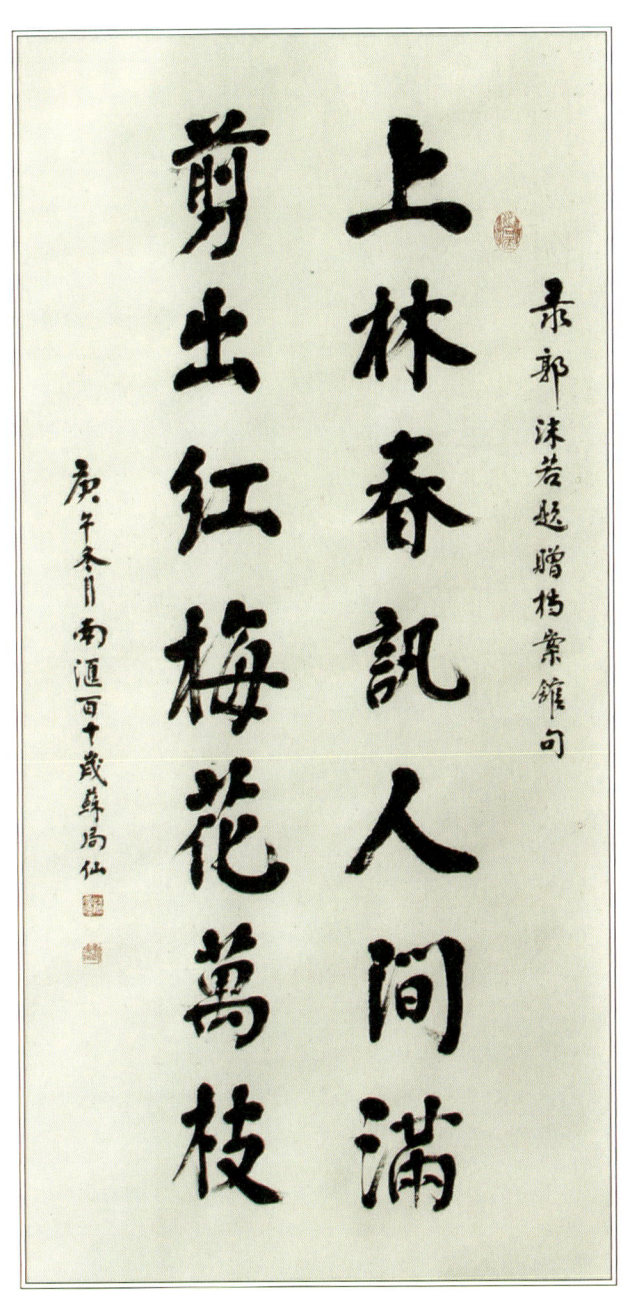

苏局仙书法作品

苏局仙书法作品

沈迈士画作《白云深处》

沈迈士

　　沈迈士(1891～1986)名祖德,号宽斋,祖籍浙江吴兴(今湖州),生于苏州。国画家,擅山水、花卉,工书法,善诗文。1932年迁沪,寓环龙路志丰里(今南昌路148弄),后迁辣斐德路辣斐坊(今复兴中路553弄)1号。曾任上海市文物保管委员会委员、上海市文史研究馆馆员、中国美术家协会会员、中国美术家协会上海分会理事、中国书法家协会会员、中国书法家协会上海分会名誉理事、上海中国画院画师、湖州书画院名誉院长。著有《王诜》《沈迈士画集》《沈迈士书画选》等。

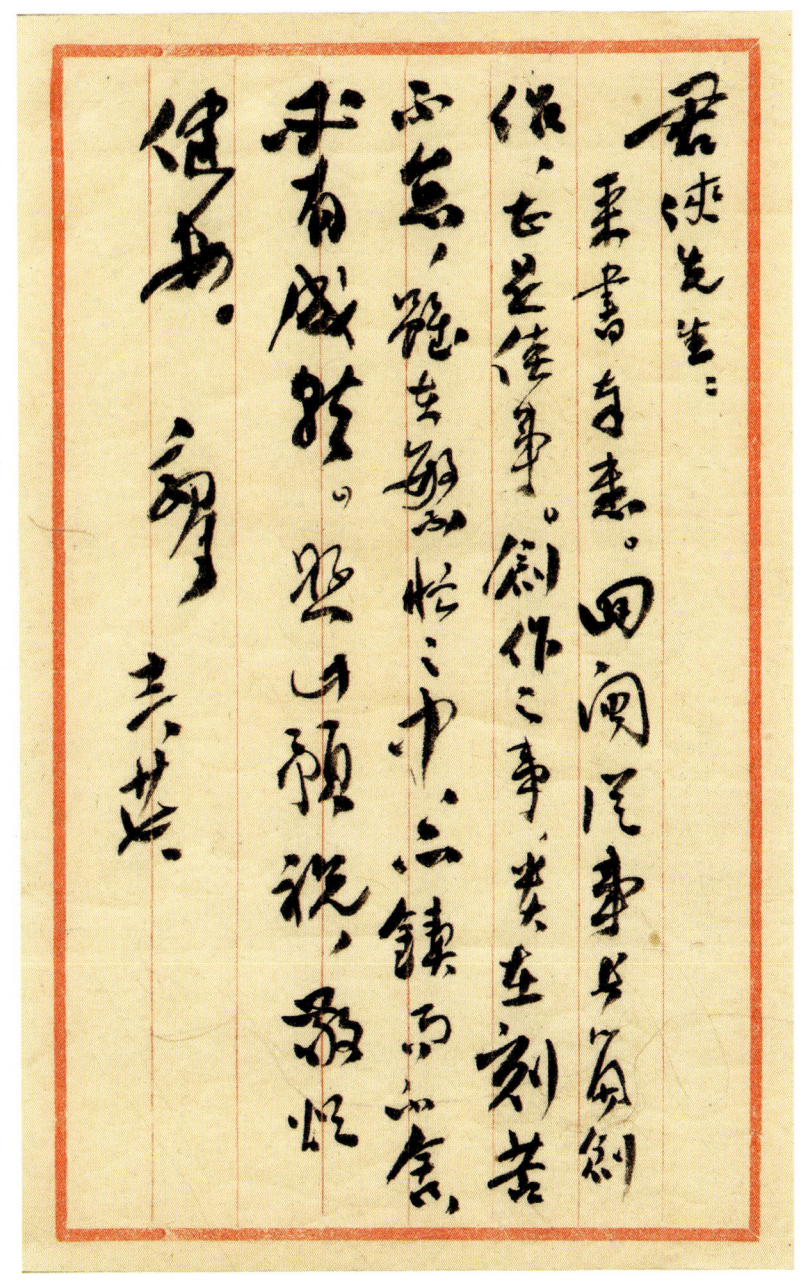

郭沫若书信手笔

郭沫若

  郭沫若(1892～1978)原名开贞,字鼎堂,号尚武,四川乐山人。作家、诗人、剧作家、历史学家、古文字学家、考古学家、社会活动家。曾任中国文学艺术界联合会主席、政务院副总理、中国科学院院长、全国人大常委会副委员长、中国科学技术大学首任校长等。著有诗集《新华颂》《东风集》、剧本《蔡文姬》《武则天》、论著《李白与杜甫》等,有《郭沫若文集》《郭沫若全集》行世。

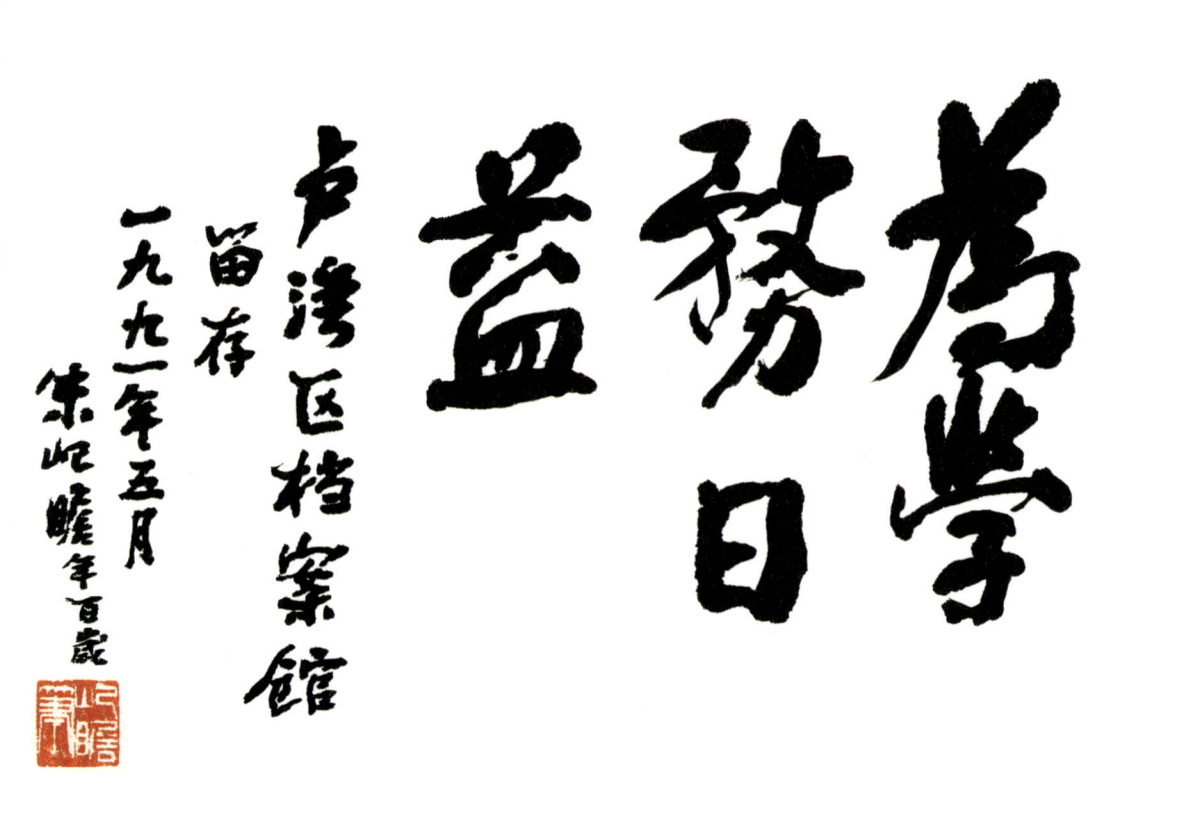

朱屺瞻题赠原卢湾区档案馆

朱屺瞻

朱屺瞻（1892～1996）原名增钧，号起哉、二瞻老民，江苏太仓人。斋名梅花草堂、癖斯居等。国画家，擅画山水、花鸟，创作中继承传统，融会西法，具有强烈的个人风格。曾任中国美术家协会顾问，中国美术家协会上海分会常务理事、顾问，上海中国画院画师，上海市文史研究馆馆员等。著有《癖斯居画谭》《朱屺瞻画集》《屺瞻百岁画集》等。

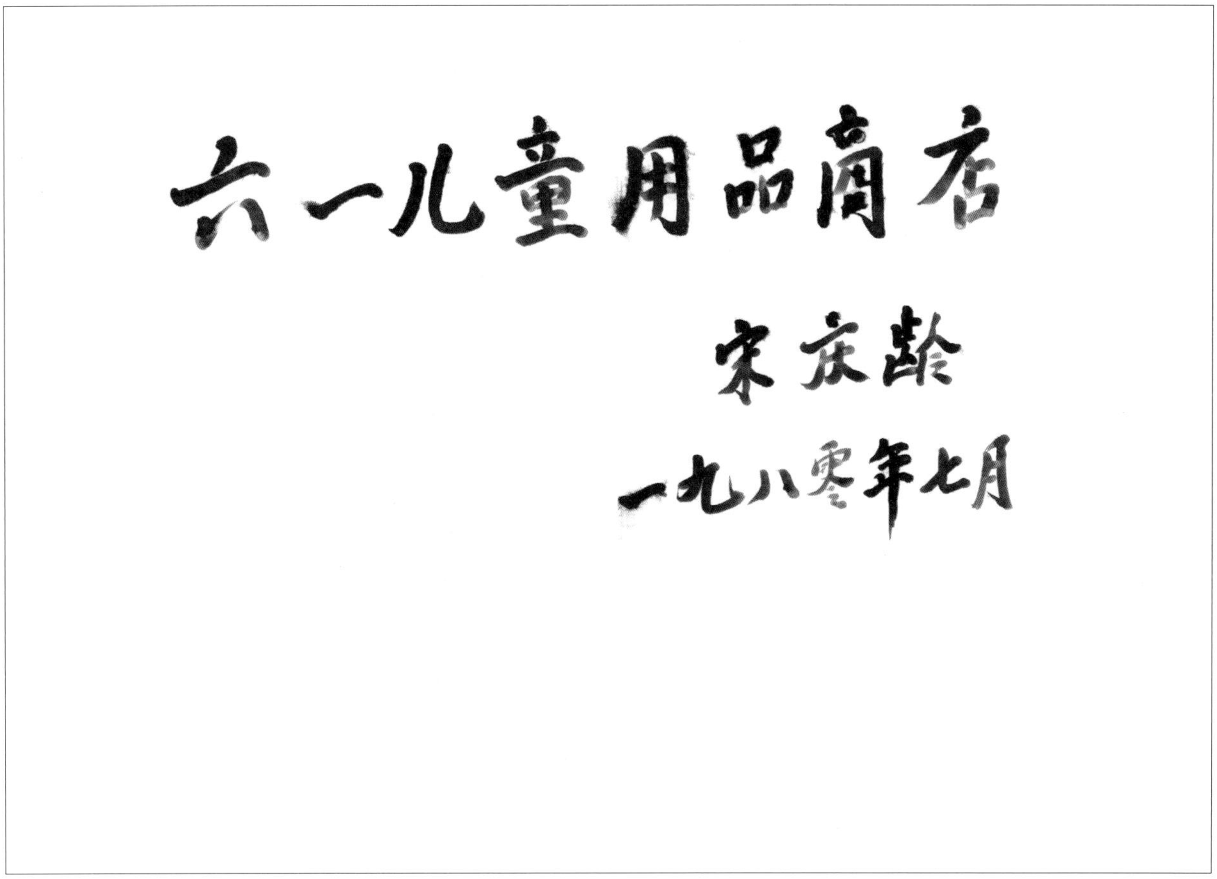

> 六一儿童用品商店
> 宋庆龄
> 一九八零年七月

宋庆龄为"六一儿童用品商店"题写店名

宋庆龄

宋庆龄(1893～1981)祖籍广东文昌(今属海南),生于上海。政治家,孙中山夫人。曾任中央人民政府副主席、全国人大常委会副委员长、中华人民共和国副主席、中华全国妇女联合会名誉主席等。

汪亚尘画作《朵朵葵花向日开》　　汪亚尘画作《水暖濯春鱼》

汪亚尘

　　汪亚尘(1894～1983)字云隐，浙江杭州人。画家、美术教育家，曾执教上海美术专科学校，参与创办上海新华艺术专科学校。擅画花鸟虫鱼，尤以画金鱼见长，从西画入手深研传统技法，创作融合中西，淡雅秀逸，清趣动人。1931年后曾寓薛华立路（今建国中路）155弄15号。著有《汪亚尘艺术论文集》《汪亚尘国画作品集》《汪亚尘画集》等。

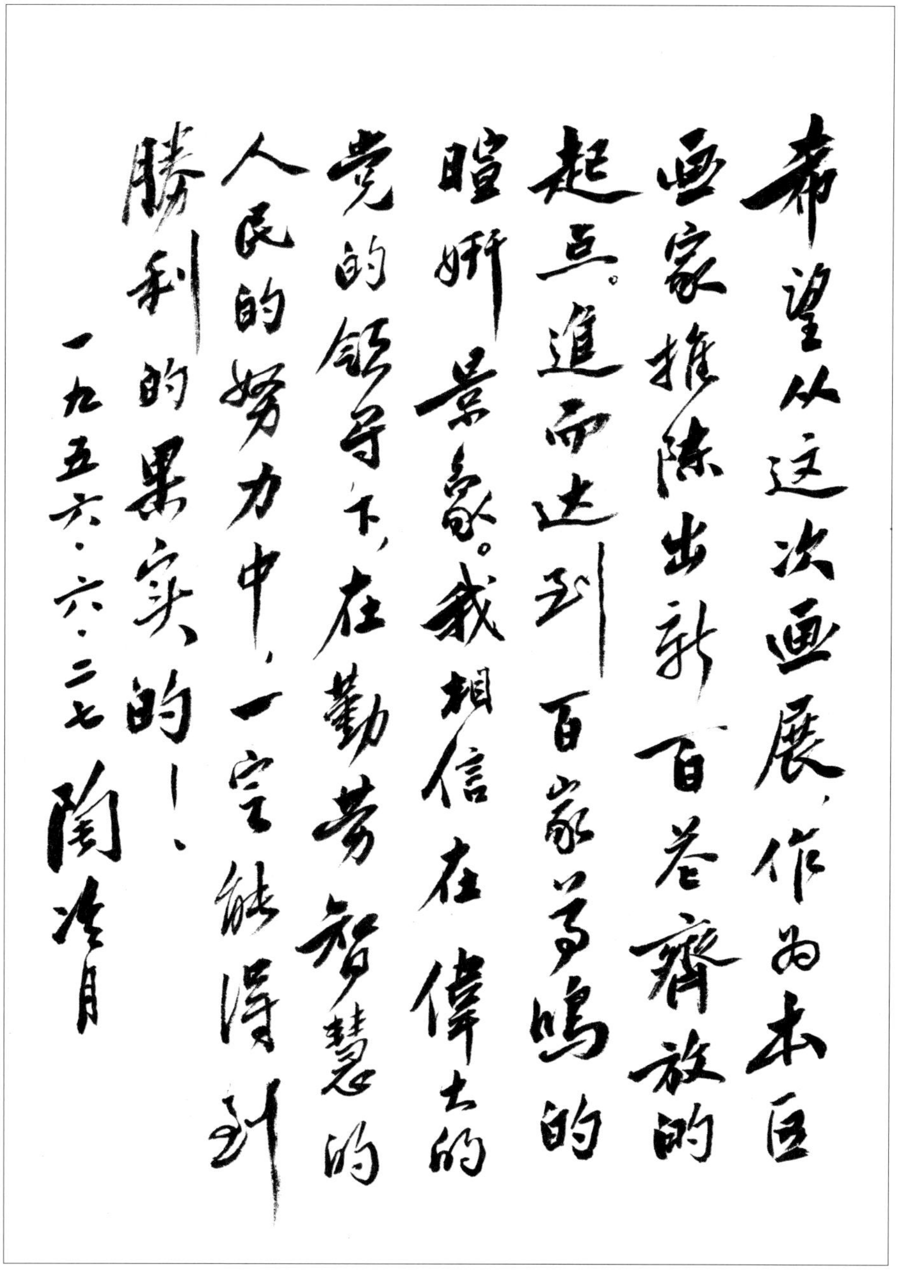

希望从这次画展，作为本区画家推陈出新，百花齐放的起点，进而达到百家争鸣的暄妍景象。我相信在伟大的党的领导下，在勤劳智慧的人民的努力中，一定能得到胜利的果实的！

一九五六·六·二七 陶冷月

陶冷月手笔

陶冷月

　　陶冷月 (1895～1985) 原名善镛，字咏韶，晚号宏斋、柯梦道人等，江苏苏州人。书画家，以擅画月亮驰名，画出月色的四季不同：春明媚、夏爽朗、秋高亢、冬清寒。曾寓萨坡赛路丰裕里 (今淡水路 214 弄)98 号。曾任复兴中学、五爱中学教师，上海市文史研究馆馆员，中国美术家协会上海分会会员等。有《冷月画集》行世。

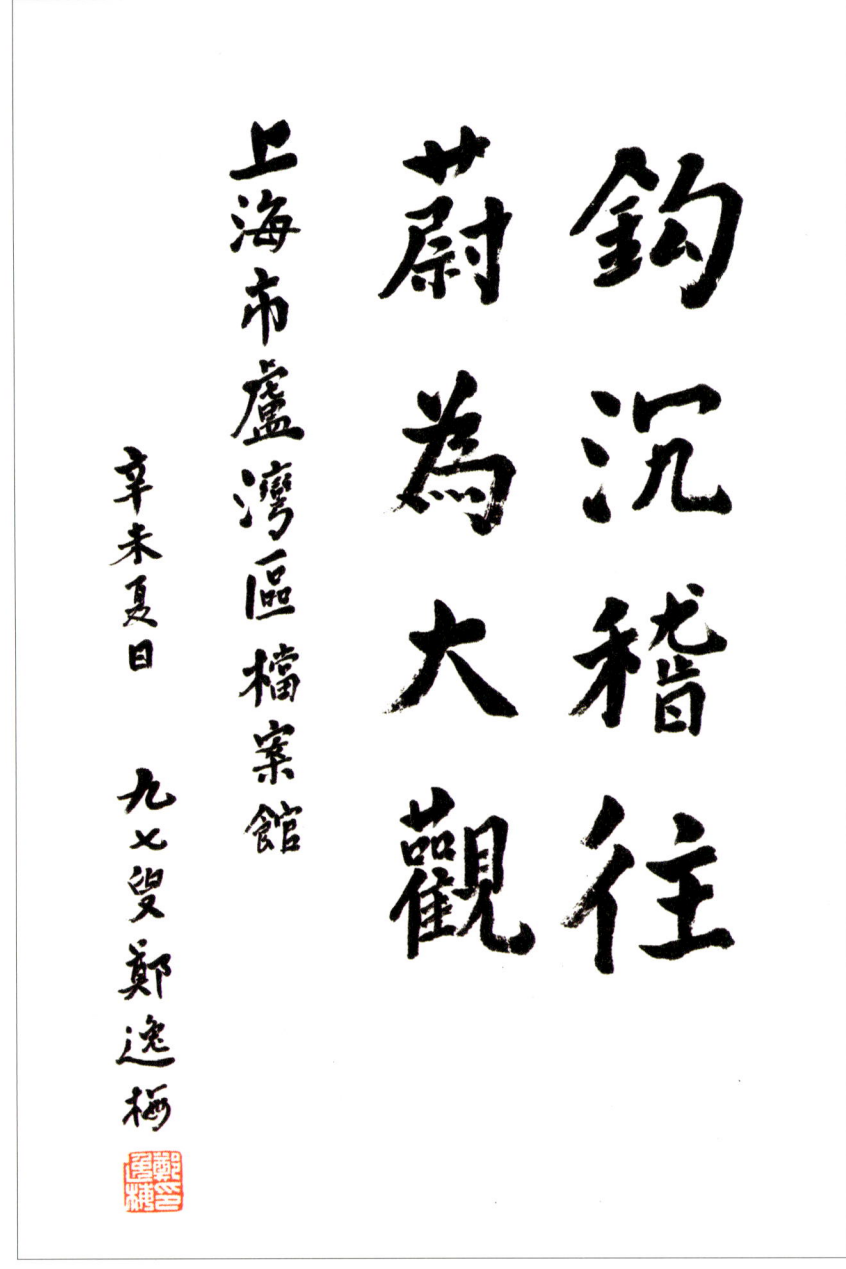

郑逸梅为原卢湾区档案馆题词

郑逸梅

郑逸梅(1895～1992)原名际云,号逸梅,江苏苏州人。作家、文史掌故家,长期从事教育事业。擅写人物传记、名人轶事、文史掌故,人称"补白大王"。曾任广东晋元中学副校长、上海市文史研究馆馆员、中国作家协会会员。著有《逸梅小品》《南社丛谈》《文苑花絮》《艺林散叶》《艺坛百影》《书报话旧》《清末民初文坛轶事》等,有《郑逸梅选集》行世。

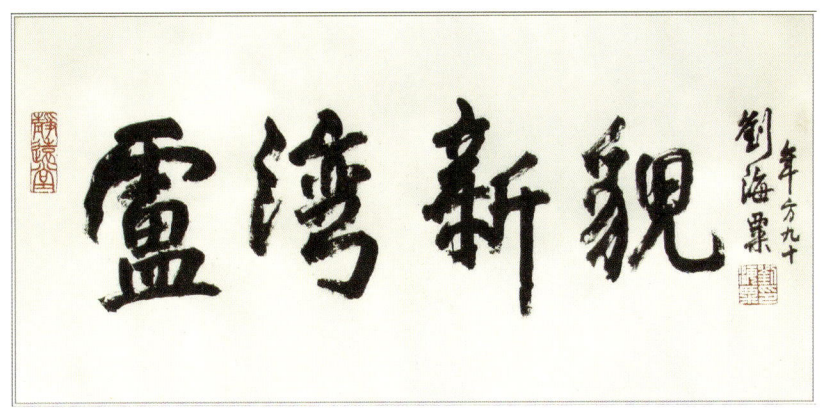

刘海粟题写"卢湾新貌"

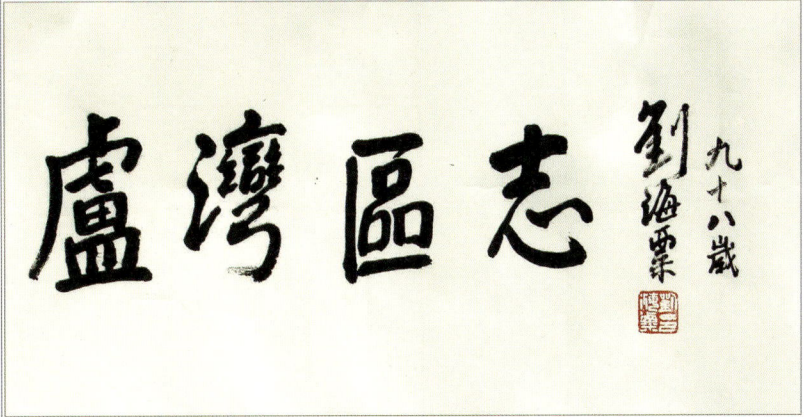

刘海粟为《卢湾区志》题写书名

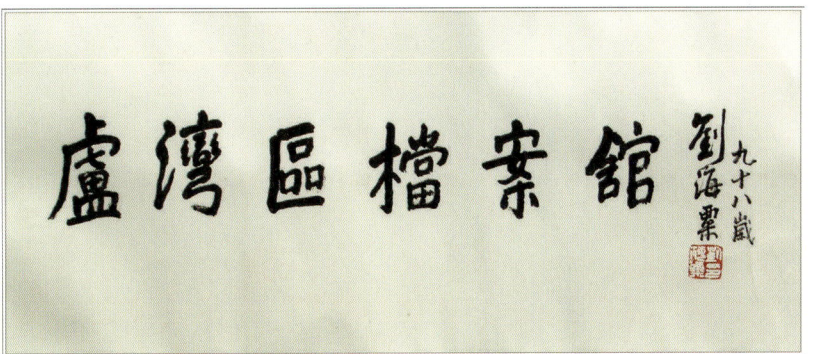

刘海粟为原卢湾区档案馆题写馆名

刘海粟

　　刘海粟(1896～1994)原名槃,字季芳,号静远老人,晚号海翁,江苏常州(武进)人。绘画艺术大师、美术教育家,参与创办中国近代第一所正规新型美术学校——上海图画美术院(后改名上海美术专科学校)。曾任上海美术专科学校校长、华东艺术专科学校校长、南京艺术学院院长、中国文学艺术界联合会委员、中国美术家协会顾问、中国美术家协会上海分会名誉主席、江苏省文学艺术界联合会名誉主席、民盟上海市委顾问等。第三、四、五、八届全国政协委员,第六、七届全国政协常务委员。著有《画学真诠》《刘海粟艺术文选》《刘海粟画集》等。

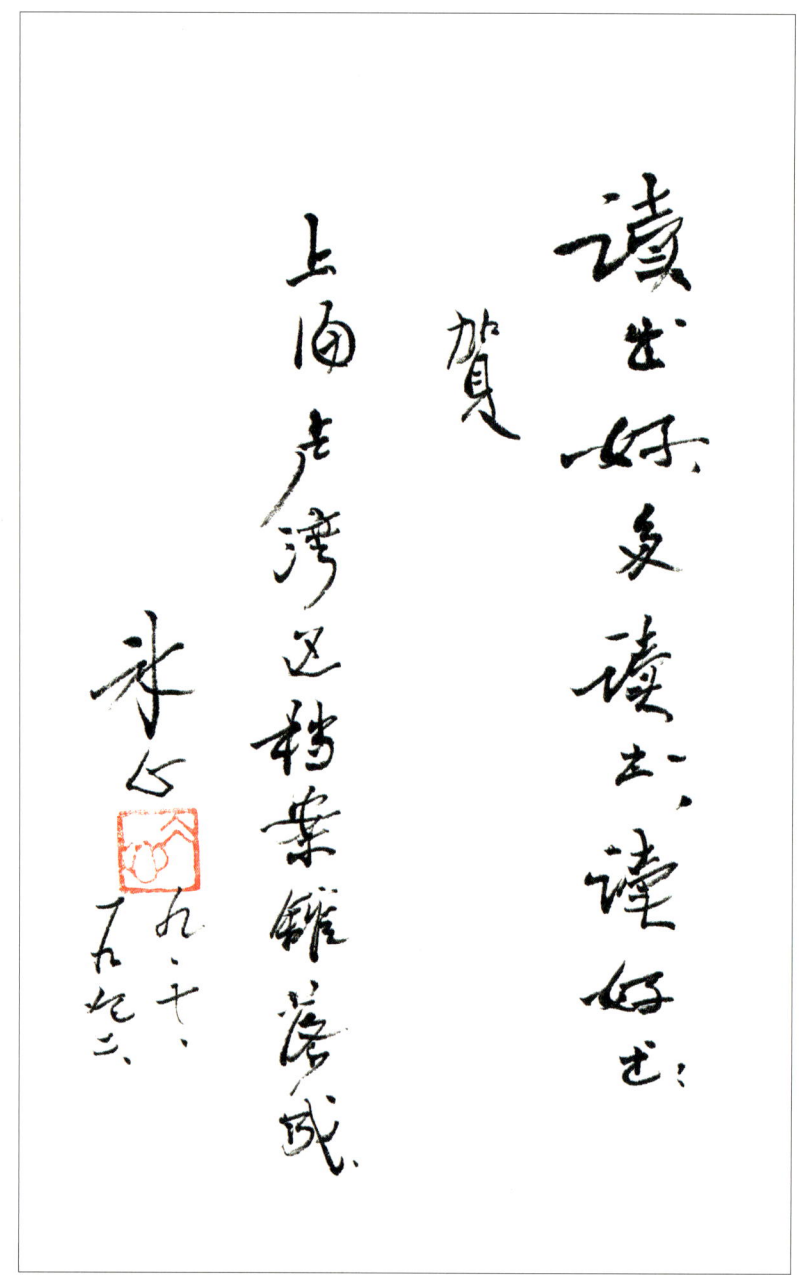

冰心为原卢湾区档案馆题词

冰 心

冰心(1900～1999)原名谢婉莹,笔名冰心,祖籍福建长乐,生于福建福州。诗人、作家、翻译家、儿童文学家。曾任中国文学艺术界联合会副主席,中国作家协会理事、书记处书记,全国少年儿童福利基金会副会长,中国妇女联合会常委等。著有诗集《繁星》《春水》、短篇小说集《超人》《往事》《南归》、散文集《寄小读者》、儿童文学集《小桔灯》等,译有《泰戈尔剧作集》《印度童话集》等,有《冰心全集》行世。

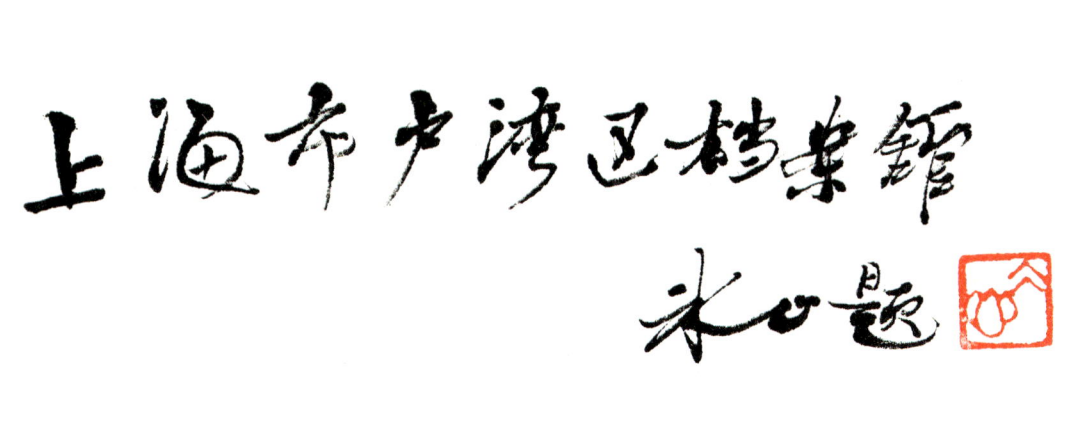

冰心为原卢湾区档案馆题写馆名

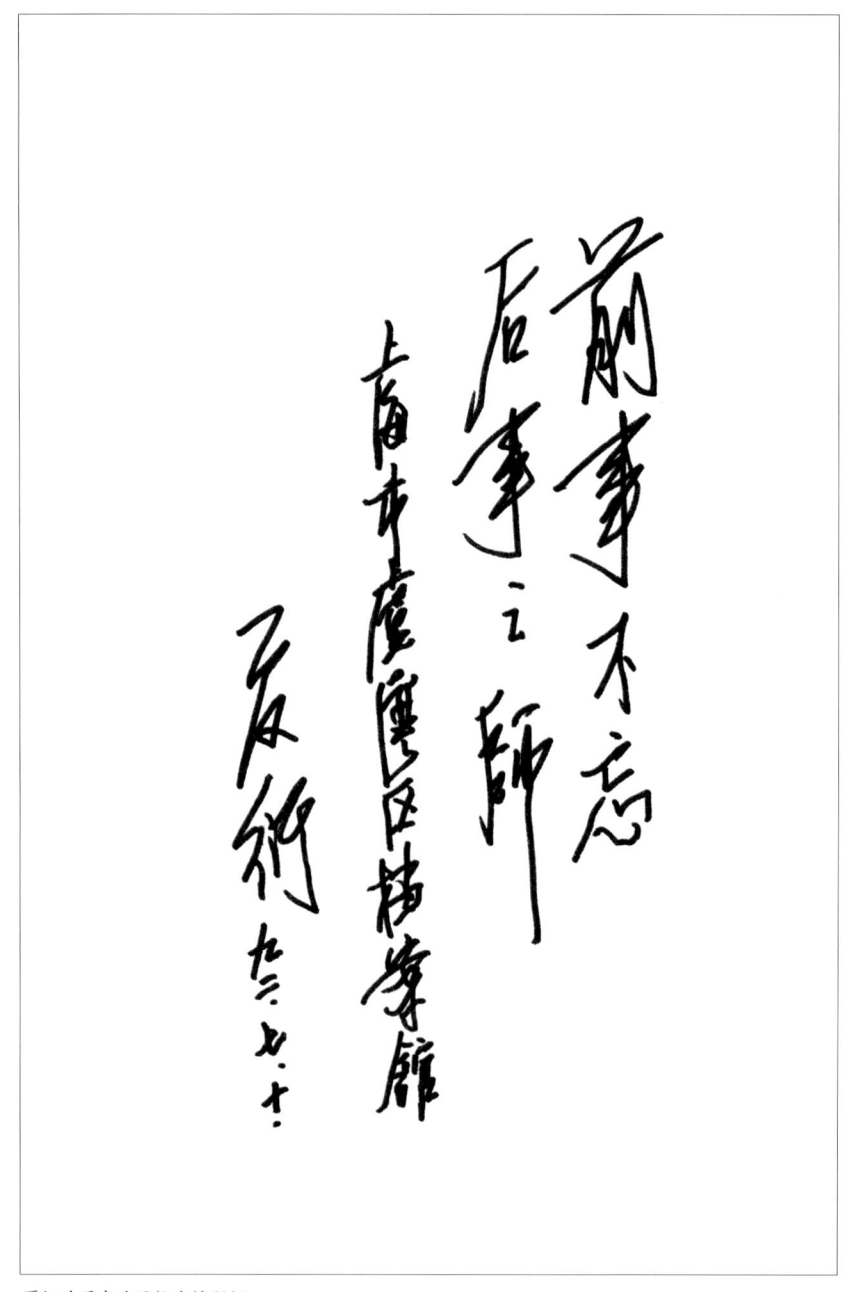

夏衍为原卢湾区档案馆题词

夏 衍

夏衍(1900～1995)原名沈乃熙,浙江杭州人。作家、翻译家、社会活动家。曾任中共上海市委宣传部部长、文化部副部长、中国文学艺术界联合会副主席、中国对外友好协会副会长、中国电影家协会主席等。著有《上海屋檐下》《法西斯细菌》《包身工》等,译有《母亲》《妇人与社会》等。有《夏衍全集》行世。

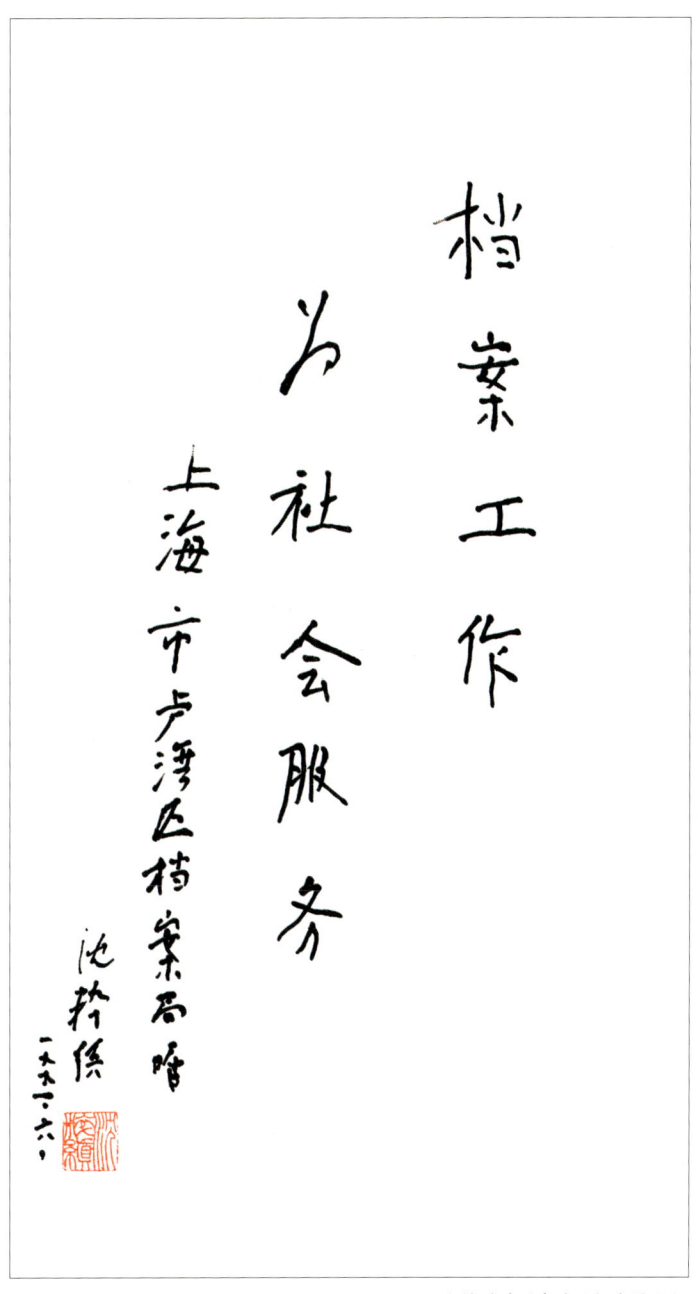

沈粹缜为原卢湾区档案馆题词

沈粹缜

沈粹缜（1901～1997），江苏苏州人。妇女儿童事业活动家，邹韬奋夫人。曾任中国福利会托儿所所长，上海市妇女联合会部长、副主任，中国福利会秘书长等。第二至六届全国政协委员。

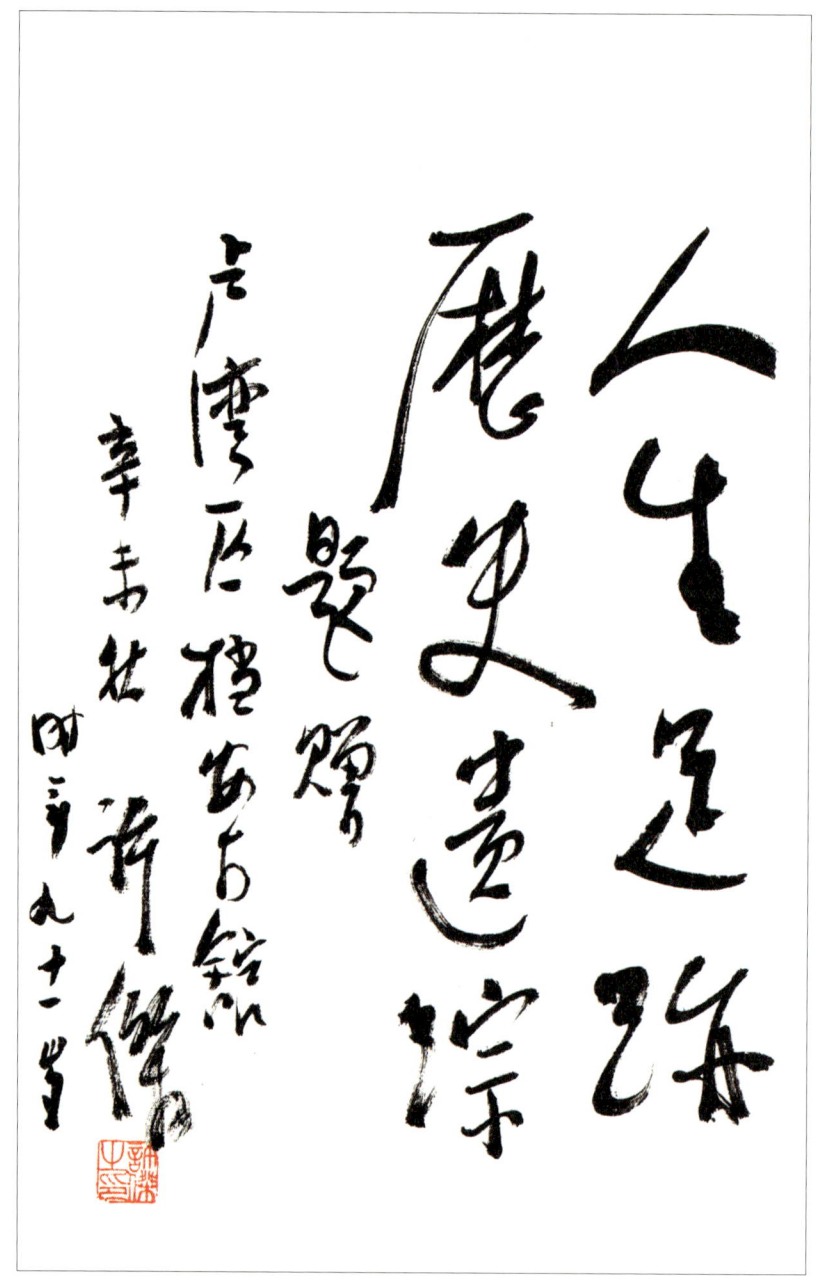

许杰为原卢湾区档案馆题词

许杰

许杰(1901～1993)原名世杰,浙江天台人。作家、教育家、文学评论家。曾任复旦大学教授,华东师范大学教授、中文系主任,中国作家协会上海分会副主席等。著有《鲁迅小说讲话》《许杰短篇小说选集》《许杰散文选集》《许杰文学论文集》等。

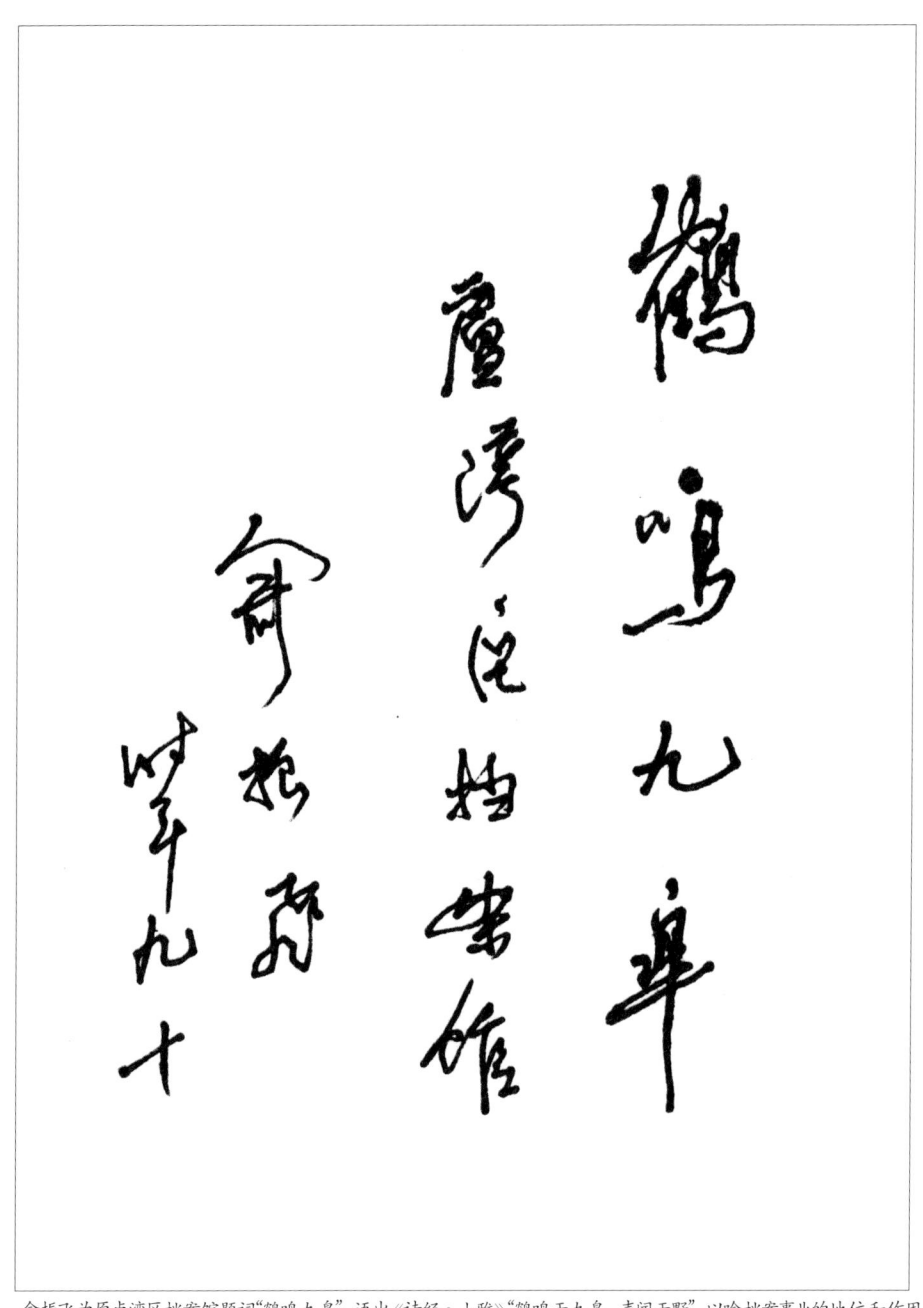

俞振飞为原卢湾区档案馆题词"鹤鸣九皋",语出《诗经·小雅》"鹤鸣于九皋,声闻于野",以喻档案事业的地位和作用

俞振飞

　　俞振飞(1902～1993)原名远威,号箴非,祖籍上海松江,生于江苏苏州。京昆剧表演艺术家、书画家。曾任上海戏曲学校校长、上海昆剧团团长、上海京剧院院长、中国文学艺术界联合会副主席、中国戏剧家协会名誉理事等。全国政协委员。著有《振飞曲谱》《俞振飞艺术论集》等。

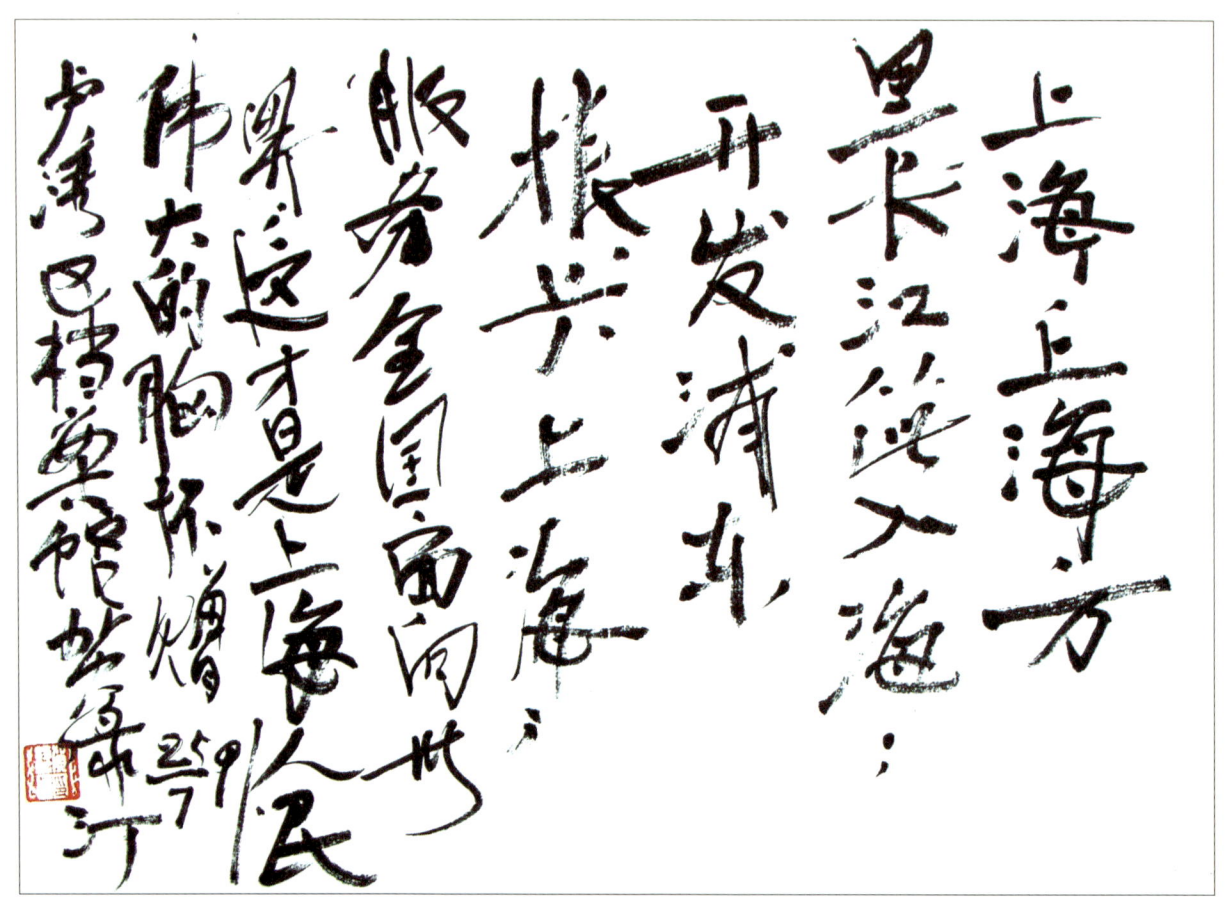

贺绿汀为原卢湾区档案馆题词

贺绿汀

贺绿汀（1903～1999）又名安钦、抱真，湖南邵阳邵东县（今邵东市）人。作曲家、音乐理论家、音乐教育家。曾任上海音乐学院院长、中国文学艺术界联合会副主席、中国音乐家协会副主席、上海音乐家协会主席等。第五、六届全国政协常委。代表作有《天涯歌女》《四季歌》《游击队之歌》《嘉陵江上》《牧童短笛》等。著有《贺绿汀音乐论文选集》等，有《贺绿汀全集》行世。

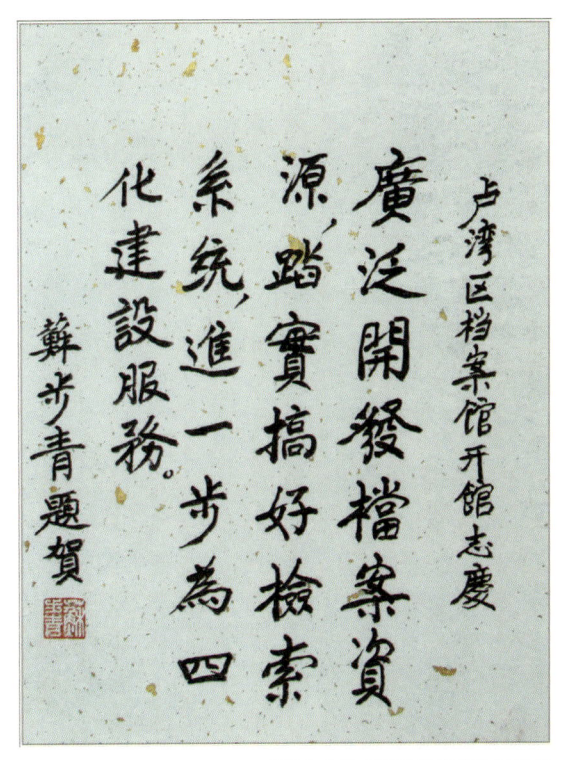
苏步青为原卢湾区档案馆开馆题词

1991年春,苏步青为原卢湾区档案馆题词

苏步青题字"科普村"

苏步青

苏步青(1902～2003),浙江平阳人。数学家、教育家,中国微分几何学派创始人,中国科学院院士。曾任浙江大学教务长,复旦大学校长、数学研究所所长,中国科学院学部委员,中国数学会副理事长、名誉理事长,《中国数学会学报》主编,《数学年刊》主编,国务院学位委员会委员等。第二、三、七届全国人大代表,第五、六届全国人大常委会委员,第二届全国政协委员,第七、八届全国政协副主席。著有《仿射微分几何》《射影曲面概论》《仿射共轭网概论》《微分几何学》《现代微分几何学概论》《计算几何》等,辑有《苏步青数学论文选集》。

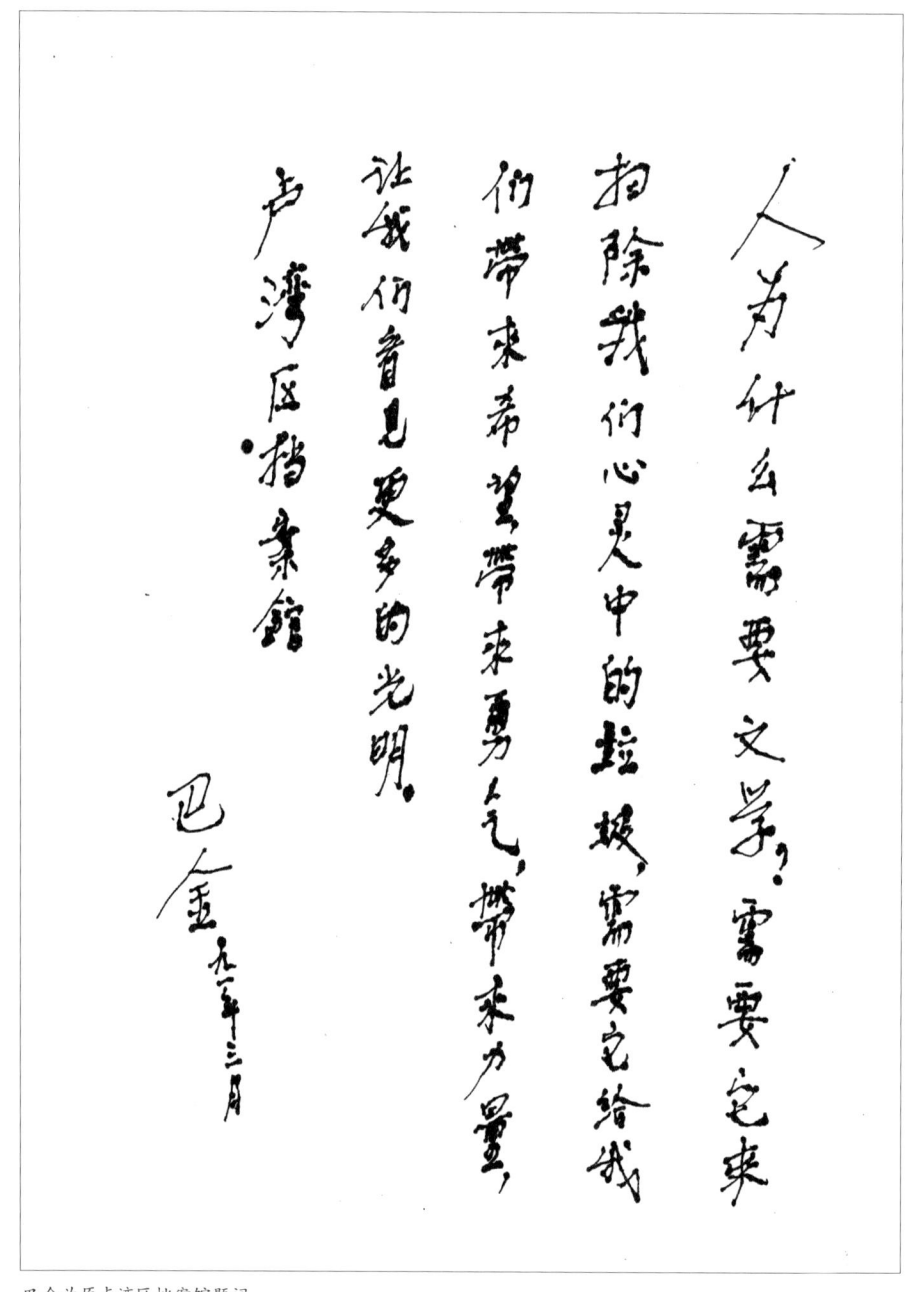

巴金为原卢湾区档案馆题词

巴 金

巴金（1904～2005）原名李尧棠，字芾甘，四川成都人。现代文学家、出版家、翻译家，20世纪杰出的现实主义文学大师。曾任中国文学艺术界联合会副主席，中国作家协会副主席、主席，中国作家协会上海分会主席，上海市文学艺术界联合会副主席、主席，《文艺月报》《上海文学》《收获》主编等。第一届政协全体会议代表、第六至八届全国政协副主席、第一至五届全国人大代表、第五届全国人大常委会委员。著有"爱情三部曲"(《雾》《雨》《电》)和"激流三部曲"(《家》《春》《秋》)，散文集《随想录》等。

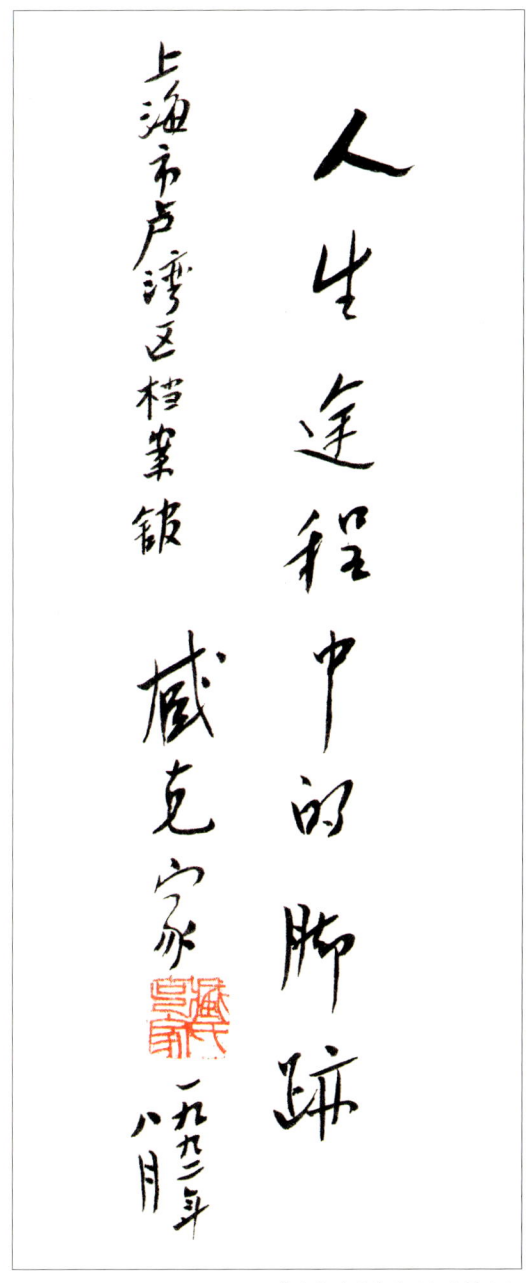

臧克家为原卢湾区档案馆题词

臧克家

臧克家(1905～2004)又名瑗望,笔名少全、何嘉,山东诸城人。现代作家、诗人。曾任华北大学文艺学院文学创作研究室研究员,人民出版社编审,中国作家协会书记处书记,中国文学艺术界联合会委员,《诗刊》主编、顾问,中国诗歌学会会长等。第二、三届全国人大代表,第五至第八届全国政协委员。著有《臧克家诗选》《臧克家抒情散文选》等。

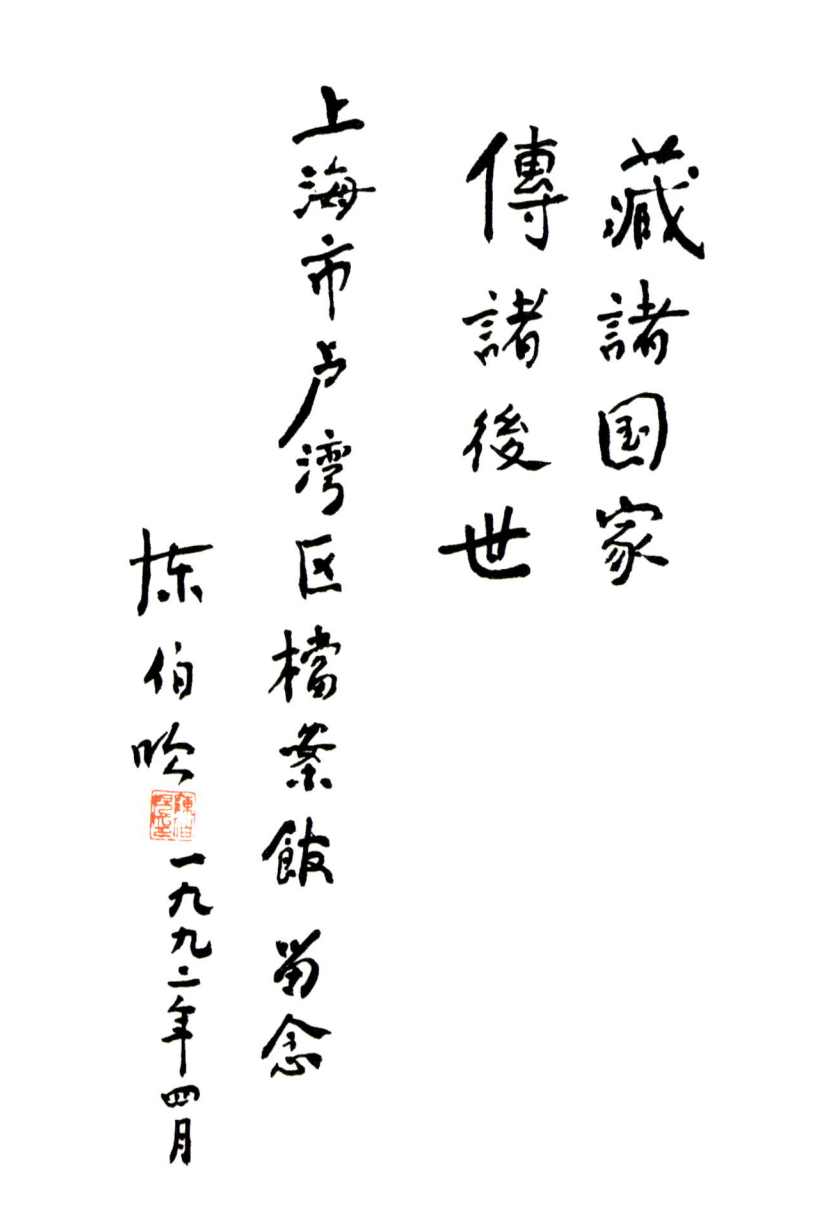

陈伯吹为原卢湾区档案馆题词

陈伯吹

　　陈伯吹（1906～1997）原名汝埙，江苏宝山（今属上海）人。儿童文学作家、翻译家。曾任华东师范大学、北京师范大学教授，人民教育出版社编审，上海少年儿童出版社副社长，中国作家协会理事、顾问，中国作家协会上海分会理事、书记处书记，上海市文学艺术界联合会委员等。第六届全国政协委员。著有《畸形的爱》《阿丽思小姐》《骆驼寻宝记》《一只想飞的猫》等。

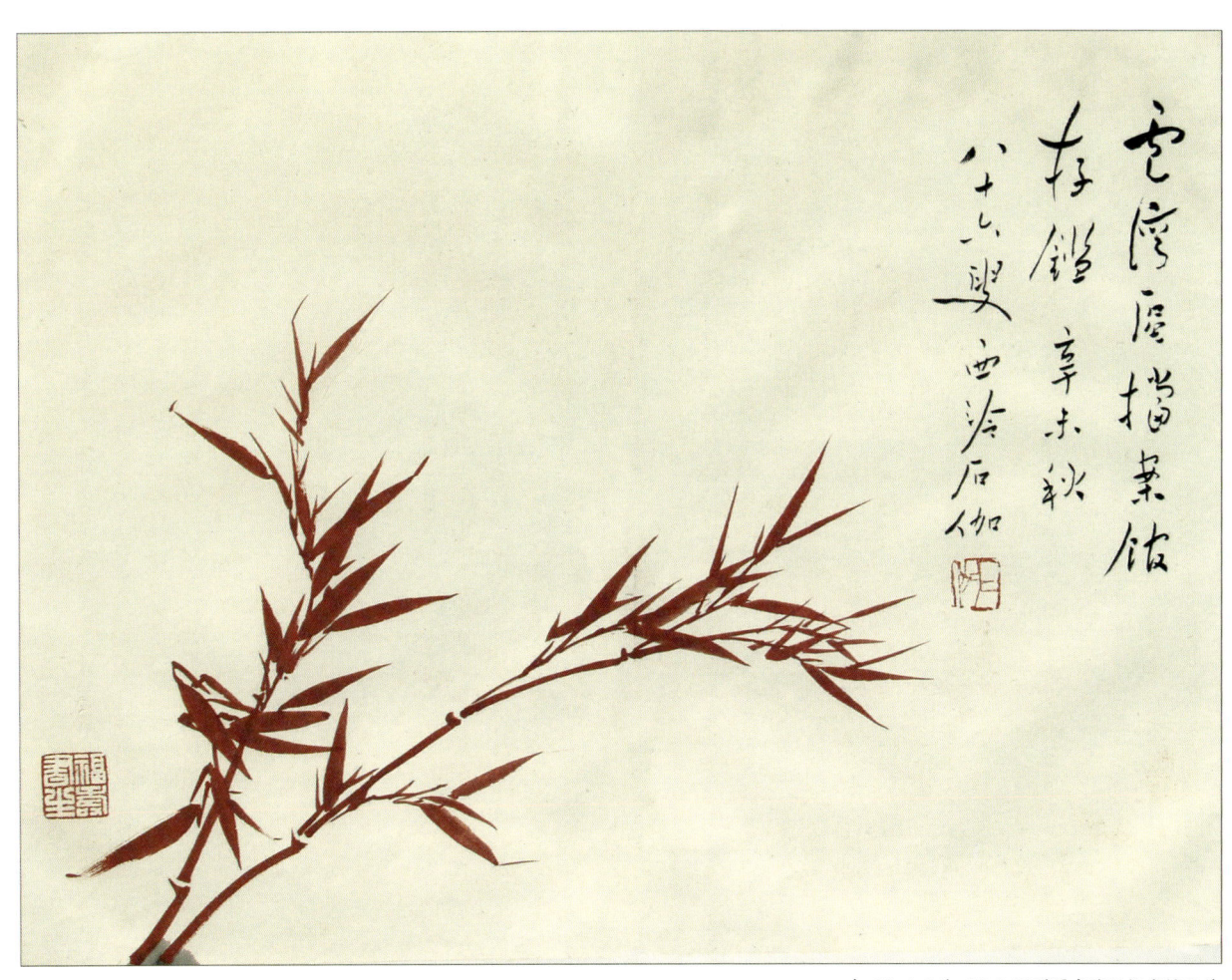

申石伽（西泠石伽）题赠原卢湾区档案馆画作

申石伽

　　申石伽（1906～2001）别署西泠石伽，浙江杭州人，书画家。擅长国画山水，尤擅画竹，亦工书法，能诗文。曾任上海市美术家协会会员、上海市文史研究馆馆员、浙江省文史研究馆名誉馆员。著有《申石伽山水画谱》《石伽十万图山水画册》《墨竹析览》等。

石凌鹤为原卢湾区档案馆题词

石凌鹤

　　石凌鹤(1906～1995)原名联学，又名炼顽，江西乐平人。剧作家。曾任江西省文学艺术界联合会主席、江西省文化局局长、中国戏剧家协会常务理事、中国戏剧家协会江西分会主席、《上海戏剧》顾问、全国文学艺术界联合会委员、中国戏剧家协会上海分会副主席等。著有《凌鹤剧作选》《汤显祖剧作改译》《放怀吟选集》《放怀吟二集》等。

钱君匋为原卢湾区档案馆题词

钱君匋

钱君匋(1906～1998)原名玉堂,学名锦堂,字君匋,以字行,别署午斋、豫堂,居室名无倦苦斋、抱华精舍、新罗山馆等,浙江桐乡人。书画家、篆刻家、书籍装帧家,于书画、篆刻、诗文、音乐、书籍设计装帧、收藏鉴赏等皆精。曾任上海新音乐出版社总编辑,北京音乐出版社副总编辑,上海文艺出版社、人民文学出版社上海分社编审,中国美术家协会会员,中国美术家协会上海分会常务理事,中国书法家协会上海分会名誉理事,中国音乐家协会会员,上海市文学艺术界联合会委员,西泠印社副社长,上海市文史研究馆馆员,君匋艺术院院长等。出版有《钱君匋作品集》《鲁迅印谱》《长征印谱》《君匋书籍装帧艺术选》等。

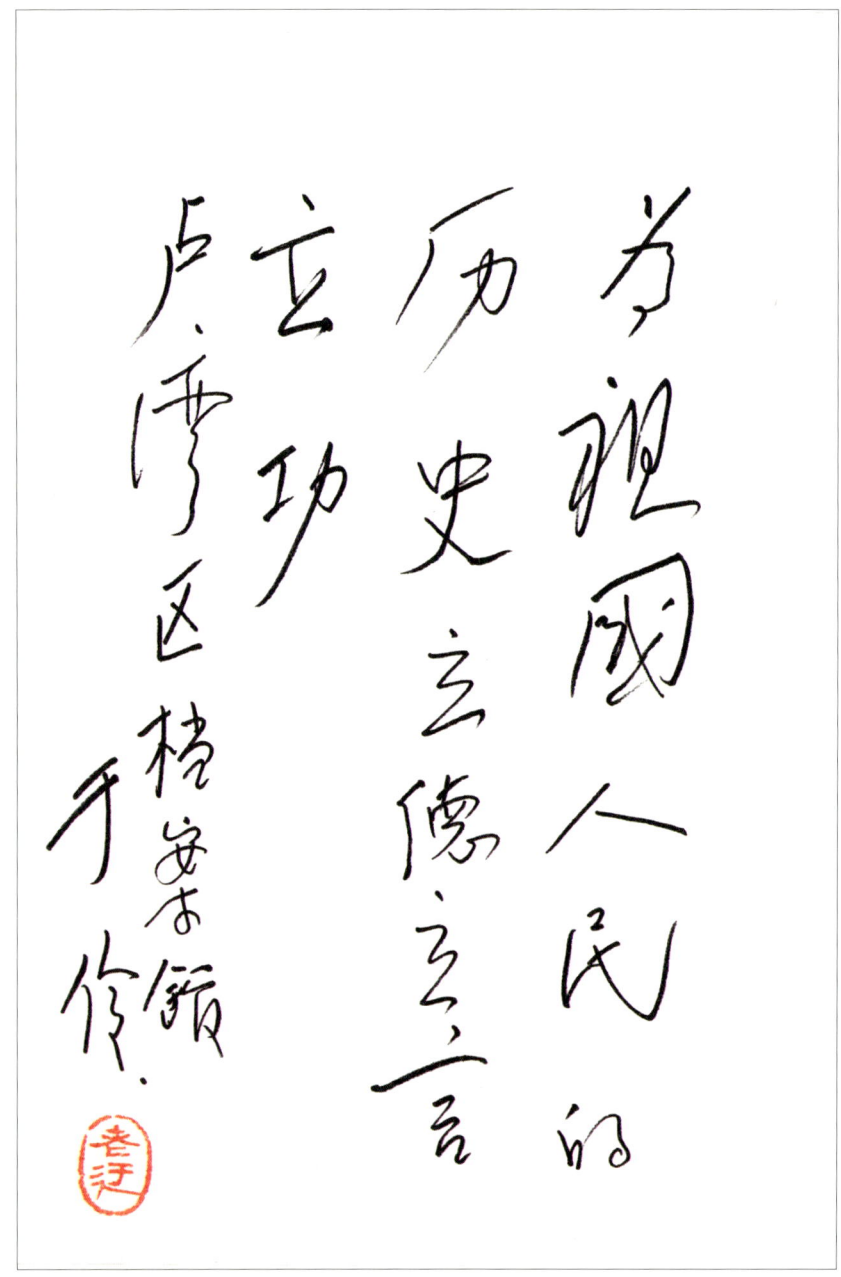

于伶为原卢湾区档案馆题词

于伶

于伶（1907～1997）原名任锡圭，字禹成，笔名尤兢、任伽、于人等，江苏宜兴人，剧作家。曾任上海市文化局副局长、局长，上海电影制片厂厂长，中国文学艺术界联合会委员，中国电影工作者协会副主席，中国戏剧家协会副主席，上海市文学艺术界联合会副主席，中国作家协会上海分会副主席、主席等。著有《夜光杯》《花溅泪》《夜上海》《七月流火》《于伶剧作集》《于伶戏剧电影散论》等。

张香桐为原卢湾区档案馆题词

张香桐

张香桐(1907～2007),河北正定人,神经生理学家,在上海创建了中国第一个脑研究室。曾任中国科学院上海生理研究所研究员、第二研究室主任,中国科学院上海脑研究所所长、名誉所长,中国科学院学部委员,世界卫生组织神经科学专家顾问等。第二至六届全国人大代表。著有《灵性的王国》《脑研究的崎岖道路》《癫痫答问》等。

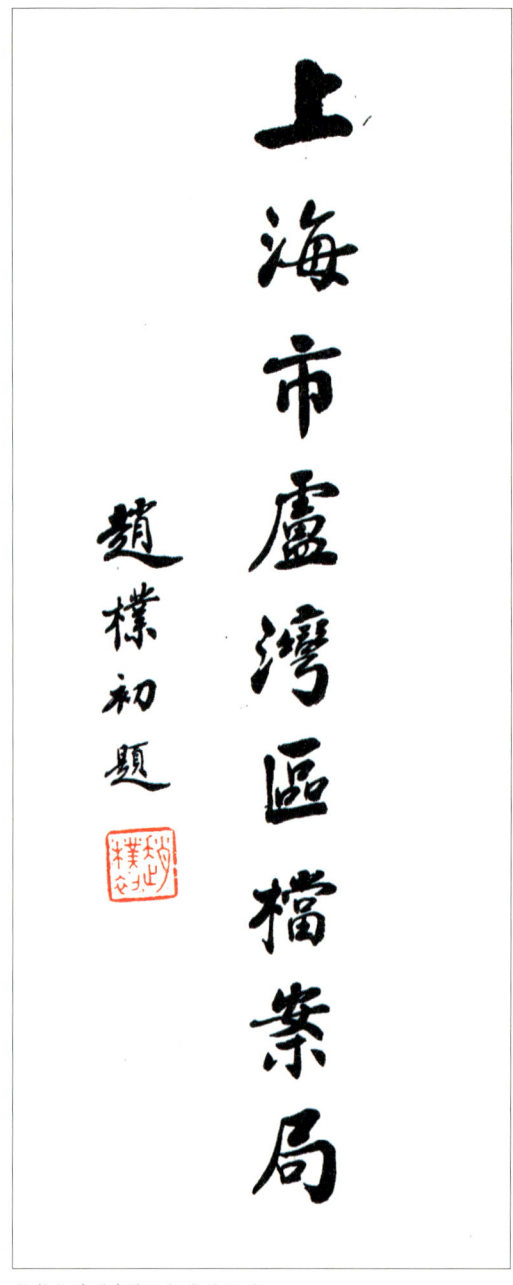

赵朴初为原卢湾区档案局题名

赵朴初

赵朴初（1907～2000），安徽太湖人。佛学家、社会活动家、诗人、书法家。曾任华东军政委员会民政部副部长、人事部副部长，上海市人民政府政法委员会副主任，中国佛教协会副会长、会长，中国作家协会理事，中国书法家协会副主席，民进中央副主席、名誉主席，中日友好协会副会长、顾问，中国红十字会名誉会长等。第一至三届全国政协委员，第四、五届全国政协常务委员，第六至八届全国政协副主席，第一至五届全国人大代表。著有《片石集》《佛教常识答问》等。

于濂元画作《飞来峰下一景》

于濂元

于濂元(1908～2003),上海松江人,画家。毕业于上海美术专科学校国画系,擅长山水、人物,工书法,擅瘦金体,兼治印。曾任上海人民美术出版社创作员、上海书画出版社编辑、中国美术家协会会员等。出版有连环画《梁山伯与祝英台》《丰收》等。

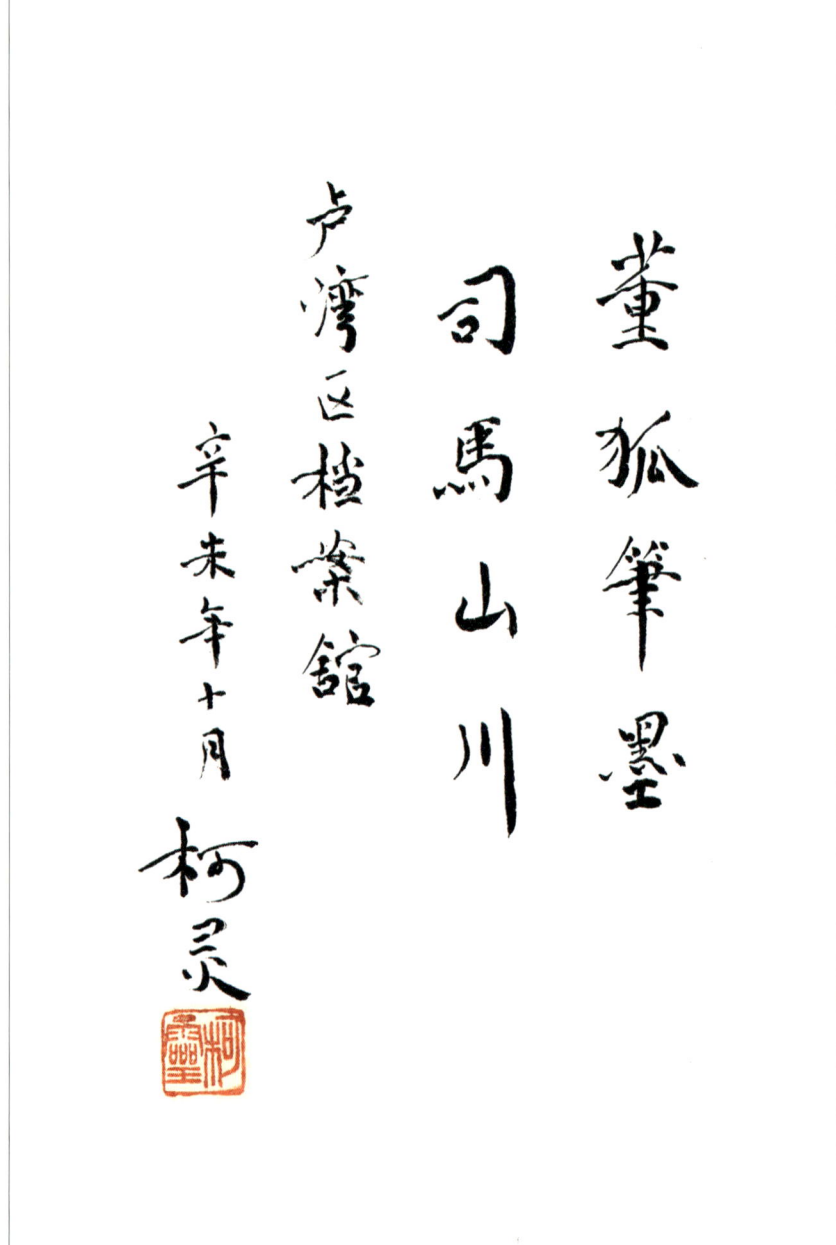

柯灵为原卢湾区档案馆题词
(该题词中"董狐"为春秋时晋史官,直书不讳,孔子称其为"古之良史。""司马"指司马光,曾编纂《资治通鉴》。题词意为档案是真实记录历史、以史为鉴的事业)

柯 灵

　　柯灵(1909～2000)原名高季琳,祖籍浙江绍兴,出生于广州。作家、电影评论家、散文家。曾任《文汇报》副社长兼副总编辑,文化部电影剧本创作所所长,上海电影艺术研究所所长,中国电影家协会理事,中国电影家协会上海分会副主席,中国作家协会理事,中国作家协会上海分会书记处书记、副主席,《大众电影》主编,《收获》《电影艺术》编委等。第二至五届全国政协委员,第六至七届全国政协常务委员。著有电影文学剧本《乱世风光》《为了和平》《不夜城》《秋瑾传》、话剧剧本《飘》《夜店》、散文集《暖流》《晦明》《文苑漫游录》《遥夜集》等。

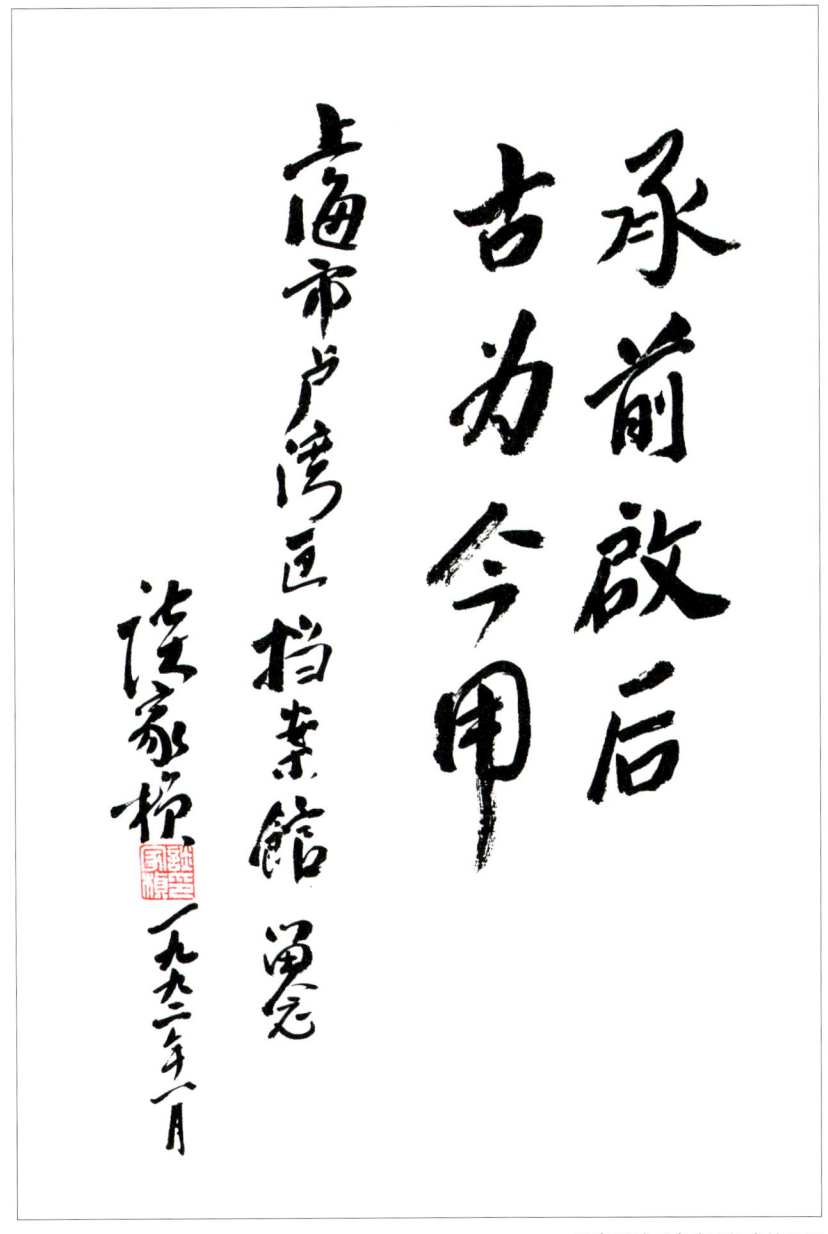

谈家桢为原卢湾区档案馆题词

谈家桢

谈家桢（1909～2008），浙江宁波人，生物遗传学家、教育家，中国现代遗传学奠基人。曾任浙江大学理学院院长，复旦大学生物系主任、遗传研究所所长、生命科学院院长、副校长，中国生物工程中心顾问委员会副主席，中国遗传学会名誉理事长，上海自然博物馆馆长，宁波大学名誉校长，上海农学院名誉院长，中国科学院生物学部学部委员，美国、意大利科学院外籍院士，第三世界科学院院士等。民盟第五至七届中央副主席，民盟第七至十届上海市委主委，第三届全国政协委员，第五至八届全国政协常务委员，第三、四届全国人大代表。有著、译10余种，主要汇集于《谈家桢论文集》《谈家桢文选》。

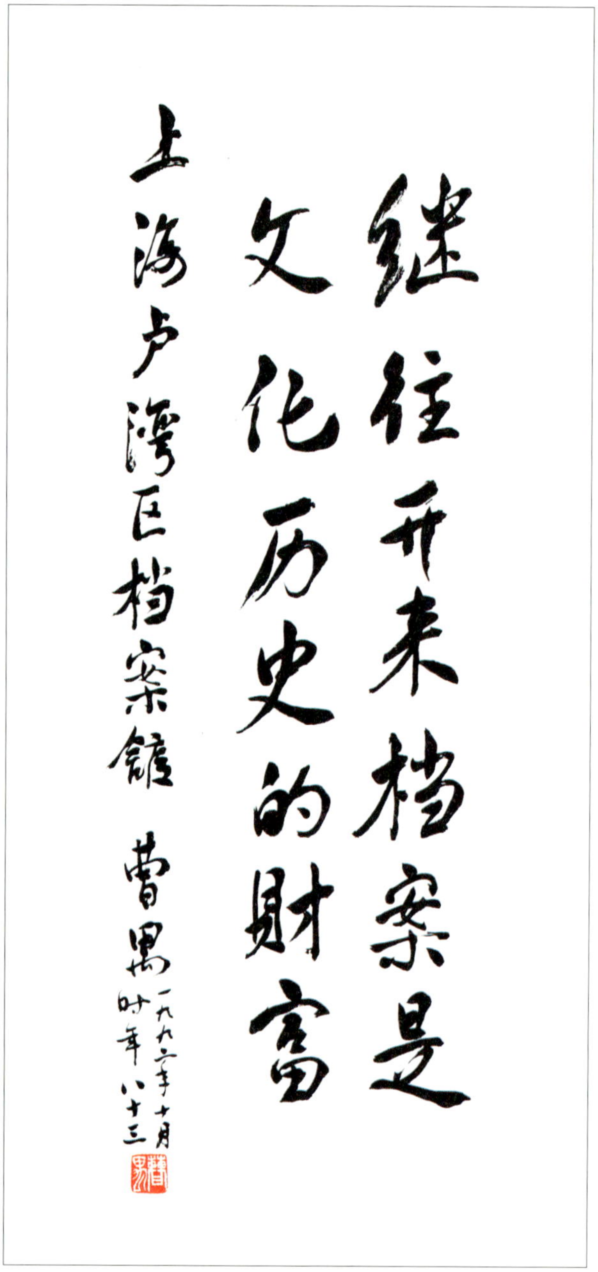

继往开来档案是文化历史的财富

上海卢湾区档案馆 曹禺 一九九三年十月 时年八十三

曹禺为原卢湾区档案馆题词

曹 禺

  曹禺 (1910～1996) 原名万家宝，祖籍湖北潜江，生于天津。剧作家、戏剧教育家，被誉为"东方的莎士比亚"。曾任中央戏剧学院副院长、名誉院长，北京人民艺术剧院院长，中国戏剧家协会常务理事、副主席，中国文学艺术界联合会执行主席，北京市文学艺术界联合会主席等。第五、六届全国人大常委会委员，第七届全国政协常务委员。著有《雷雨》《日出》《原野》《北京人》《家》《王昭君》等，有《曹禺剧本选》《曹禺全集》行世。

唐云题赠原卢湾区档案馆画作

唐 云

  唐云(1910～1993)字侠尘，别号药城、老药、药翁、大石翁、大石等，浙江杭州人。书画家、文物鉴赏家。1938～1942年曾执教上海新华艺术专科学校、上海美术专科学校。后专事绘画，擅花鸟、山水，偶作人物，水墨兰竹尤为突出，亦擅书法、工诗文、精鉴赏。曾任中国美术家协会理事，中国美术家协会上海分会副主席，中国画研究院院务委员，中国书法家协会上海分会名誉理事，上海市文物保管委员会委员，上海中国画院副院长、名誉院长等。出版有《革命纪念地写生选》《唐云花鸟画集》《唐云画集》等。

唐云画作《秋岭飞瀑》

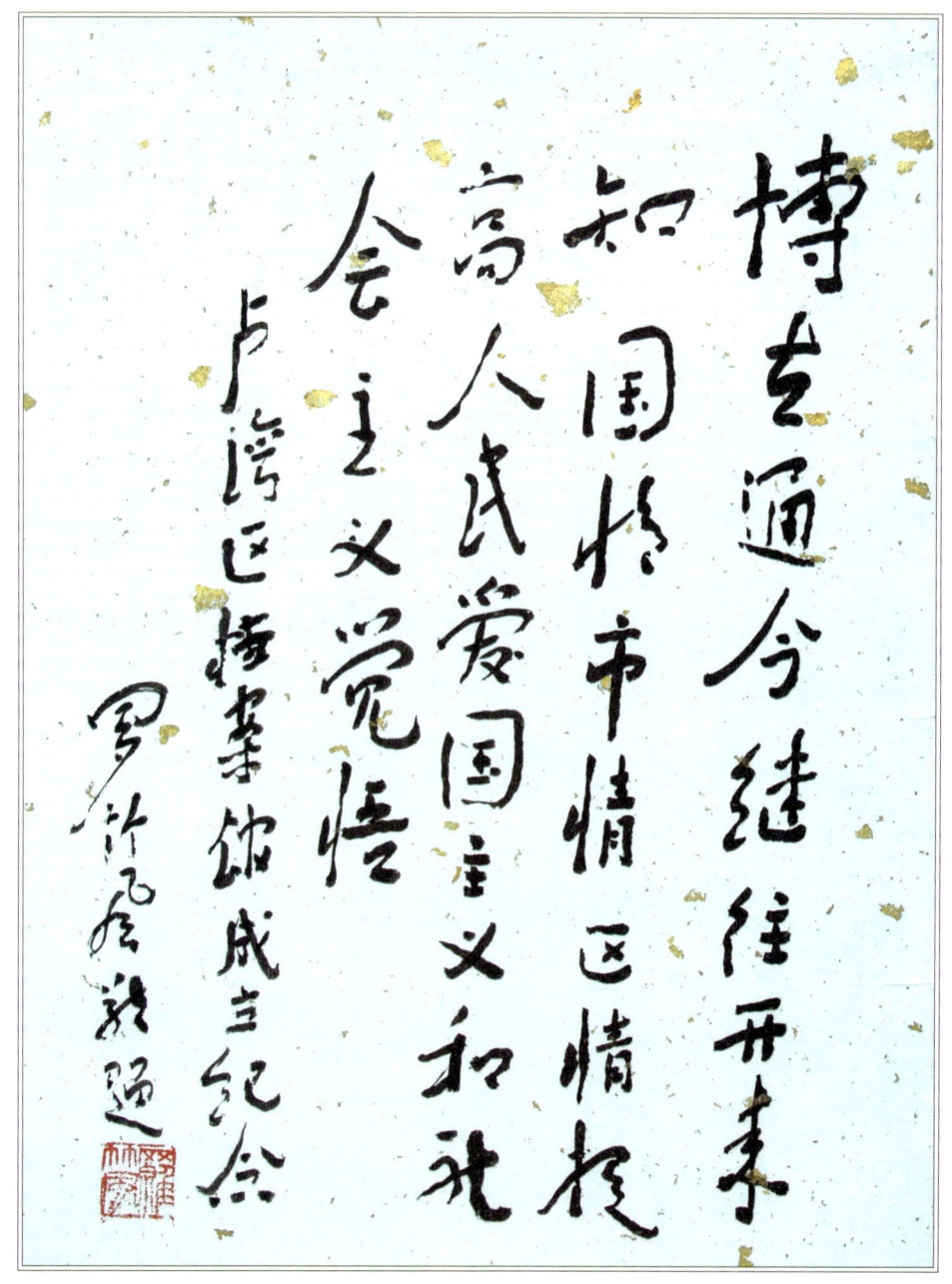

罗竹风为原卢湾区档案馆题词

罗竹风

罗竹风（1911～1996），山东平度人。语言学家、宗教学家、出版家、辞书编纂家。曾任山东大学教务长、上海市人民政府宗教事务处处长、上海市出版局代局长、上海市哲学社会科学学会联合会主席、上海市语言文字工作委员会主任、《汉语大词典》主编、《辞海》常务副主编、《中国大百科全书·宗教卷》主编、《中国人名大词典》副主编、《宗教通史简编》主编、《中国社会主义时期的宗教问题》主编等。著有《杂家与编辑》《行云流水六十年》。

王华画作

王 华

　　王华(1911～1990)号六法道人,河北河间人。书画家、篆刻家、诗人。擅国画,走兽花卉兼长,以画虎为最,精于书法,能金石篆刻,兼善诗文。曾任上海市文史研究馆馆员、上海半江老人书画社社员等。出版有《王华书画篆刻选》。

徐培三画作《紫气东来》

徐培三

徐培三(1911～2004)字振宣,江苏如东人。毕业于上海新华艺术专科学校,长期从事美术教育工作。擅画花鸟,尤以牡丹见长。曾任上海市敬业中学教师、上海老城厢书画会副会长、上海老年大学书画社顾问等。

朱梅邨画作《风华正茂》

朱梅邨

　　朱梅邨 (1911～1993) 原名兆昌，自署独眼半聋居士，号花野渔父，江苏吴县人。画家。擅画人物、山水、花卉，取法宋元名家及明代大家，工笔写意皆能，亦从事年画和连环画创作。曾任中国美术家协会会员、上海中国画院画师、上海市文史研究馆馆员等。代表作有《黄山秋爽》《江山胜览》《赤壁之战》《墨子》《刘备招亲》《〈红楼梦〉春灯雅谜》《龙凤呈祥》《晴雯》等。

黄耀曾为原卢湾区档案馆题词

黄耀曾

　　黄耀曾（1912～2002），江苏南通人。有机化学家，在中国开创了有机微量元素的分析方法。曾任中国科学院上海有机化学研究所研究员、副所长，中国科学技术大学化学系副主任，中国科学院化学部学部委员，中国化学学会常务理事，《有机化学》主编等。有多种译著出版，发表论文200余篇。

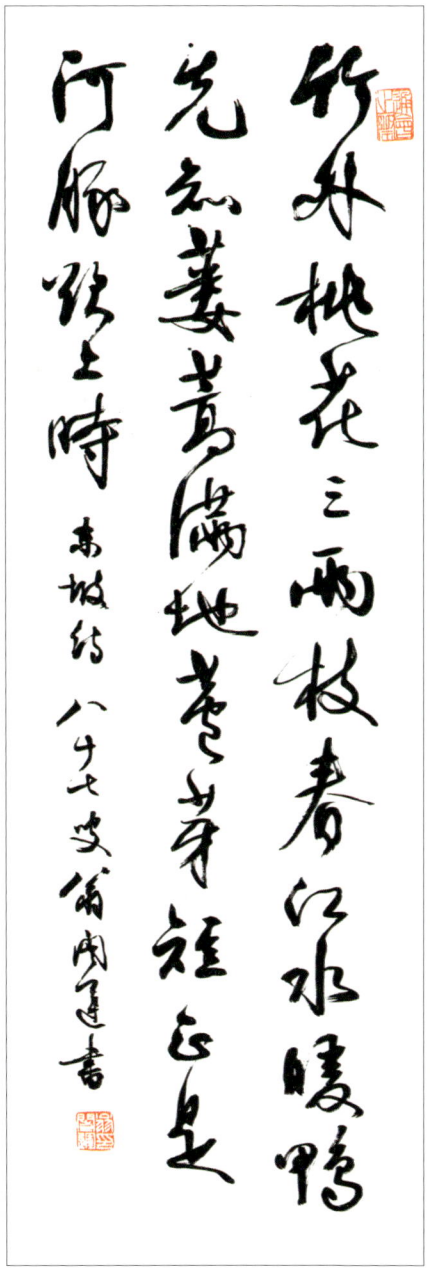

翁闿运书法作品（苏东坡诗句）

翁闿运

　　翁闿运(1912～2006)字慧仁，祖籍浙江杭州，生于江苏苏州。书法家。通书法，又精诗文，精研金石文字，精于碑帖考鉴。曾任中国书法家协会会员、上海书法家协会名誉理事、上海市文史研究馆馆员、上海中国画院画师、上海大学文学院兼职教授等。著有《辞海》(书法·碑帖部分)《简化字总表习字帖》等。

吴寿谷画作《岗山雄踞望千山 长啸一声镇百兽》

吴寿谷

　　吴寿谷(1912～2008),浙江湖州人,画家。山水、花鸟皆能,尤擅画虎,所作笔墨精到,形神兼备。曾任中国美术家协会会员、上海市文史研究馆馆员等。代表作有《四寅虎》等。

胡道静为原卢湾区档案馆题词

胡道静

  胡道静 (1913～2003) 祖籍安徽泾县，生于上海，学者。曾任中华书局上海编辑所编辑，上海人民出版社编审，国务院古籍整理规划小组组员，上海市科学技术史学会理事长，复旦大学、华东师范大学、上海师范大学兼职教授，国际科学史研究院通讯院士等。著有《梦溪笔谈校证》《中国古代的类书》《公孙龙子考》等。

陈石濑画作《水清莲媚》

陈石濑

　　陈石濑（1913～2001），浙江黄岩人，毕业于上海新华艺术专科学校，画家。擅画山水，兼作花鸟，长于水墨金鱼。曾任上海市文史研究馆馆员、中国美术家协会上海分会会员、上海新华艺术专科学校校友会副秘书长、中国古陶瓷研究会会员、《中国美术辞典》主要撰稿人等。出版有《陈石濑画册》《唐宋陶瓷纹样集》等。

郭鹰画作

郭 鹰

郭鹰（1914～2002）学名明坤，别号秦筝馆主，广东潮阳人。古筝演奏家、教育家、书画家。绘画擅长花鸟，工写兼备，并擅长剪影艺术。曾任上海民族乐团古筝独奏演员、上海老城厢书画会副会长、上海市文史研究馆馆员、中国音乐家协会会员、上海音乐家协会古筝专业委员会（上海筝会）会长等。出版有《郭鹰书画集》及多本古筝演奏研究著作。

杨露影画作

杨露影

　　杨露影，又名钟禹，1914年生，浙江诸暨人。毕业于上海新华艺术专科学校西画系。除美术设计工作外，还从事蝴蝶研究。曾任上海广告公司技术研究室主任，上海卢湾商品外观技术研究所、上海春华美术事务所画家、高级总工艺美术师，《新中国画报》美术编辑等。著有《蝴蝶的艺术美》《黄山记游诗画》。

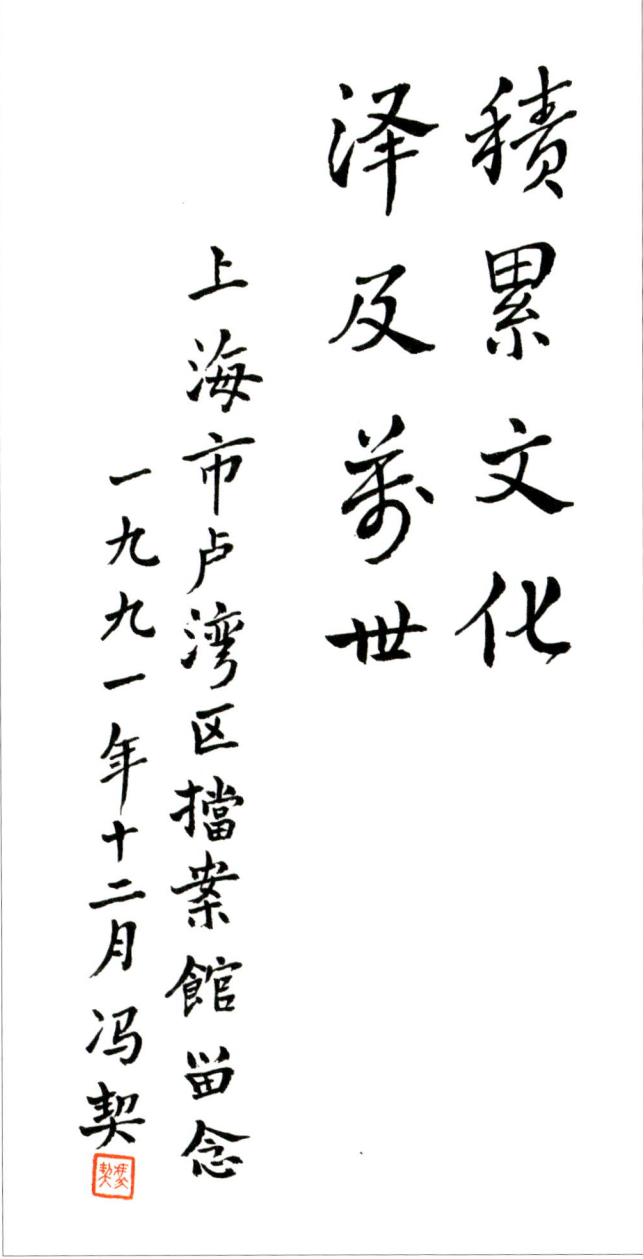

冯契为原卢湾区档案馆题词

冯 契

冯契（1915～1995）原名宝麟，浙江诸暨人。哲学家、哲学史家。曾任华东师范大学政教系主任、哲学系主任，上海社会科学院副院长，国务院学位委员会首届哲学学科评议组成员，上海市社会科学界联合会副主席，上海市哲学学会会长，中国哲学史学会副会长等。著有《认识世界和认识自己》《逻辑思维的辩证法》《人的自由和真善美》《中国古代哲学的逻辑发展》《中国近代哲学的革命进程》，主编《哲学大辞典》等。有《冯契文集》行世。

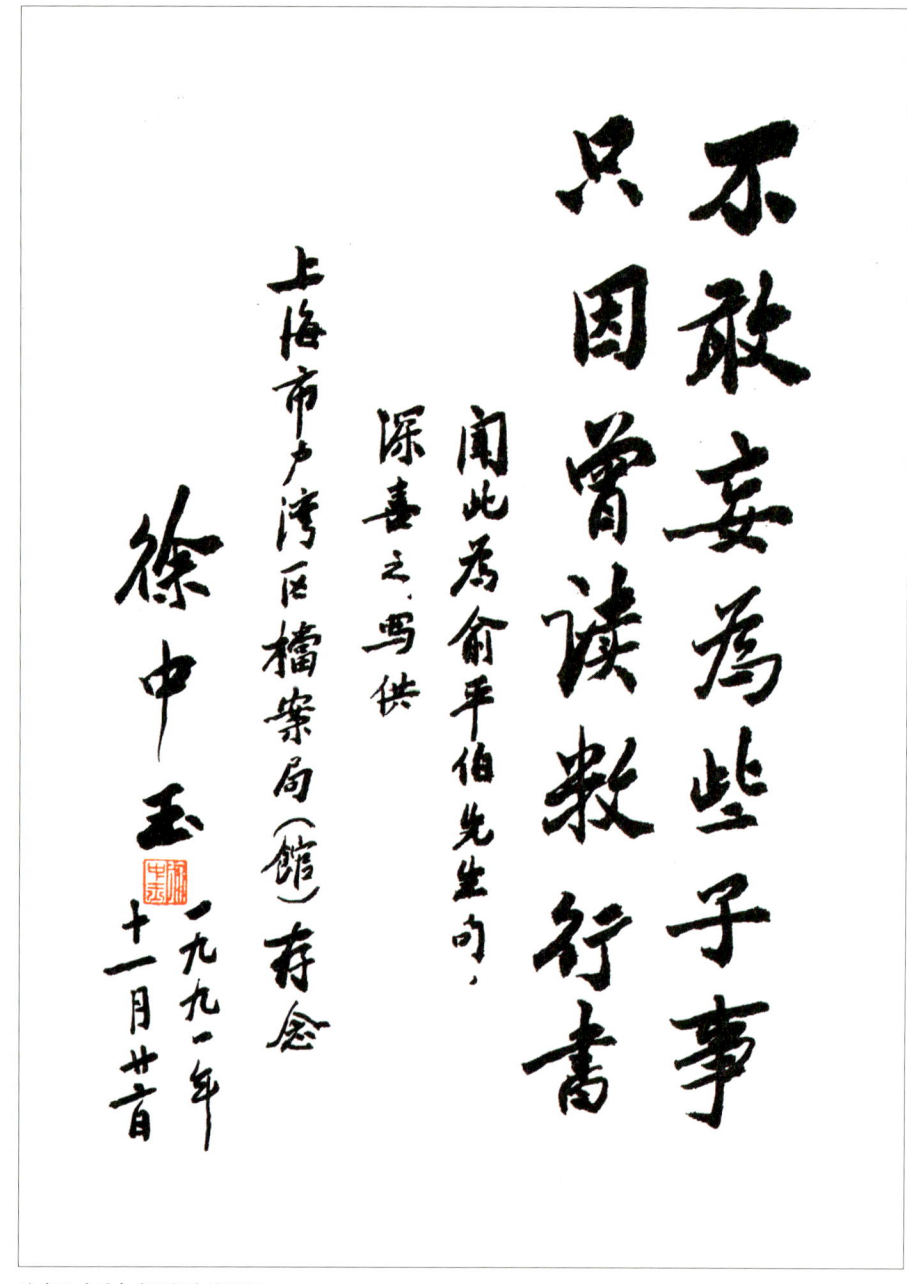

徐中玉为原卢湾区档案馆题词

徐中玉

徐中玉（1915～2019）笔名宗越、王卓、令狐青等，江苏江阴人。作家、文艺理论家。曾任华东师范大学中文系教授、系主任、校学术委员会副主任，全国大学语文研究会会长，中国文艺理论学会副会长、会长，中国古代文学理论学会执行副会长、名誉会长，中国作家协会会员，中国作家协会上海分会主席，《文艺理论研究》杂志主编等。著有《激流中的探索》《徐中玉文论自选集》《先秦两汉散文》《徐中玉文集》等。

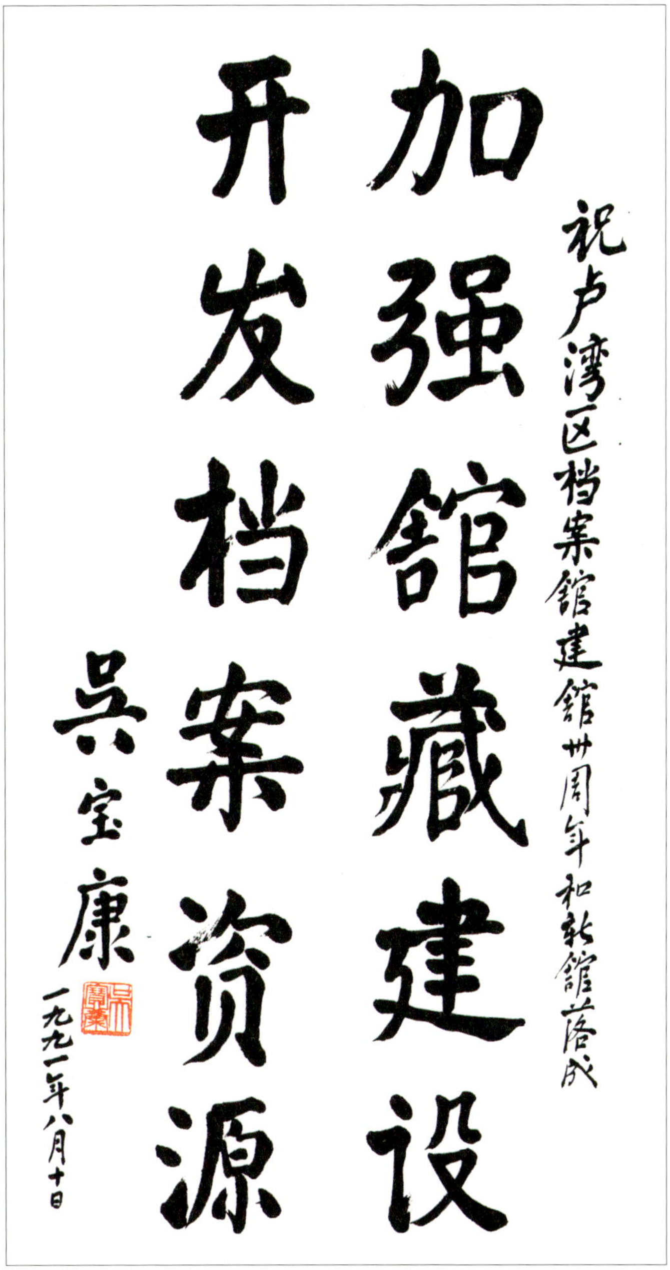

加强馆藏建设 开发档案资源

祝卢湾区档案馆建馆卅周年和新馆落成

吴宝康

一九九一年八月十日

吴宝康为原卢湾区档案馆题词

吴宝康

    吴宝康(1917～2008),浙江湖州人。档案学家、档案教育家,新中国档案学和档案教育奠基人之一。曾任中共中央办公厅秘书处副处长,中国人民大学教授、档案系主任,中国人民大学档案馆首任馆长,中国档案学会副理事长、名誉理事长等。著有《档案学理论与历史初探》《档案学概论》《论档案学与档案事业》等。

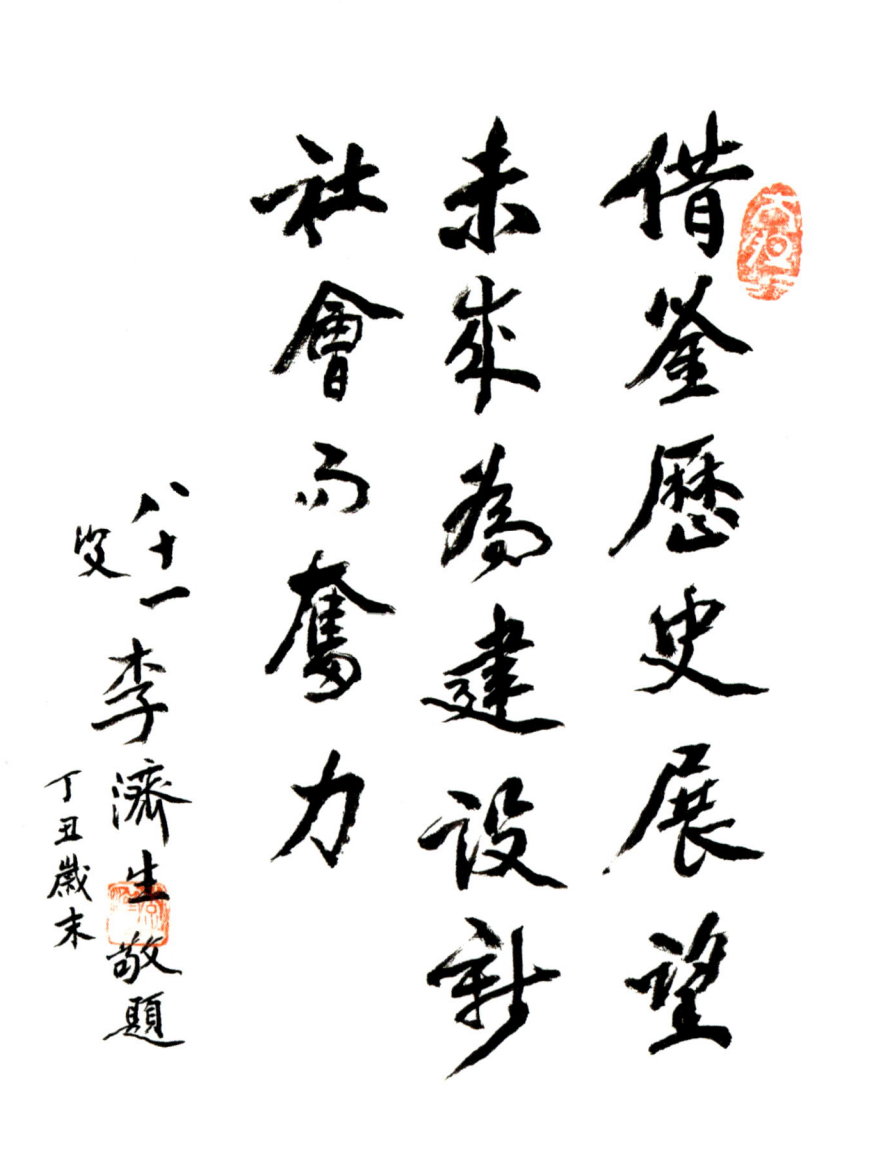

李济生为原卢湾区档案馆题词

李济生

　　李济生（1917～2022）笔名纪申、海戈、文慧、小瑞等，四川成都人。作家、翻译家，巴金胞弟。曾任上海文艺出版社外国文学编辑室和现代文学编辑室编辑、编审，中国作家协会上海分会会员，上海市文史研究馆馆员，上海市外文学会会员，上海翻译家协会会员等。著有《思绪点滴》《忆巴金及其他》等，译有《两个骠骑兵》《一个地主的早晨》《巴库油田》等。

邵洛羊题赠原卢湾区档案馆画作

邵洛羊

  邵洛羊（1917～2016）字青溪，浙江宁波人。毕业于上海新华艺术专科学校国画系，国家一级美术师，美术理论家、书画家。擅山水，亦作花卉，工书法，能诗词。曾任中国美术家协会会员，中国书法家协会会员，中华全国美学学会理事，上海市美术家协会常务理事，上海美学学会名誉会长，上海市书法家协会理事，上海中国画院顾问、画师，上海交通大学教授，上海市文史研究馆馆员，《中国美术辞典》副主编，《辞海》编辑委员会委员等。著有《李思训》《李唐》《吴历》《唐寅》等画家传记多种，出版有《洛羊论画》《洛羊画谭》《丹青百家》等。

王柳影画作《九鱼图》

王柳影

  王柳影（1917～2004），浙江湖州人，画家。初习西画，后转向中国画，擅人物、山水、走兽、花鸟，尤好绘金鱼，其绘画在传统基础上吸收西画技法，所作清新活泼，兼从事年画及连环画创作。曾任苏州美术专科学校沪校国画专修科教授、中国美术家协会上海分会会员、上海市文史研究馆馆员等。出版有《杨贵妃·沉香亭》等。

张大昕画作《溪谷桥亭》

张大昕

　　张大昕（1917～2009）又名张逸，别号玄化居士，上海川沙人。毕业于上海美术专科学校，画家，擅长山水画、年画。曾任上海人民美术出版社创作员、上海市文史研究馆馆员、上海市美术家协会会员。代表作有《串木珠》《青岩气流》《一帆风顺》《高山奔流》以及与贺天健合作的巨幅画作《锦绣河山》等。

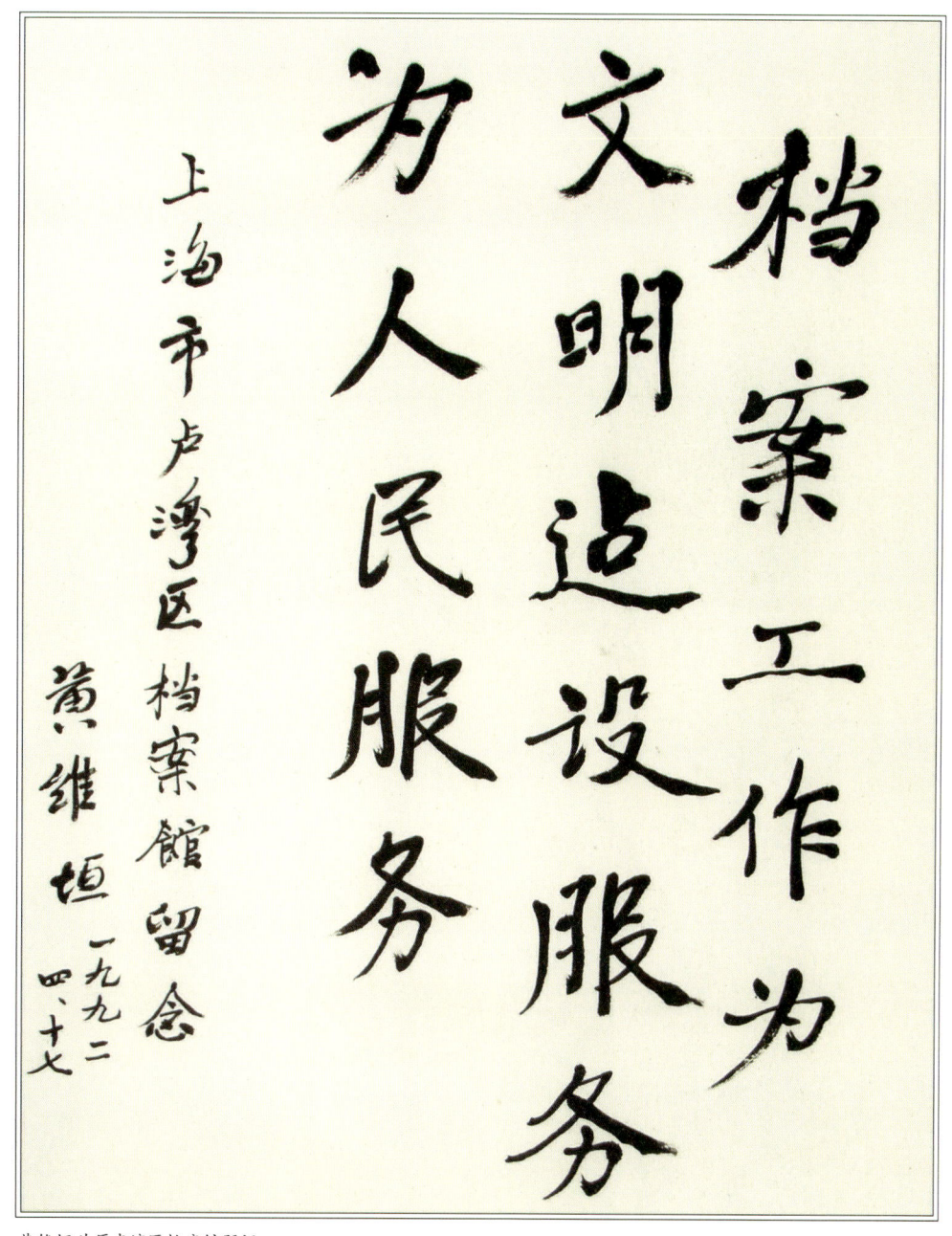

黄维垣为原卢湾区档案馆题词

黄维垣

黄维垣（1921～2015），福建莆田人。有机化学家，中国有机氟化学奠基人之一。曾任中国科学院上海有机化学研究所副研究员、研究员、副所长、所长，中国科学院上海分院副院长，中国科学院化学部学部委员，中国化学会理事长，国际纯粹与应用化学联合会理事，上海市侨联主席，《化学学报》主编等。著有《中国有机氟化学研究》《亚磺化脱卤反应及其应用》等。

吴长邺画作

吴长邺

　　吴长邺（1920～2009），浙江安吉人。画家，吴昌硕之孙。擅写意花鸟，以葫芦、茶花、蔬果见长，笔力强劲，墨气淋漓。曾任上海市文史研究馆馆员、上海市美术家协会会员、西泠印社理事、吴昌硕艺术研究会副会长等。著有《我的祖父吴昌硕》，出版有《吴东迈、吴长邺父子书画集》。

江石郲画作《高瞻远瞩》

江石郲

江石郲，1920年生，江苏常熟人。自幼学画，始学工笔，继转半工半写，后攻写意花鸟，用笔简括，笔力雄健。曾任济南市国画研究会常务理事、济南市轻工美术学会理事、中国美术家协会上海分会会员、上海市文史研究馆馆员等。代表作有《静松有微声》《云雀》《松树寿带》等，出版有《江石郲画集》。

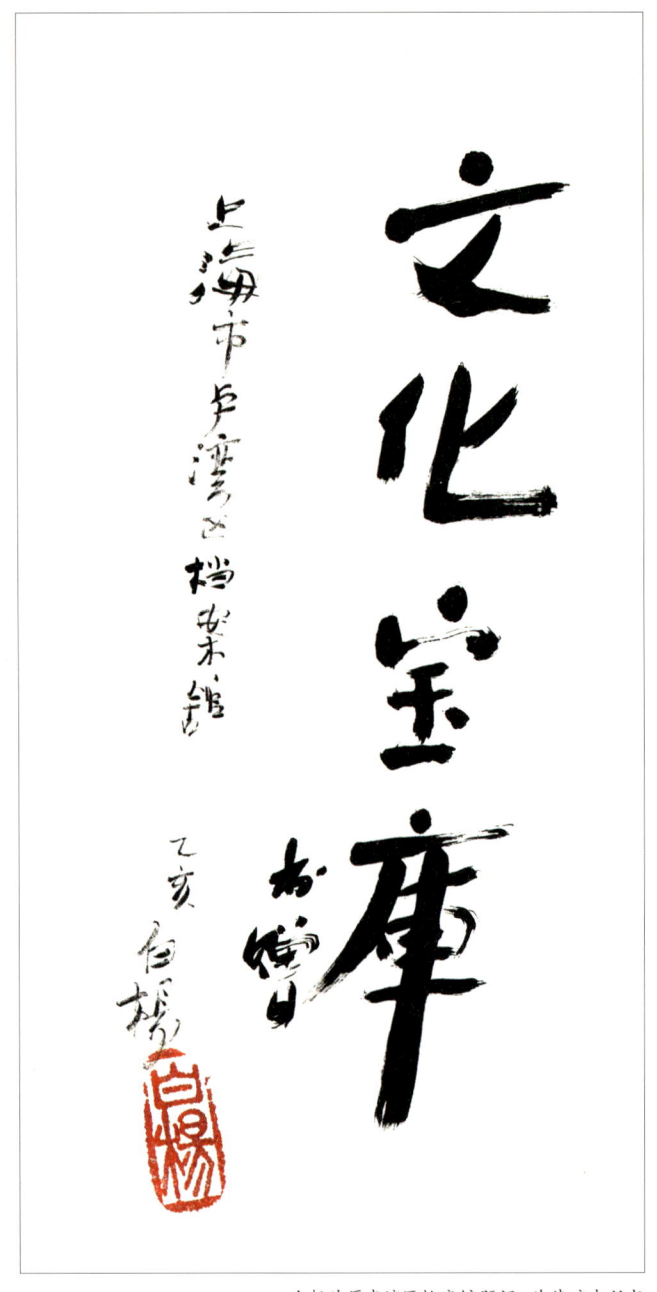

白杨为原卢湾区档案馆题词,为其病中所书

白 杨

  白杨(1920~1996)原名杨成芳,祖籍湖南汨罗,生于北京。表演艺术家。从艺生涯中主演《八千里路云和月》《一江春水向东流》《祝福》《洒向人间都是爱》等20余部电影、电视剧和《日出》《屈原》等近50部话剧。曾任上海电影制片厂演员剧团团长、中国电影家协会副主席。第一至三届全国人大代表,第五届全国政协委员。著有《电影表演探索》《白杨演艺谈》等。

欧阳容画作

欧阳容

　　欧阳容(1919～1989)又名彭年，湖南攸县人。毕业于上海美术专科学校，画家。擅长国画、油画。曾任上海回民中学教师、上海市文史研究馆馆员等。

陈从周为原卢湾区档案馆题词

陈从周

　　陈从周 (1918～2000) 原名郁文，居室名梓室，浙江杭州人。古建筑学家、园林学家、教育家，毕生从事中国古建筑、古园林研究与教学。同时是书画家，擅画山水、人物、花鸟，亦长于散文。曾任苏州美术专科学校副教授，之江大学副教授，上海圣约翰大学教员，同济大学教授、博士生导师，中国建筑学会建筑史学术委员会副主任，美国贝聿铭建筑师事务所顾问，中国美术家协会会员，中国园林学会顾问，上海市文物管理委员会委员等。著有《说园》《苏州园林》《扬州园林》《园林谈丛》《中国名园》《帘青集》等。

杨见龙题赠原卢湾区档案馆画作《长空万里任翱翔》

杨见龙

杨见龙，1917年生，广西桂林人，毕业于上海新华艺术专科学校，画家。国画、西画、图案、工艺美术等造诣均深。曾任上海美术设计公司副主任，上海市新劳美教育研究会主要负责人，上海市美术家协会会员，上海师范大学、财经大学等学校教授、顾问等。

张大昕画作《漓江风帆》

程十发题赠原卢湾区档案馆画作

程十发

程十发(1921～2007)原名潼,居室名步鲸楼、三釜书屋等,上海松江人。毕业于上海美术专科学校,画家。擅画人物、花鸟及山水,亦作连环画、年画、插图等。工书法,善将草篆隶结为一体。曾任上海人民美术出版社创作员、上海中国画院院长、中国美术家协会理事、中国美术家协会上海分会理事、中国书法家协会上海分会名誉理事、中国文学艺术界联合会委员、中国画研究院院务委员、西泠印社副社长等。出版有《程十发近作选》《程十发花鸟习作》《程十发画集》《程十发书画》《孔乙己》(连环画)《画皮》(连环画)《阿Q正传一百零八图》(连环画)等。

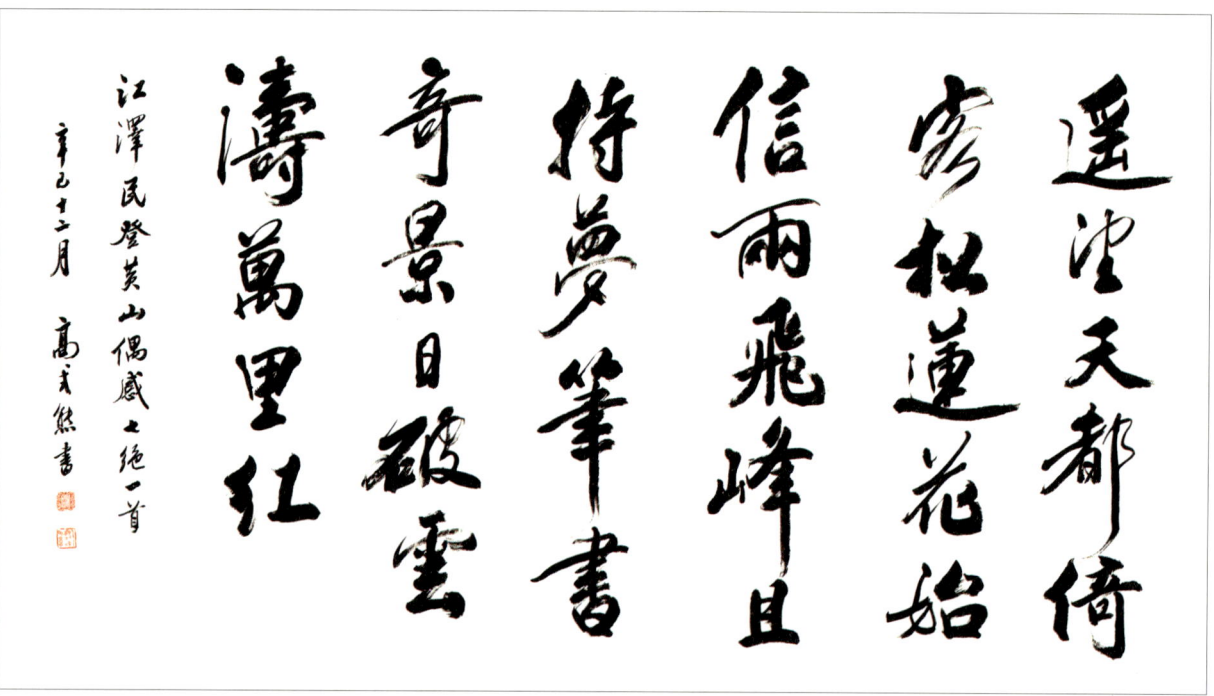

高式熊书法作品

高式熊

高式熊 (1921～2019) 名廷肃，浙江鄞县人。书法家、篆刻家。书法兼擅楷行篆隶，清逸洒脱，尤以小篆最为精妙，与篆刻并称双美。曾任中国书法家协会会员、上海市书法家协会顾问、西泠印社名誉副社长、同济大学顾问教授、上海市文史研究馆馆员、《书法》杂志编辑等。编著出版有《西泠印社同人印传》《式熊印稿》《张鲁庵所藏印谱目录》等。

陆敏画作《苏子听泉图》

陆 敏

　　陆敏，别号海上无尘，居室名东庐，1921年生，浙江杭州人。画家，创作以人物为主，工写兼备，雅俗共赏。曾任中国老年书画研究会上海分会会员、上海海墨画社社员、上海文庙书画研究会副会长等。代表作有《龙女戏珠图》等。

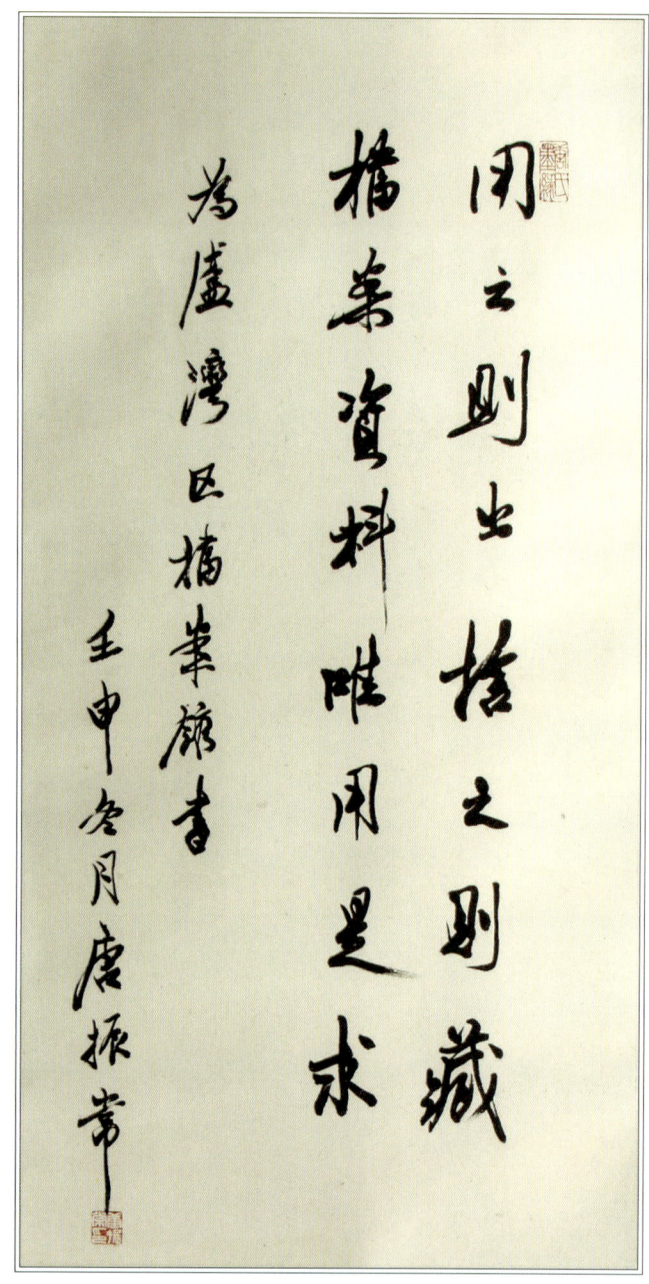

唐振常为原卢湾区档案馆题词

唐振常

　　唐振常（1922～2002），四川成都人，史学家。曾任中央电影局上海电影剧本创作所编剧，上海社会科学院历史研究所研究员、副所长，上海历史学会理事，上海市哲学社会科学联合会委员，中国地方志协会常务理事，上海史志研究会副会长，上海中山学社副社长，上海市地方志编纂委员会顾问等。著有《章太炎吴虞论集》《蔡元培传》《川上集》《品吃》《唐振常散文》等，主编《上海史》《近代上海繁华录》等。

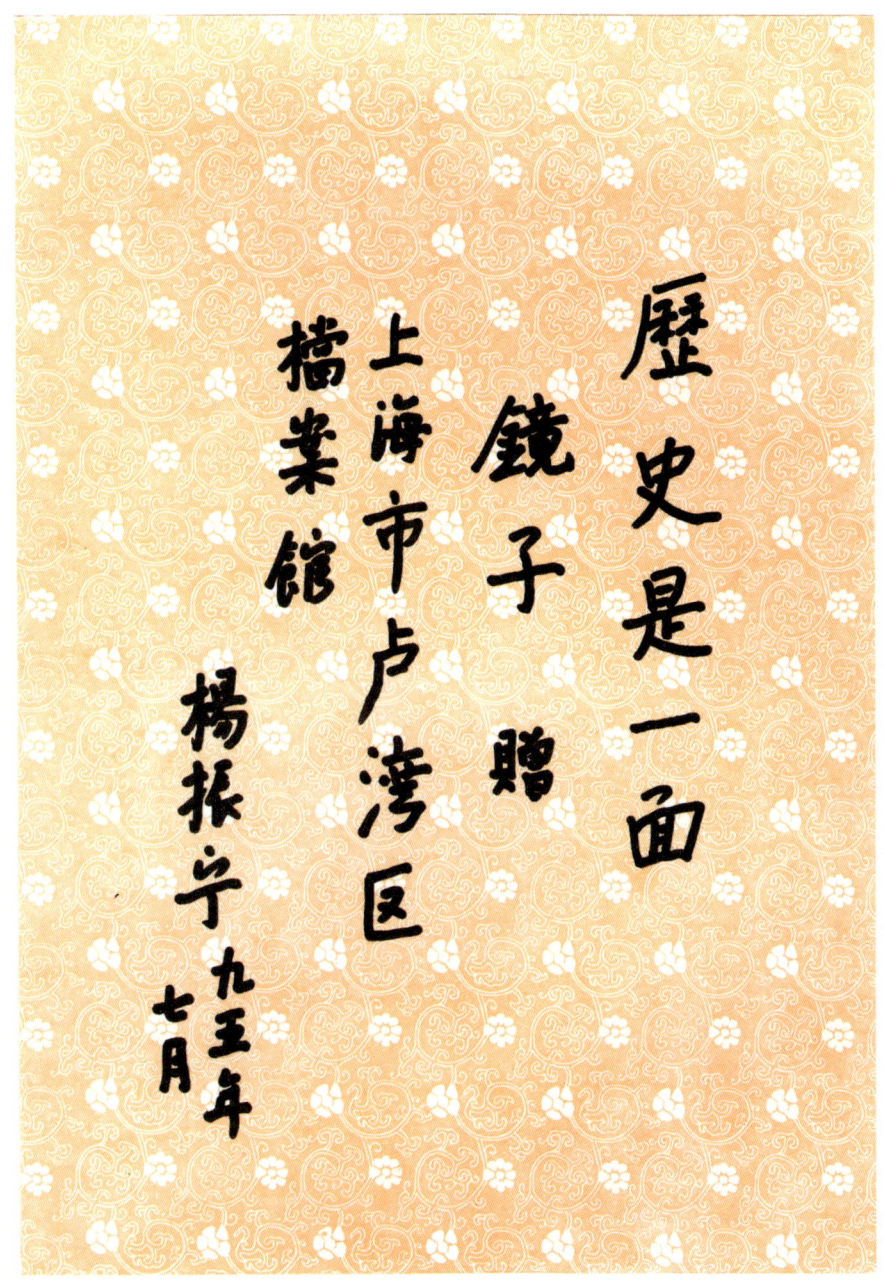

杨振宁为原卢湾区档案馆题词

杨振宁

　　杨振宁，1922年生于安徽合肥，物理学家，1957年获诺贝尔物理学奖。曾任普林斯顿高等研究院教授，纽约州立大学石溪分校教授，香港中文大学博文讲座教授，清华大学高等研究院名誉院长、教授，中国科学院院士，美国国家科学院院士，俄罗斯国家科学院院士等。著有《杨振宁文集》《基本粒子发现简史》《读书教学四十年》《曙光集》等。

曹用平画作

曹用平

  曹用平 (1922～2018) 名庸，字正衡，江苏南通人。画家，擅画花卉蔬果，兼及金石书法。曾任上海市文史研究馆馆员、上海吴昌硕艺术研究会副会长、上海吴昌硕纪念馆副馆长、中国美术家协会上海分会会员、上海春江书画院副院长、南通市书法国画研究院顾问、西泠印社社员等。出版有《曹用平画集》。

王公助画作

王公助

　　王公助 (1923～2007) 又名豫，别署让庐，江苏海门人。书画家、篆刻家、教育家，王个簃长子。画作风格苍劲朴茂，洒脱精练，既长于大幅抒写，亦善精工尺幅。曾任中国美术家协会上海分会会员、上海工业大学兼职教授、上海市文史研究馆馆员、西泠印社社员等。出版有《王公助作品选》。

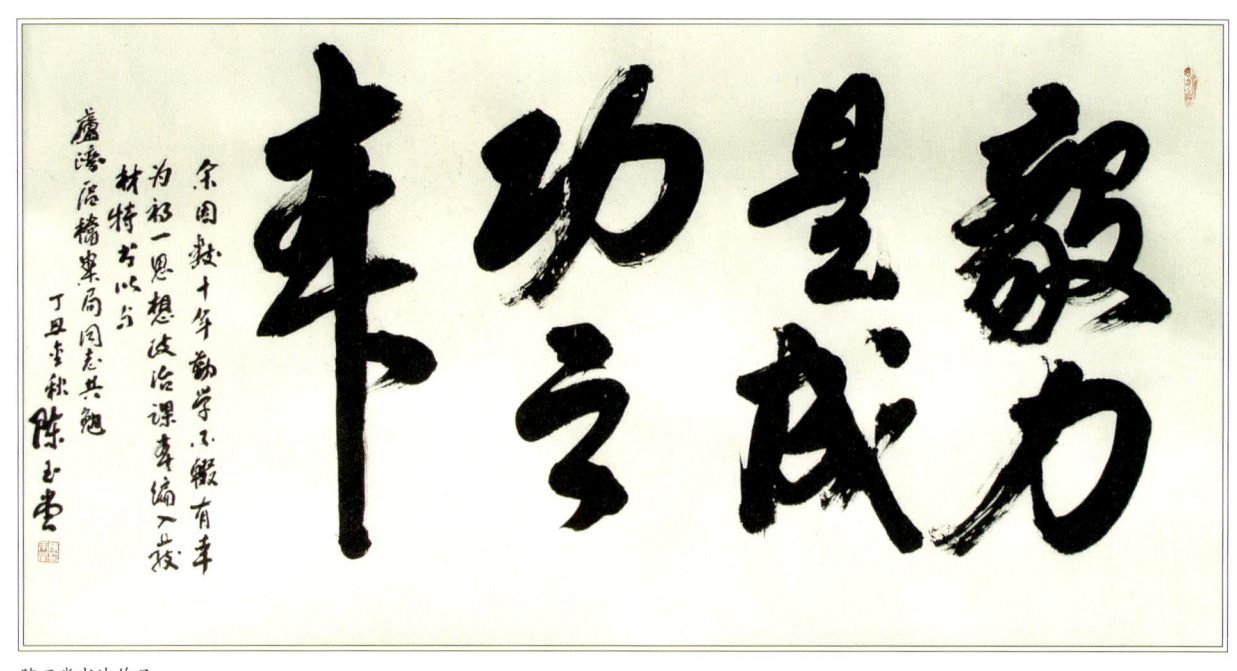

陈玉堂书法作品

陈玉堂

陈玉堂(1924～2005)字书石，居室名百盂斋，江苏南通人，学者、收藏家。平生从事近现代人物名号的收集及研究，有"笔名大王"之誉。治学之余，喜集水盂，倡说"文房五宝"，被称为"民间集盂第一家"。曾任上海社会科学院文学研究所副研究员。编著有《中国近现代人物名号大辞典》《中共党史人物别名录》等。

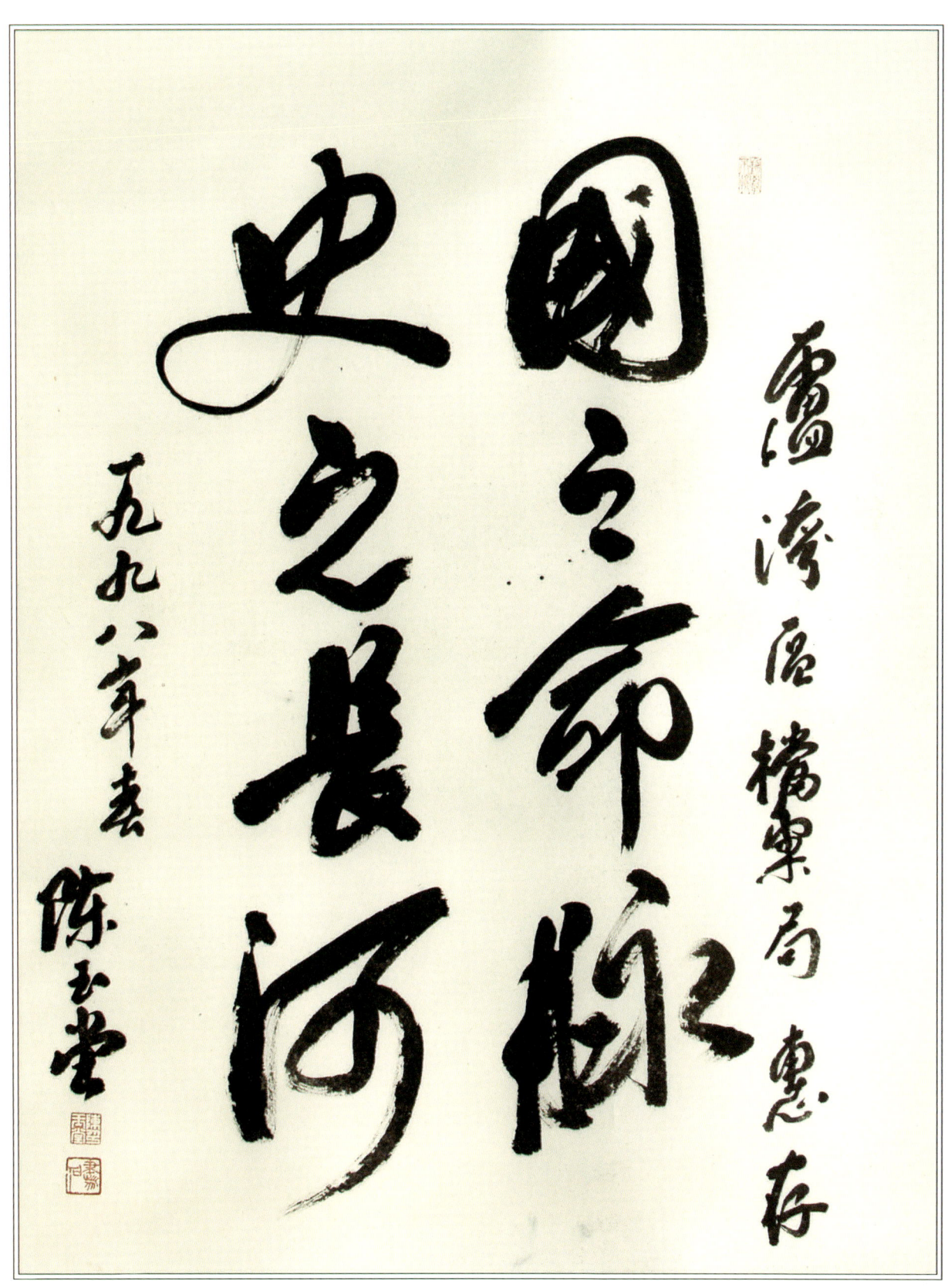

陈玉堂题赠原卢湾区档案局

王仲清画作《江南多妩媚 山水亦醉人》

王仲清

  王仲清（1924～2012），四川郫县人，画家。擅长国画和连环画创作，国画以人物见长，人物题材多取历史内容，亦能花鸟和山水，所作清丽爽目。曾任上海人民美术出版社创作员、中国美术家协会会员、中国禅画研究院名誉院长、上海市文史研究馆馆员等。出版有《王仲清画集》《王仲清作品选》及《苗山怒火》《阿诗玛》等多部连环画。

江南春画作《一身正气》(钟馗图)

江南春

　　江南春(1925～2008)，江苏兴化人，画家。擅长国画、年画、舞台美术和连环画创作，国画以人物为主，工写皆能，所作结合民间艺术特点，色调鲜明，形式多样，雅俗共赏。曾任中国美术家协会会员，上海市美术家协会理事，上海人民美术出版社编辑、创作员，中国民间文艺家协会会员，上海工业美术设计协会会员，上海海上书画院副院长等。代表作有《群英献礼图》《祖国颂》《陈毅将军》等。

孙杨画作

孙杨

　　孙杨（1925～1999），安徽黄山人。擅长油画、水彩图，尤擅画金鱼。曾任上海市美术家协会会员、上海市文史研究馆馆员。

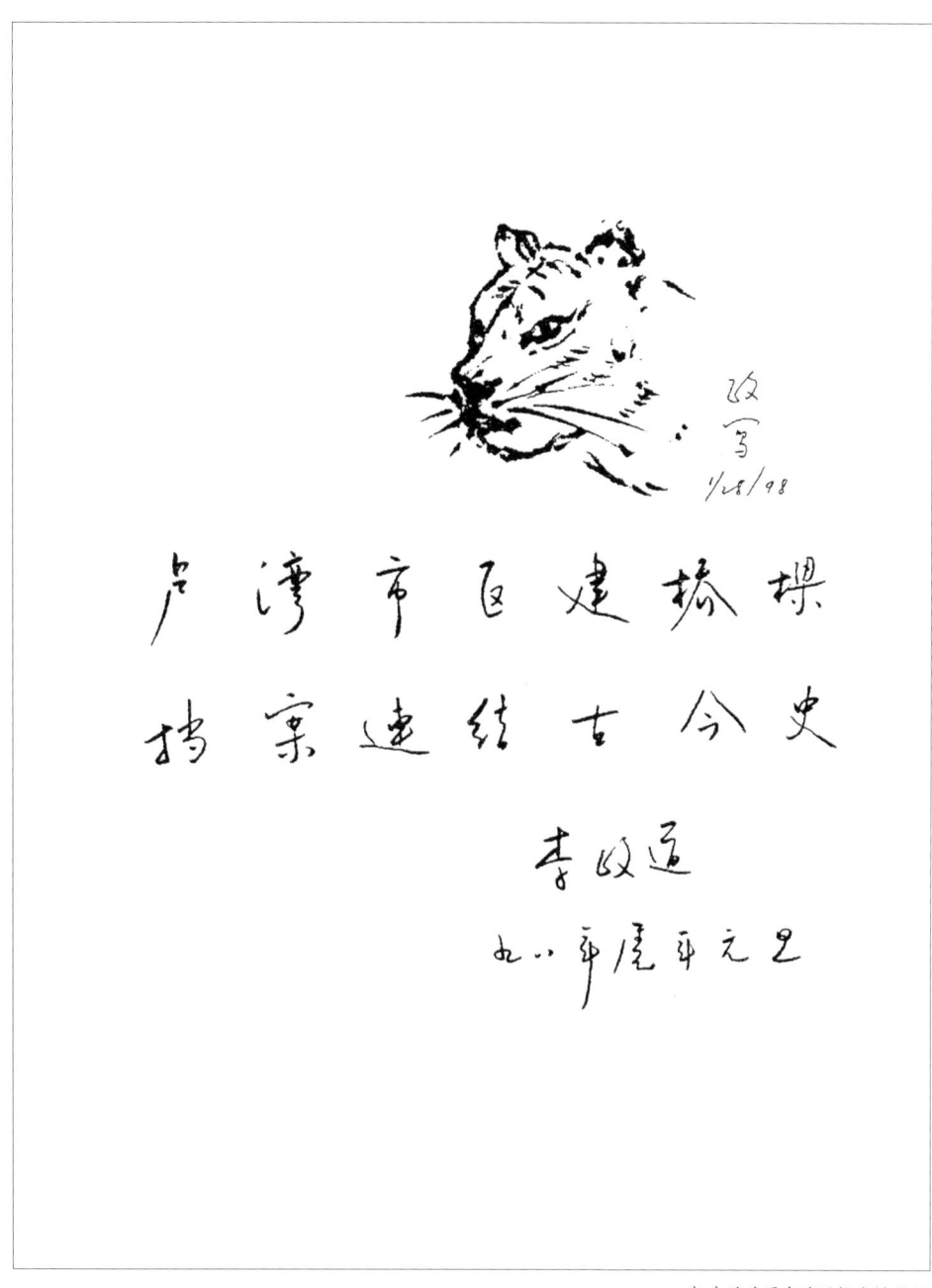

李政道为原卢湾区档案馆题词

李政道

　　李政道，祖籍江苏苏州。1926年生于上海，物理学家，1957年获诺贝尔物理学奖。曾任哥伦比亚大学教授、普林斯顿高等研究院教授、美国国家科学院院士、中国科学院外籍院士、北京大学名誉教授、北京现代物理研究中心主任、北京大学高能物理研究中心主任等。著有《统计力学》《对称与不对称》等。

曹铭画作《花开富贵》

曹 铭

　　曹铭，1926年生，江西新建人。毕业于上海美术专科学校国画系，画家。擅画花鸟鱼藻，尤爱画白梅、白牡丹。曾任上海市文史研究馆馆员、上海交通大学东方艺术交流中心顾问等。出版有《画梅菊十招》。

胡雪尘画作

胡雪尘

　　胡雪尘(1927～1998)，江苏泰州人。毕业于上海美术专科学校，画家。擅画花鸟、山水和走兽，取法海上诸名家，所作大写意画，笔墨老练。曾任上海市文史研究馆馆员、上海虹口书画院画师、上海市美术家协会会员等。

颜梅华画作《猴》

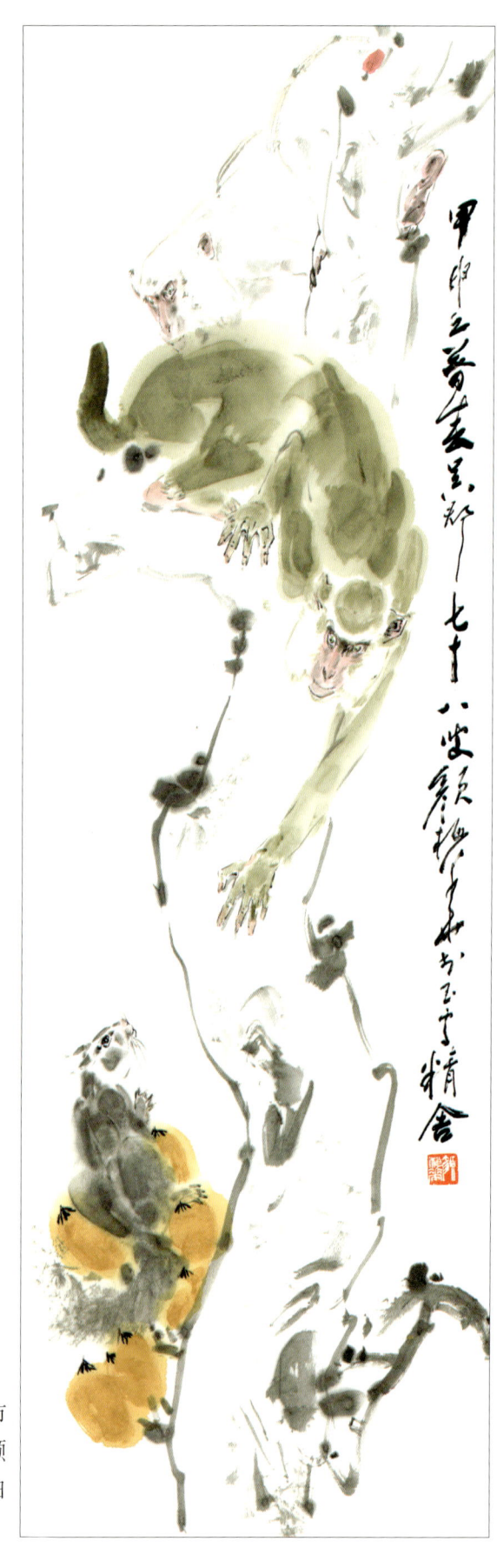

颜梅华

颜梅华(1927～2022)字雪庵，江苏苏州人，画家。擅画历史人物，写意花卉，兼作山水、动物，亦擅书法，曾从事连环画创作。曾任上海人民美术出版社副编审、中国美术家协会会员、上海市美术家协会会员、上海市文史研究馆馆员等。出版有《荣宝斋画谱(人物部分)》《颜梅华画马·猴》《颜梅华画集》及《白秋练》(连环画)《白蛇传》(连环画)《海港》(连环画)等。

房介福画作

房介福

  房介福，1928年生，江苏句容人。从事美术教育和艺术创作工作40余年，擅画花鸟，所作构图严谨，色彩鲜明。曾任上海师范高等专科学校高级讲师、中国美术家协会上海分会会员、上海美术教育研究会理事、上海海墨画社副社长等。

邵忠竞画作《山高水长》

邵忠竞

邵忠竞，1928年生，浙江鄞县人，毕业于上海美术专科学校，画家。擅画花鸟、山水，画面清丽洒脱，构图严谨。曾任华东政法学院等学校教师、教授，上海虹口书画院画师，中国艺术研究院创作委员，中国书法艺术研究院画师，上海市美术家协会会员等。代表作有《黄山温泉》《枝垂梅》等。

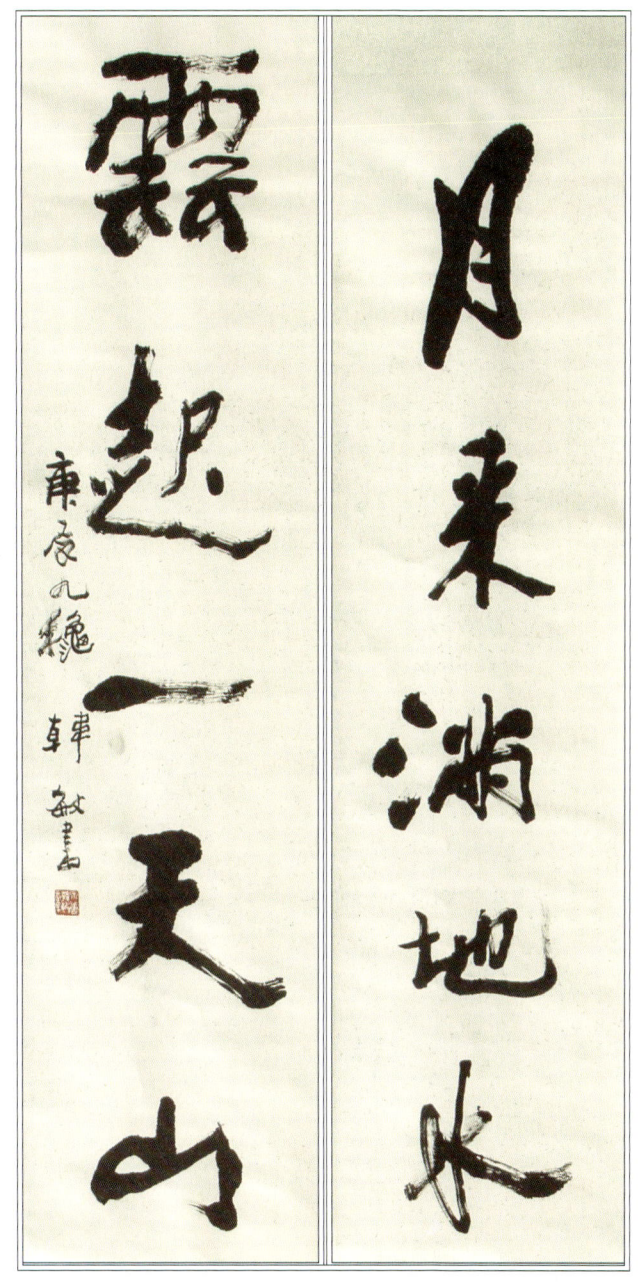

韩敏书法作品

韩 敏

韩敏（1929～2022），浙江杭州人，画家。能画花卉、禽兽、人物，也擅枯木竹石，曾从事连环画、年画创作，工书法，善诗词。曾任上海人民美术出版社副编审、中国美术家协会会员、上海市美术家协会理事、上海书画研究院院长、上海市文史研究馆馆员。出版有《韩敏花鸟虫草集》《白毛女》(连环画)《郑板桥》(连环画)等。

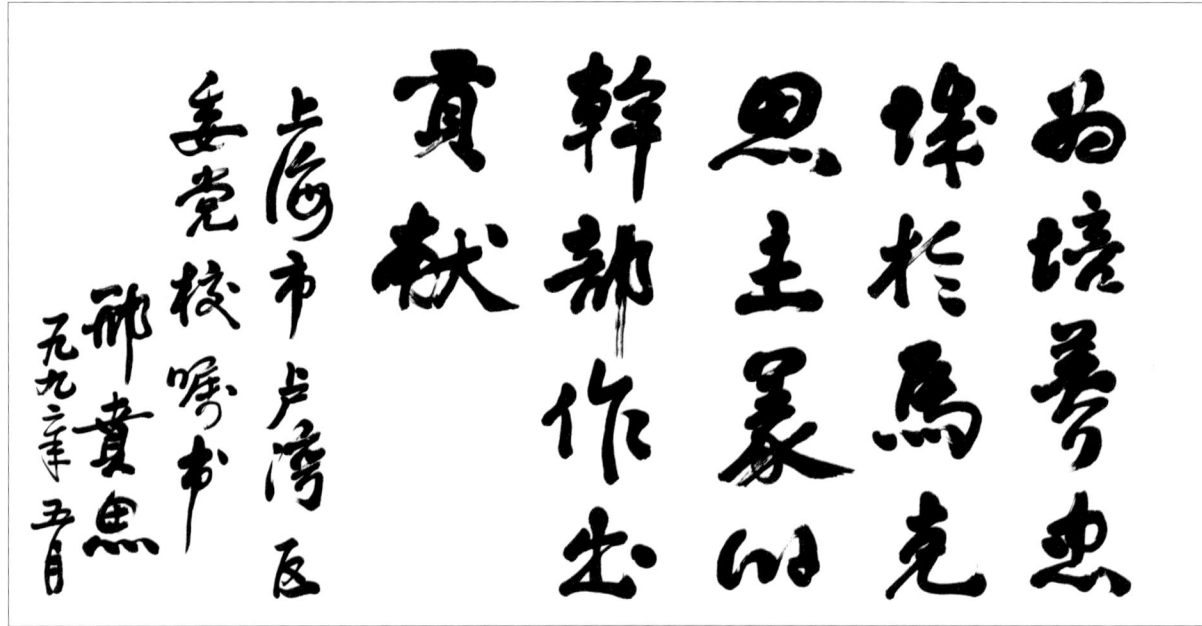

邢贲思题词

邢贲思

邢贲思，1929年生，浙江嵊州人，哲学家。曾任中国社会科学院哲学研究所研究员、所长，中共中央党校副校长，《哲学研究》主编，《求是》杂志社总编辑，中共中央党校学术委员会副主任等。第七届全国政协委员，第八、九届全国人大法律委员会委员。著有《哲学和启蒙》《欧洲哲学史上的人道主义》等。

刘旦宅题赠原卢湾区档案馆画作

刘旦宅

　　刘旦宅(1931～2011)原名浑，又名小粟，浙江温州人，画家。擅长中国画和连环画创作，擅画人物，多取古典题材及历史人物，兼擅花鸟、山水，工书法，善诗词。曾任上海人民美术出版社专职画家，中国美术家协会会员，中国美术家协会上海分会理事，上海中国画院画师，上海师范大学美术系主任、教授等。出版有《刘旦宅画集》《刘旦宅聊斋百图》《石头记人物画》《红楼梦故事图》等。

张阿杰画作

张阿杰

　　张阿杰（1932～2005）号天佑，上海嘉定人，画家。擅画花鸟，兼工山水。曾任上海市美术家协会会员、中日美术交流协会会员、上海海墨画社副社长、上海黄浦画院画师等。

吴性清画作《水月观士音菩萨宝相》

吴性清

  吴性清(1933～2005)，江苏泰州人，画家。擅长年画、工笔仕女画，画作惟妙惟肖。曾任上海人民美术出版社创作员、副编审，中国美术家协会会员，上海市美术家协会理事等。代表作有《我们热爱毛主席》《个个争当小雷锋》《阿姨 您的钱包》等。

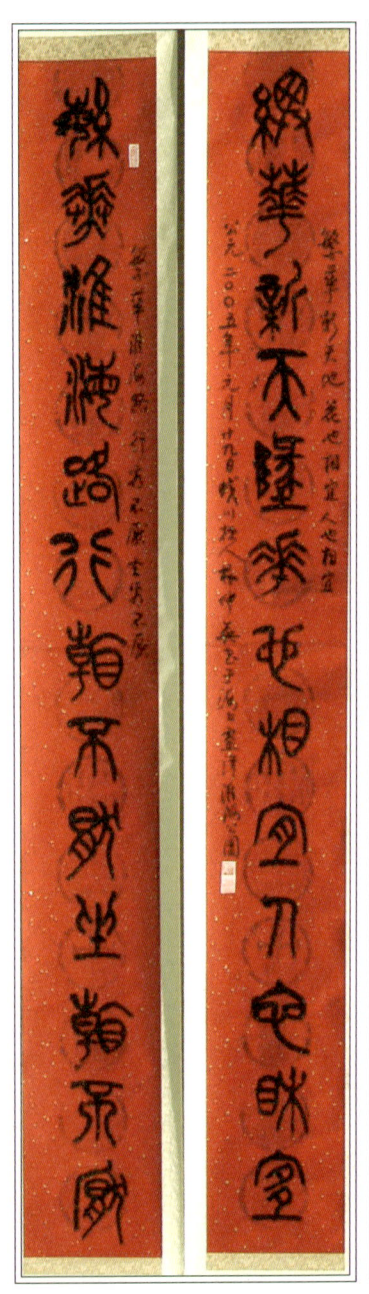

林仲兴书法作品(对联)　　林仲兴书法作品

林仲兴

　　林仲兴，1938年生，浙江镇海人，书法家，长期从事书法教育和研究。书法诸体皆能，从汉隶入手，继而取法《石门颂》《石门铭》，后又深入研习钟鼎、石鼓。所作隶书摇曳多姿，篆书雄浑古雅，行书和楷书笔凝气畅。中曾任中国书法家协会会员、上海市书法家协会理事、上海市书法家协会老年书法专业委员会主任、上海市文史研究馆馆员等。出版有《林仲兴书法集》《心经篆隶合集》等。

汪亮画作

汪 亮

  汪亮，字虹霄，祖籍浙江镇海，1939年生于上海，画家。画作以花鸟为主，工笔写意均能，工笔画写实典雅，诗意隽永，偶作野逸画风，亦新意迭出，不落俗套。曾任上海市美术家协会会员、上海海上书画研究所研究员、朵云轩特约画家等。出版有《当代中国书画名家系列：汪亮作品选》。

杨天培画作

杨天培

　　杨天培，1939年生，北京人。画家。擅画山水，重书写性，品格清晰。曾任上海友谊商店古玩研究室专职画师、上海艺术进修学院教授等。出版有《杨天培山水画集》《杨天培画集》。

蔡大雄画作《早春图》

蔡大雄

　　蔡大雄，1946年生于上海，画家。擅画山水、花鸟，所作劲秀健朴，墨彩飘忽，尤能创作大幅装饰画作品。曾任上海市美术家协会会员、上海黄浦画院画师等。著有《装饰·画艺·境界》《大雄所见》等。

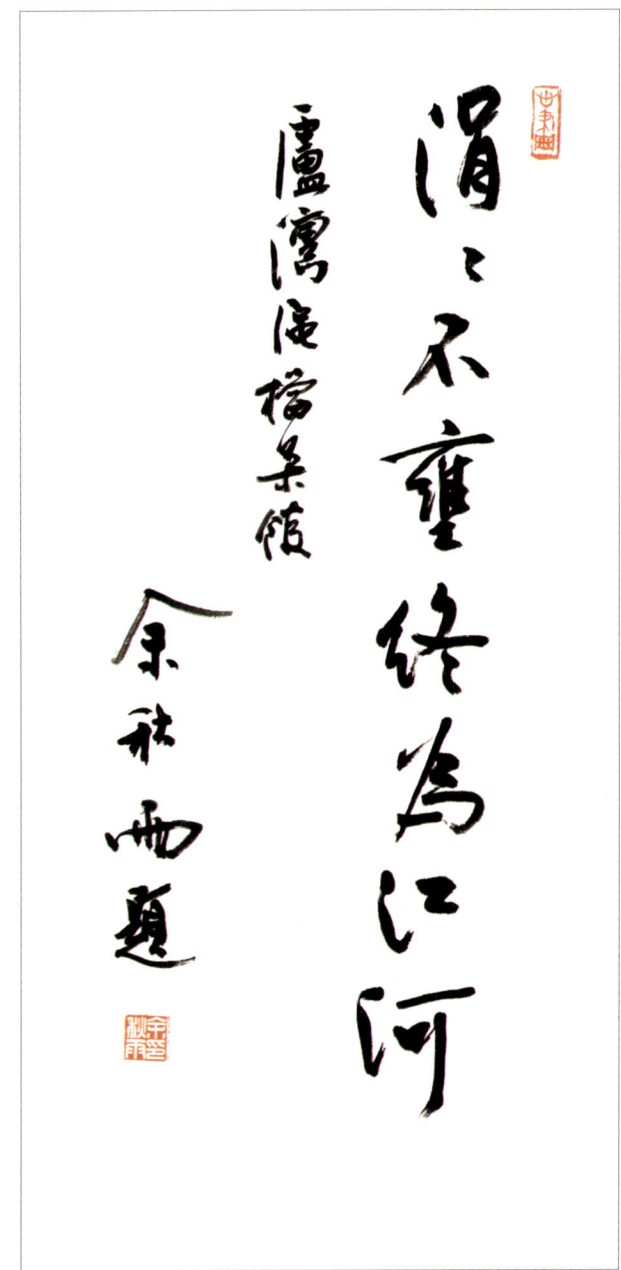

余秋雨为原卢湾区档案馆题词

余秋雨

余秋雨,1946年生,浙江余姚人,艺术理论家、文化史学家、散文家。曾任上海戏剧学院教授、院长,上海戏剧家协会副主席,澳门科技大学人文艺术学院院长等。著有《文化苦旅》《山居笔记》《霜冷长河》《千年一叹》《行者无疆》《戏剧理论史稿》《戏剧审美心理学》《中国戏剧文化史述》《艺术创造工程》等。

张关林画作《大吉图》

张关林

　　张关林，1947年生，画家，擅画花鸟、牡丹。曾任上海民盟画院理事、吴昌硕艺术研究会会员、中国工业设计协会会员、上海申江书画院顾问、上海牡丹画院顾问、上海老年大学授课教师等。

曹复画作《大肚能容容天下难容之事，佛面常笑笑世上可笑之人》

曹 复

  曹复，号力扬，祖籍江西新建，1954年生于上海。擅画人物、山水，亦精于书法、美术设计。所作在传统中求新，中西兼取，注重色调和肌理。曾任东方书画家协会会员、上海文艺创作协会会员、上海老城厢书画会会员、上海长乐轩书画社社长等。代表作有《巍巍南岳》《老城隍庙》等。

吴承斌篆刻作品

吴承斌

　　吴承斌，字济天，1956年生于上海，篆刻家。篆刻作品取法古玺、秦汉印之神韵，集明清诸家之精髓，又不拘泥于传统。曾任西泠印社社员、中国书法家协会会员、上海市书法家协会会员、上海书画院特聘画师、上海市美术家协会海墨中国画工作委员会副会长等。著有《吴承斌篆刻留真》《历代书法篆刻心经》等。

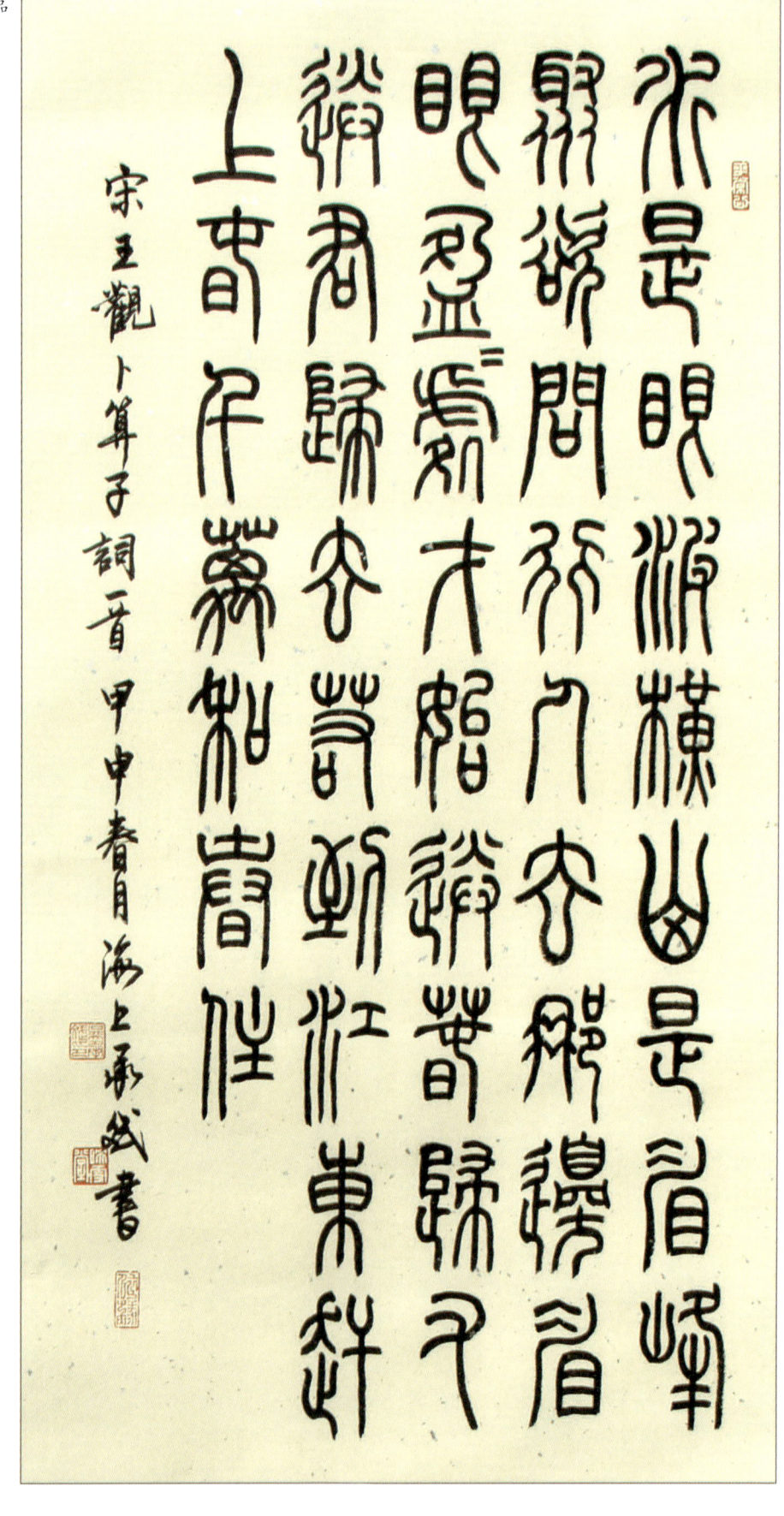

宋王观卜算子词一首 甲申春月海上承斌书

参考文献

[1] 祝鸿熹,洪湛侯. 文史工具书词典[M]. 杭州:浙江古籍出版社,1990.

[2] 施寅圆. 中国文化辞典[M]. 上海:上海社会科学院出版社,1987.

[3] 翟文明. 中国历史常识世界历史常识全知道[M]. 北京:北京联合出版公司,2016.

[4] 翟明. 国学知识全知道:全民阅读提升版[M]. 北京:中国华侨出版社,2015.

[5] 许洪流. 东方博物:第43辑[M]. 杭州:浙江大学出版社,2012.

[6] 倪所安. 嘉定县简志[M]. 北京:方志出版社,2008.

[7] 上海市地方志办公室. 上海方志提要[M]. 上海:上海社会科学院出版社,2005.

[8] 辞海:经济分册[M]. 上海:上海辞书出版社,1980.

[9] 张华腾. 辛亥革命与袁世凯:清末民初社会转型时期人物研究[M]. 开封:河南大学出版社,2014.

[10] (日)菊池敏夫. 近代上海的百货公司与都市文化[M]. 陈祖恩,译,上海:上海人民出版社,2012.

[11] 薛理勇. 上海掌故辞典[M]. 上海:上海辞书出版社,1999.

[12] 上海市黄浦区志编纂委员会. 黄浦区志[M]. 上海:上海社会科学院出版社,1996.

[13] 高献洲. 中国发票史:发票源流探考记[M]. 北京:中国税务出版社,2010.

[14] 王邦佐等. 政治学辞典[M]. 上海:上海辞书出版社,2009.

[15]《安徽历史名人词典》编辑委员会. 安徽历史名人词典:下[M]. 合肥:安徽教育出版社,2008.

[16]《丁桥镇志》编纂委员会. 丁桥镇志[M]. 北京:方志出版社,2018.

[17] 杨纪琬,娄尔行. 经济大辞典:会计卷[M]. 上海:上海辞书出版社,1991.

[18] 龚光汉. 会计大辞典:第1卷[M]. 海拉尔:内蒙古文化出版社,2000.

[19] 李海波,金定富,徐立元. 立信会计高等专科学校志[M]. 上海:立信会计出版社,1998.

[20] 陈元芳. 中国会计名家传略[M]. 上海:立信会计出版社,2013.

[21] 袁宝华. 中国改革大辞典:上中下[M]. 海口:海南出版社,1992.

[22] 夏征农,陈至立. 大辞海:美术卷[M]. 上海:上海辞书出版社,2012.

[23] 李景文,马小泉. 民国教育史料丛刊:第894～1007册 高等教育·高等教育史[G]. 郑州:大象出版社,2015.

[24] 胡瑞荣. 卢湾区志[M]. 上海:上海社会科学院出版社,1998.

[25] 熊月之. 上海名人名事名物大观[M]. 上海:上海人民出版社,2005.

[26] 夏征农,陈至立,熊月之,等. 大辞海:中国近现代史卷[M]. 上海:上海辞书出版社,2013.

[27] 程曼丽,乔云霞. 新闻传播学辞典[M]. 北京:新华出版社,2012.

[28] 张岱年. 中国哲学大辞典[M]. 上海: 上海辞书出版社, 2010.

[29] 史梅定. 上海租界志[M]. 上海: 上海社会科学院出版社, 2001.

[30] 陈征琳, 邹逸麟, 刘君德. 上海地名志[M]. 上海: 上海社会科学院出版社, 1998.

[31] 上海通志编纂委员会. 上海通志: 第一卷[M]. 上海: 上海人民出版社, 2005.

[32] 吴志伟. 上海租界研究[M]. 上海: 学林出版社, 2012.

[33] 彭晓亮. 河滨大楼[M]. 上海: 学林出版社, 2021.

[34] 马学新, 曹均伟. 上海文化源流辞典[M]. 上海: 上海社会科学院出版社, 1992.

[35] 陈刚. 上海南京路电影文化消费史: 1896～1937[M]. 北京: 中国电影出版社, 2011.

[36] 薛理勇. 闲话上海[M]. 上海: 上海书店出版社, 1996.

[37] 于光远. 经济大辞典[M]. 上海: 上海辞书出版社, 1992.

[38] 丁耀堂. 商标法通论[M]. 北京: 海洋出版社, 1986.

[39] 张康之, 张乾友. 当代中国政府[M]. 南京: 南京大学出版社, 2016.

[40] 尚海, 孔凡军, 何虎生. 民国史大辞典[M]. 北京: 中国广播电视出版社, 1991.

[41] 刘逖. 上海证券交易所史: 1910～2010[M]. 上海: 上海人民出版社, 2010.

[42] 中国人民政治协商会议上海市委员会文史资料委员会. 旧上海的交易所[G] 上海: 上海市政协文史资料编辑部, 1994.

[43] 南京市白下区政协文史资料工作委员会. 白下文史: 第9辑[G]. 南京, 1992.

[44] 中共江苏省委党史工作办公室. 江苏省革命遗址通览[M]. 北京: 中共党史出版社, 2014.

[45] 魏一樵. 中国名校: 中学卷[M]. 沈阳: 辽宁大学出版社, 1992.

[46] 沈致金, 李占领. 中华民国实录: 第三卷下 抗日烽火 民国三十一～三十四年(1942～1945.8)[M]. 长春: 吉林人民出版社, 1997.

[47] 崔新民, 翟留春, 张铁梁. 中国金融小百科全书: 中卷[M]. 北京: 中国物资出版社, 1999.

[48] 陈伟国. 稀珍上海股票鉴藏录[M]. 上海: 上海远东出版社, 2007.

[49] 陈伟国, 任良成. 中国近代名人股票鉴藏录[M]. 上海: 上海大学出版社, 2012.

[50] 黄德泉. 民国上海影院概况[M]. 北京: 中国电影出版社, 2014.

[51] 傅德华, 庞荣棣, 杨继光. 史量才与《申报》的发展[M]. 上海: 复旦大学出版社, 2013.

[52] 黄显功, 黄婉. 近代中文第一报《申报》[M]. 上海: 上海科学技术文献出版社, 2013.

[53] 薛荣久, 王绍燕, 刘舒年等. 当代国际贸易与金融大辞典[M]. 北京: 对外经济贸易大学出版社, 1998.

[54] 中国保险学会, 中国保险报. 中国保险业二百年: 1805～2005[M]. 北京: 当代世界出版社, 2005.

[55] (德) 史通文. 在娱乐与革命之间: 留声机、唱片和上海的音乐工业的初期: 1878～1937)[M]. 上海: 上海辞书出版社, 2015.

[56] 上海电影志编纂委员会. 上海电影志[M]. 上海: 上海社会科学院出版社, 1999.

[57] 《妇女词典》编写组. 妇女词典[M]. 北京: 求实出版社, 1990.

[58] 金普森, 孙善根. 宁波帮大辞典[M]. 宁波: 宁波大学出版社, 2001.

[59] 潘国美. 中国电影史[M]. 开封: 河南大学出版社, 2014.

[60] 孙文范. 世界历史地名辞典[M]. 长春: 吉林文史出版社, 1990.

[61] 吴成平. 上海名人辞典: 1840～1998 [M]. 上海: 上海辞书出版社, 2001.

[62] 李太成. 上海文化艺术志 [M]. 上海: 上海社会科学院出版社, 2001.

[63] 中国第二历史档案馆《中国抗日战争大辞典》编写组. 中国抗日战争大辞典 [M]. 武汉: 湖北教育出版社 1995.

[64] 江苏省地方志编纂委员会. 江苏省志: 上 中共志 [M]. 南京: 江苏人民出版社, 2013.

[65] 中共江苏省委组织部, 中共江苏省党史工作委员会, 江苏省档案馆. 中国共产党江苏省组织史资料: 1922. 春～1987.10 [G]. 南京: 南京出版社, 1993.

[66] 北京师范学院历史系中国近现代史教研室. 简明中国近现代史词典 上 [M]. 北京: 中国青年出版社, 1984.

[67] 上官书砚. 现代金融词典 [M]. 长春: 吉林人民出版社, 1987.

[68] 解景林. 国际金融大辞典 [M]. 哈尔滨: 黑龙江人民出版社, 1990.

[69] 李宇铭. 中华人民共和国史词典 [M]. 北京: 中国国际广播出版社, 1989.

[70] 陈春舫. 上海票证故事 [M]. 上海: 东方出版中心, 2009.

[71] 张一雷. 普陀区志 [M]. 上海: 上海社会科学院出版社, 1994.

[72] 徐为民. 中国共产党人名词典 [M]. 沈阳: 辽宁教育出版社, 1988.

[73] 周太彤, 胡炜. 黄浦区志 [M]. 上海: 上海社会科学院出版社, 1996.

[74] 中国保险学会《中国保险史》编审委员会. 中国保险史 [M]. 北京: 中国金融出版社, 1998.

[75] 上海市卢湾区志编纂委员会. 卢湾区志 [M]. 上海: 上海社会科学院出版社, 1982.

[76] 刘国新, 贺耀敏, 刘晓, 等. 中华人民共和国史长编: 第7卷 人物卷 [M]. 天津: 天津人民出版社, 2010.

[77] 《上海妇女志》编纂委员会, 荒砂, 孟燕坤. 上海妇女志 [M]. 上海: 上海社会科学院出版社, 2000.

[78] 何东, 杨先才, 王顺生. 中国革命史人物词典 [M]. 北京: 北京出版社, 1991.

[79] 王桧林, 郭大钧, 鲁振祥. 中国通史: 22 第12卷 近代后编 (1919～1949) 下册 [M]. 上海: 上海人民出版社, 2015.

[80] 马洪武. 中国近现代史名人辞典 [M]. 北京: 档案出版社, 1993.

[81] 彭承福. 中国革命和建设史辞典 [M]. 重庆: 重庆出版社, 1989.

[82] 赵志远. 中华辞海: 第2册 [M]. 北京: 印刷工业出版社, 2001.

[83] 王聿发, 韦永霞. 大学语文 [M]. 济南: 山东人民出版社, 2012.

[84] 唐岚. 西花园的雨 [M]. 上海: 文汇出版社, 2013.

[85] 静安区地方志编纂委员会. 静安区志 [M]. 上海: 上海社会科学院出版社, 1996.

[86] 《中国近代纺织史》编辑委员会. 中国近代纺织史: 下卷 1840～1949 [M]. 北京: 中国纺织出版社, 1997.

[87] 陈光焱. 中国赋税发展研究 [M]. 北京: 中国财政经济出版社, 1996.

[88] 马克伟. 土地大辞典 [M]. 长春: 长春出版社, 1991.

[89] 卓新平. 基督教小辞典 [M]. 上海: 上海辞书出版社, 2008.

[90] 薛理勇. 上海洋场 [M]. 上海: 上海辞书出版社, 2011.

[91] 周松青. 整合主义的挑战: 上海地方自治研究 (1927~1949) [M]. 上海: 上海交通大学出版社, 2011.

[92] 上海通志编纂委员会. 上海通志: 5 [M]. 上海: 上海社会科学院出版社, 2005.

[93] 谭克文, 张元端. 房地产管理实用手册 [M]. 北京: 中国财政经济出版社, 1992.

[94] 孙宅巍, 王卫星, 崔巍. 江苏通史: 中华民国卷 [M]. 南京: 凤凰出版社, 2012.

[95] 张忠民, 朱婷. 南京国民政府时期的国有企业: 1927～1949 [M]. 上海: 上海财经大学出版社, 2007.

[96] 全国政协文史资料委员会. 文史资料存稿选编: 第22辑 经济 下册 [G]. 北京: 中国文史出版社, 2002.

[97] (日) 小浜正子. 近代上海的公共性与国家 [M]. 葛涛译, 上海: 上海古籍出版社, 2003.

[98] 王寿林. 上海消防百年记事 [M]. 上海: 上海科学技术出版社, 1994.

[99] 陈真, 逄先和. 中华近代工业史资料: 第二辑 帝国主义对中国工矿事业的侵略和垄断 [M]. 北京: 生活·读书·新知三联书店, 1958.

[100] (美) 道格拉斯·戈梅里, (荷) 克拉拉·帕福-奥维尔顿. 世界电影史: 第2版 [M]. 秦喜清, 译, 北京: 中国电影出版社, 2016.

[101] (美) 托马斯·沙茨. 好莱坞类型电影 [M]. 上海: 上海人民出版社, 2009.

[102] 刘思羽. 中国影院简史 [M]. 北京: 中国电影出版社, 2015.

[103] 庄蕊蕊. 上海市电影院商业同业公会研究: 1945～1956 [D]. 武汉: 华中师范大学, 2013.

[104] 尚明, 白文庆等. 金融大辞典 [M]. 成都: 四川人民出版社 1992.

[105] 席建清, 赵善荣. 中国老股票: 珍藏本 [M]. 上海: 复旦大学出版社, 1999.

[106] 韩业斌. 南京国民政府时期公司法律制度研究 [M]. 北京: 中国政法大学出版社, 2016.

[107] 胡炜. 上海市黄浦区地名志 [M]. 上海: 上海社会科学院出版社, 1989.

[108] 上海百科全书编辑委员会. 上海百科全书 [M]. 上海: 上海科学技术出版社, 1999.

[109] 孙玉琴. 中国对外贸易史: 中卷 [M]. 北京: 中国商务出版社, 2015.

[110] 《中国经济发展史》编写组. 中国经济发展史: 1840～1949 [M]. 上海: 上海财经大学出版社, 2016.

[111] 徐寒. 世界历史百科全书: 第3卷 经济·科技 [M]. 长春: 吉林文史出版社, 吉林音像出版社, 2005.

[112] 朱玛, 汤重南. 当代世界百科辞典 [M]. 成都: 成都科技大学出版社, 1990.

[113] 朱国明. 大上海: 1949走出屈辱 [M]. 北京: 中国档案出版社, 1998.

[114] 王明辉, 姚宗强. 虹口区志 [M]. 上海: 上海社会科学院出版社, 1999.

[115] 黄汉民, 陆兴龙. 近代上海工业企业发展史论 [M]. 上海: 上海财经大学出版社, 2000.

[116] 首都图书馆. 首都图书馆藏革命历史文献书目提要 [M]. 北京: 国家图书馆出版社, 2013.

[117] 廖盖隆, 胡富国, 卢功勋. 毛泽东百科全书 [M]. 北京: 光明日报出版社, 1993.

[118] 中共中央党校理论研究室. 历史的丰碑: 中华人民共和国史全鉴 政治卷1 [M]. 北京: 中央文献出版社, 2004.

[119] 王宗华. 中国现代史辞典 [M]. 郑州: 河南人民出版社, 1991.

[120] 张晋藩, 海威, 初尊贤. 中华人民共和国史大辞典 [M]. 哈尔滨: 黑龙江人民出版社, 1992.

[121] 杨元华, 沈济时, 陈挥, 等. 中华人民共和国55年要览: 1949～2004 [M]. 福州: 福建人民出版社, 2006.

[122] 张秀芬, 徐秀春, 陈安丽. 中国共产党建政史 [M]. 郑州: 大象出版社, 2014.

[123] 宋元鹏. 上海民防志 [M]. 上海: 上海社会科学院出版社 2001.

[124] 上海市黄浦区档案局(馆). 印象·八仙桥 [M]. 上海: 同济大学出版社, 2016.

[125] 《中国领事》编写组. 中国领事工作: 上下册 [M]. 北京: 世界知识出版社, 2014.

[126] 宋英辉, 郭云忠. 中国司法现代化研究 [M]. 北京: 知识产权出版社, 2011.

[127] 《法学词典》编辑委员会. 法学词典 [M]. 上海: 上海辞书出版社, 1980.

[128] 陈光中. 中华法学大辞典: 诉讼法学 [M]. 北京: 中国检察出版社, 1995.

[129] 黄颖, 崔伯宁, 袁中汉, 等. 邮电中等专业学校试用教材: 电信业务[M]. 北京: 人民邮电出版社, 1990.

[130] 中华人民共和国外交部政策规划司. 中国外交[M]. 北京: 世界知识出版社, 2016.

[131] 《当代中国的邮电事业》编辑委员会. 当代中国的邮电事业[M]. 北京: 当代中国出版社, 2009.

[132] 杨火林. 建政之初: 1949～1954年的中国政治体制[M]. 北京: 东方出版社, 2011.

[133] 中共川沙县委组织部, 中共川沙县委党史研究室, 川沙县档案馆. 中国共产党上海市川沙县组织史资料[G]. 上海: 上海人民出版社, 1992.

[134] 半月谈杂志社《时事资料手册》编辑部. 简明中共党史辞典: 1921～2012[M]. 北京: 新华出版社, 2012.

[135] 《鄞州慈善志》编纂委员会. 鄞州慈善志[M]. 杭州: 浙江人民出版社, 2015.

[136] 宁波市政协文史委员会. 辛亥革命宁波史料选辑[G]. 宁波: 宁波出版社, 2011.

[137] 吉迪. 稗海精粹 内忧外患中的蒋家王朝[M]. 成都: 四川人民出版社, 1999.

[138] 黄钧, 徐希博. 京剧文化词典[M]. 上海: 汉语大词典出版社, 2001.

[139] 金勇勤. 卿本戏痴: 小王桂卿[M]. 上海: 上海人民出版社, 2015.

[140] 徐建刚. 艰难探索: 1956～1965 [M]. 上海: 上海书店出版社, 2001.

[141] 马学新, 曹均伟, 薛理勇, 等. 上海文化源流辞典[M]. 上海: 上海社会科学院出版社, 1992.

[142] 钱宏. 中国越剧大典[M]. 杭州: 浙江文艺出版社, 2006.

[143] 张庚, 孙滨. 中国戏曲志: 上海卷[M]. 北京: 中国ISBN中心, 1996.

[144] 王巍. 中国考古学大辞典[M]. 上海: 上海辞书出版社, 2014.

[145] 张宪军, 赵毅. 简明中外文论辞典[M]. 成都: 四川巴蜀书社有限公司, 2015.

[146] 杨立强, 刘其奎. 简明中华民国史辞典[M]. 郑州: 河南人民出版社, 1989.

[147] 李峰. 苏州通史: 人物卷(下) 中华民国至中华人民共和国时期[M]. 苏州: 苏州大学出版社, 2019.

[148] 贾树枚. 上海新闻志[M]. 上海: 上海社会科学院出版社, 2000.

[149] 顾明远. 中国教育大系: 历代教育名人志[M]. 武汉: 湖北教育出版社, 2015.

[150] 卢甫圣. 海派绘画大系(23) [M]. 上海: 上海书画出版社, 2016.

[151] 今通达. 中国当代国画家辞典[M]. 杭州: 浙江人民出版社, 1990.

[152] 顾宝兴, 潘之. 海派书画家名典[M]. 上海: 中西书局, 2012.

[153] 周望森. 浙江古今人物大辞典: 续编[M]. 北京: 方志出版社, 2001.

[154] 林煌天. 中国翻译词典[M]. 武汉: 湖北教育出版社 1997.

[155] 黎中城, 单跃进. 周信芳全集: 18 佚文卷二[M]. 上海: 上海文化出版社, 2016.

挖掘地方记忆 传播档案文化 讲好中国故事

2011

2016

2016

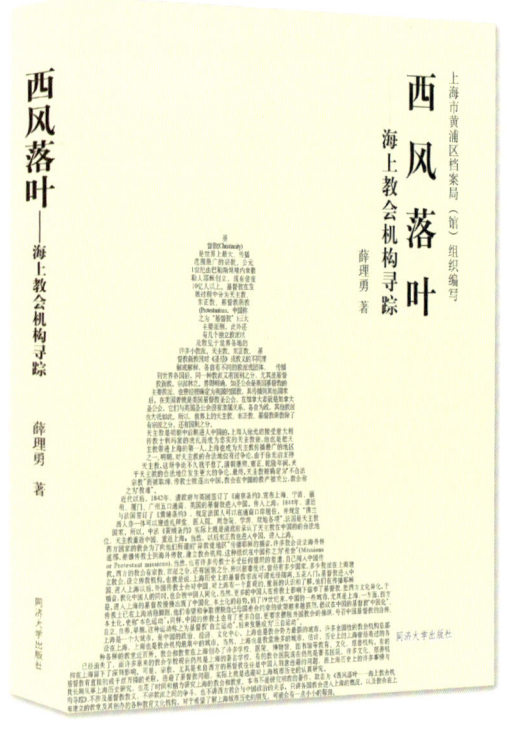

2017

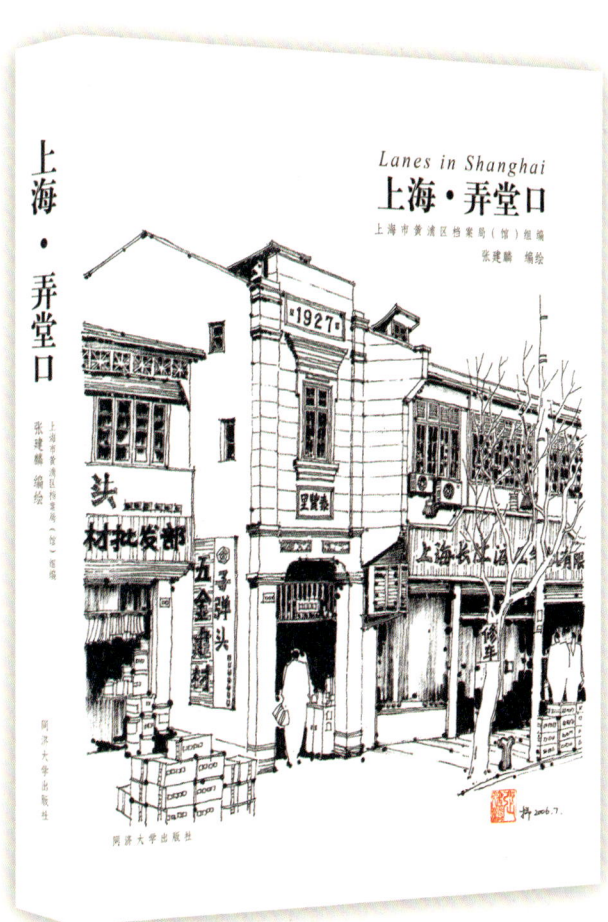

2018

2020

2021